50 YEARS

lonely planet

OF TRAVEL

PANAMA

Provinz Colón S. 181

Comarca Guna Yala S. 194

Provinz Panama S. 67

Bocas del Toro S. 154

Provinz Chiriquí S. 137

Provinz Coclé S. 82

PANAMA-STADT S. 40

Provinz Veraguas S. 116

Península de Azuero S. 99

Provinz Darién S. 207

Harmony Difo, Alex Egerton, Mark Johanson, Ryan Ver Berkmoes, Rosie Bell

IMAGEBROKER/LUCA RENNERS/GETTY IMAGES ©, GEGENÜBER: SEISHORASMENOS/SHUTTERSTOCK ©

Guna Yala (S. 194)

INHALT

Kunsthandwerk der Emberá (S. 212), Provinz Darién

Panama-Stadt (S. 40)

PANAMA

WILLKOMMEN IN PANAMA

In Panama verschmolzen die wunderbare Welt der Natur und meisterliche Ingenieurskunst zu einer perfekten Einheit, um die Welt zu verändern. Zusätzlich zu der bemerkenswerten Erweiterung des Panamakanals 2007 durchlief die Hauptstadt des Landes in den letzten Jahren eine spektakuläre Verwandlung. Das Streben nach Innovation bereichert die einzigartigen Kulturen Panamas und sorgt für steigende Besucherzahlen, die das Land zu einem dynamischen neuen Hotspot der Vielfalt, des Ökotourismus und des internationalen Abenteuerurlaubs machen. Ob weiße Sandstrände, aufregende Surfwellen, tropische Tierwelt, urbane Cocktails, kosmopolitisches Flair oder ein Blick in den Panamakanal – das Land hält etwas für jeden Geschmack bereit.

Harmony Difo

@harmonydifo

Harmony ist eine internationale Lifestyle- und Kulturjournalistin. Ursprünglich kommt sie aus den Bereichen Verlagswesen und Literaturwissenschaft.

Mein Lieblingsort ist Punta Paitilla (S. 63). Das Viertel in Panama-Stadt verbindet kosmopolitischen Luxus mit klassischem Charme, so sieht man hier ein imposantes Hochhaus am Wasser direkt neben einer alten Kirche oder Synagoge.

LIEBLINGSPLÄTZE

Hier schlägt für unsere Autor:innen und Expert:innen das Herz Panamas.

LINKS: OLGA KOT PHOTO/SHUTTERSTOCK ©
RECHTS: DAN BAILEY/GETTY IMAGES ©

Die fast unwirklich schöne Lage von **Bocas del Toro** (S. 154) brachte mich dazu, nach Panama zu ziehen. Hier kann ich an einem Tag mit Seesternen schnorcheln, neben Rochen zu Mittag essen, eigene Schokolade herstellen und frische Meeresfrüchte genießen. Auf die Frage nach meinem magischsten Ort, kann es nur die Antwort Boca geben.

Rosie Bell

@TheBeachBell

Rosie ist Autorin und schreibt über Lebensart und übers Reisen in Lateinamerika und der Karibik.

Der Parque Nacional Coiba (S. 124) machte mich sprachlos. Sekunden nachdem ich in das weiche Wasser getaucht war, umringte mich ein Schwarm regenbogenfarbener Fische. Dann sah ich die größte Meeresschildkröte meines Lebens. Unsere Blicke trafen sich und mit einem Beinschlag schwamm sie davon. Und das waren nur die ersten fünf Minuten.

Ryan Ver Berkmoes

@ryanverberkmoes

Ryan Ver Berkmoes ist seit 1997 für Lonely Planet tätig und bereiste die unglaublichsten Orte.

LINKS: STEFAN NEUMANN/SHUTTERSTOCK ©
RECHTS: SL-PHOTOGRAPHY/SHUTTERSTOCK ©

Nur ein Blick auf den spektakulären Archipel **Guna Yala** (S. 194) verleitet einen, die Reiseplanung zu ändern. Die Kulisse Hunderter winziger korallengesäumter Inseln im leuchtend blauen Meer ist unvergleichlich, hinzu kommt indigene Kultur, die stolz uralte Traditionen lebt. Ein wirklich bemerkenswerter Ort, der sich nachhaltig ins Reisegedächtnis einprägt.

Alex Egerton

@alexetravel

Alex ist Journalist, lebt in den Bergen Zentralkolumbiens und schreibt übers Reisen, über Kultur und Geschichte.

In **Portobelo** (S. 188), das gerne mit Umzügen, Tanz und Trommeln überrascht, liegt einfach Magie in der Luft. Die charakteristische Congo-Kultur ist so reich und voller Traditionen – viele gibt es sonst nirgendwo in Panama. Lokale Congo-Kunst in Form von Bildern und Holzschnitzereien, die die Wände der meisten Hotels und Restaurants zieren, machen die Stadt einzigartig.

Mark Johanson

@MarkOnTheMap; www.markjohanson.com

Mark ist Journalist und schreibt übers Reisen, über Essen, Abenteuer und Nachhaltigkeit in Lateinamerika und darüber hinaus.

Playa Estrella
Vergnüge dich inmitten von Seesternen in dieser Strandoase (S. 166)

Penonomé
Regenwälder, Wasserfälle und Strandabenteuer (S. 91)

Lago Gatún
Bewundere diesen menschengemachten See mit seinem Tierschutzgebiet (S. 184)

Boquete
Ein Ausflug in diese landschaftlich schöne Bergstadt lohnt sich (S. 140)

Santa Catalina
Das gemütliche Fischerdorf ist auch ein Top-Ziel für Surfer (S. 120)

Cambutal
Beobachte Seeschildkröten beim Brüten an den Stränden dieser wunderhübschen Region (S. 113)

Limón
Puerto Viejo de Talamanca
Karibisches Meer
Playa Estrella
Área de Recurso Manejados Banco Volcán
Changuinola
Sieyic
Bocas Town
COSTA RICA
Almirante
Parque Internacional La Amistad
Isla Popa
Isla Escudo de Veraguas
Santa Clara
Cerro Punta
Río Caña
Laguna de Damani
Golfo de los Mosquitos
COLÓN
Volcán
Boquete
Reserva Forestal de Fortuna
Santa Catalina
Parque Nacional Santa Fé
Neily
La Pintada
La Concepción
David
Llano Tugrí
El Valle
Chiriquí
Penonomé
Puerto Armuelles
Pedregal
VERAGUAS
Lago de Penonomé
Santiago de Veraguas
Aguadulce
Acueducto Aguadul
Isla Gómez
Isla Santa Catalina
Soná
Chitré
Parque Nacional Sarigua
Pazifischer Ozean
Parque Nacional Coiba
Isla Verde
Santa Catalina
HERRERA
Playa La Coquita
Isla Montuosa
Isla Gobernadora
Isla de Coiba
Banco Hannibal
Golfo de Chiriquí
Parque Nacional Cerro Hoya
Cambutal
Isla Jicarita

0 — 100 km

Isla Grande
Lass den Frieden auf dieser karibischen Insel auf dich wirken (S. 193)

Panama-Stadt
Museen, lebendige Partynächte and Geschichte noch und nöcher (S. 40)

Isla Taboga
Genieße einen Tag mit Sonnenbaden auf einer Insel mit wunderbar-weißen Sandstränden (S. 51)

El Valle
Ein Bergstädtchen, das im Krater eines erloschenen Vulkans versteckt ist (S. 86)

Santa Clara
Räkel dich an diesem traumhaften weißen Sandstrand (S. 95)

Playa Venao
Ein Wassersportparadies auf der Península de Azuero (S. 107)

STRAND-PARADIES

Es ist kein Geheimnis, dass es in Panama einige der schönsten Strände der Welt gibt. Als Landbrücke teilt es zwei Meere, den Pazifik und das Karibische Meer, und birgt eine kilometerlange Traumküste sowie Hunderte vorgelagerte Inseln. Der starke Wellengang am Pazifik ist ideal zum Surfen und Kitesurfen, während die karibische Region Guna Yala zum Schnorcheln, Tauchen, Angeln und zu gemütlichen Strandtagen einlädt.

Anglerparadies

Auf vielen kleineren Inseln Panamas ist das Fischen Haupteinnahmequelle. Angelbegeisterte sind hier genau richtig.

Wale voraus

Der Pazifik rund um den Archipiélago des las Perlas ist perfekt, um Meerestiere zu sichten. Hier erlebt man wunderschöne Buckelwale, Delfine und Meeresschildkröten in ihrem natürlichen Lebensraum.

Schnorchelmekka

Die Küsten und vorgelagerten Inseln der Karibik bieten in der Trockenzeit von Dezember bis April sehr klares türkisfarbenes Wasser. Ein Schnorchelparadies!

Guna Yala (S. 194)

STRAND-HIGHLIGHTS

Die **Playa Ejecutiva** ❶ auf der Isla Contadora im Archipiélago des las Perlas zählt zweifellos zu den schönsten Stränden der Insel. (S. 79)

Die Playa Blanca (Weißer Strand) der **Isla Saboga** ❷ wird mit ihrem weißen Sand und den sanften Wellen ihrem Namen gerecht. (S. 80)

Die Strände von **Santa Catalina** ❸ laden zu Surfabenteuern ein. Der Ort selbst ist idyllisch und ruhig, der Wellengang episch. (S. 121)

Guna Yala ❹ ist perfekt für einsame Strandtage. Auf einigen Inseln hat man zu Beginn der Trockenzeit manche Strände ganz für sich. (S. 194)

Punta Chame ❺, nur eine rund 2½-stündige Fahrt von Panama-Stadt entfernt, bietet rustikale unberührte Strände für Naturbegeisterte. (S. 77)

Traditionelles Essen, El Trapiche (S. 61)

KÖSTLICHE KÜCHE

Panamas Küche ist wie die Bevölkerung ein Schmelztiegel. Spanische, afrikanische, indigene und viele weitere Einflüsse verbinden sich zu einzigartigen Geschmackserlebnissen. Jede Region hat ihre eigenen Aromen, Gewürze und Kochstile, es gibt jedoch ein paar charakteristische Gerichte auf Panamas Speisekarte, die man probiert haben sollte.

Vielseitige hojaldra

Hojaldra ist ein vielseitiges gebratenes Brot, das in Panamas Küche beliebt ist. Es wird pur, mit Gewürzen oder süß mit Zimtzucker serviert.

Gehaltvoller sancocho

Sancocho ist der König der traditionellen Gerichte. Hühnerfleisch für die Brühe, Wurzelgemüse und jede Menge Koriander – einfach köstlich!

KULINARISCHE HIGHLIGHTS

El Trapiche ❶ serviert traditionelle panamaische Klassiker nach Hausmannsart. Der *sancocho* ist perfekt. (S. 61)

Lust auf lokalen Kaffee? Die **Finca Lerida** ❷ ist eine wunderbare Kaffeefarm mit elegantem hauseigenem Café. (S. 143)

Chano's Place ❸ serviert in wunderbarer Nähe zum Meer frische Meeresfrüchte. (S. 123)

Ngädri Gastronomía Panameña ❹ hat sich auf panamaische Küche mit besonderem Touch spezialisiert. (S. 143)

In dem vom Wasser umgebenen Land muss man *ceviche* probiert haben. **La Pulpería** ❺ ist eine erstklassige Wahl. (S. 57)

ATMOSPHÄRISCHE STÄDTE

Panamas Großstädte haben ihren eigenen Charakter und ihr eigenes Flair. Ob die kosmopolitische Hauptstadt Panama-Stadt mit internationalem Renommee, der geschäftige Verkehrsknotenpunkt Colón am Karibischen Meer oder David, die zweitgrößte Stadt und Hauptstadt der Provinz Chiriquí: Allesamt stehen für Lebendigkeit und Dynamik.

URBANE HIGHLIGHTS

Die **Iglesia de la Sagrada Familia** ❶ in David ist eine wunderschöne katholische Kirche aus dem 19. Jh., deren Innenraum exquisite Kronleuchter zieren. (S. 153)

Bei einem Besuch des Panamakanals lohnt sich ein Ausflug zu den eindrucksvollen **Gatún-Schleusen** ❷ von Colón aus. (S. 187)

Das **Biomuseo** ❸ zur besonderen Naturgeschichte des Landes in Panama-Stadt ist das erste vom berühmten Architekten Frank Gehry entworfene Gebäude in Lateinamerika. (S. 48)

La Cinta Costera ❹ ist eine Ringstraße, die am Ufer entlang durch mehrere Viertel von Panama-Stadt führt. Unterwegs locken wunderschöne Parks und Ausblicke. (S. 53)

Der **Parque Miguel de Cervantes Saavedra** ❺ in David ist dem berühmten Autor des legendären Romans *Don Quijote* gewidmet. (S. 153)

Panama-Stadt

Mit einem Flug nach Panama-Stadt startet für die meisten das Panama-Abenteuer. Hier locken dynamische Museen, das Nachtleben, die Ufergegend und leckere Küche.

Colón

In Colón befindet sich der Nordzugang des Panamakanals, zudem kann man hier aufgrund der zentralen Lage wunderbar die Karibikküste erkunden.

David

David, eine üppig grüne Stadt am Río David inmitten von Obsthainen, punktet mit viel Vegetation, Parks und wunderschöner Kolonialarchitektur.

WANDER-GLÜCK

In Panama wird Wanderfans jedes Niveaus viel geboten. In den Nationalparks führen wunderschöne Wege durch Regenwälder, über Flüsse und hinter Wasserfälle. Zudem kann man Panamas einzigen Vulkan, den fast 3475 m hohen Volcán Barú, besteigen. Manche Wege waren einst koloniale Handelsrouten, die zum Transport von wertvoller Fracht genutzt wurden. Teils stößt man im Wald noch auf die Originalpflastersteine der alten „Straße“.

Strandwanderungen

Ein wenig genutztes, aber lohnenswertes Wanderterrain sind Panamas rustikale, wildere Strandgebiete wie Punta Chame.

Idyllische Picknicks

Auf manchen Wanderrouten sind Restaurants Mangelware, Bänke und hübsche Plätze für ein Picknick hingegen nicht.

Campen

Für Outdoorfans, die gerne unter dem Sternenhimmel schlafen, ist Campen eine gute Option. Panama bietet viele hübsche Zeltplätze.

Parque Natural Metropolitano (S. 44)

WANDERHIGHLIGHTS

Vulkanlandschaften sind immer eindrucksvoll, da ist der Wanderweg **Sendero Los Quetzales** ❶ im Parque Nacional Volcán Barú keine Ausnahme. (S. 145)

Die **Pipeline Road** ❷ im Parque Nacional Soberanía ist ein Wildtierparadies. Hier kann man wunderbar in die Regenwaldwelt eintauchen. (S. 74)

Der **Camino Real** ❸ ist eine Wanderroute mit historischem Hintergrund. Er beginnt im gut zugänglichen Casco Viejo in Panama-Stadt. (S. 74)

Der steile Anstieg zu **La India Dormida** ❹ im Valle de Antón, nur 2½ Stunden von Panama-Stadt entfernt, ist das Richtige für Abenteuerlustige. (S. 87)

Der **Parque Natural Metropolitano** ❺ in Panama-Stadt ist mit seinen idyllischen Wegen und Einblicken in die Tierwelt ein urbanes Wanderparadies. (S. 44)

SURFMEKKA

Panamas Brandung lockt Surf- und Wassersport-begeisterte aus der ganzen Welt an. Sowohl die pazifische als auch die karibische Küste haben jede Menge zu bieten. Der konstante Wellengang und das stets warme Wasser sorgen das ganze Jahr über für tolle Bedingungen, wobei in der Regenzeit von April bis Dezember aufgrund der erhöhten Niederschläge der Pegel und die Qualität der Wellen steigen.

Surfkurs gefällig?

Wer Surfen lernen oder seine Kenntnisse erweitern möchte, findet an der Küste viele Surfschulen mit Kursen für jedes Niveau.

Alles wasserdicht

Wasserdichte Taschen oder Rucksäcke, um wichtige Utensilien vor dem Meer (oder in der Regenzeit vor Niederschlägen) zu schützen, gehören in der Regel zur Surfgrundausrüstung.

Epische Sonnenuntergänge am Pazifik

Die Sonnenuntergänge an der Pazifikküste und den vorgelagerten Inseln sind atemberaubend und bei einer Paddeltour besonders schön.

Surfer (S. 163), Isla Colón.

SURFHIGHLIGHTS

Santa Catalina ❶ , ein Surf-Hotspot Mittelamerikas, steht für Spaß und Surfkultur. Vor Ort wird Ausrüstung verliehen. (S. 122)

Die **Playa El Estero** ❷ unweit von Santa Catalina hat angenehme niedrige Wellen für Unerfahrene und fürs Bodyboarden. (S. 122)

Für die kraftvolle Brandung von **Punta Brava** ❸ westlich der Playa El Estero ist Erfahrung vonnöten. (S. 122)

Das hübsche windige **Punta Chame** ❹ gilt als Kitesurfzentrum. Verschiedene lokale Anbieter widmen sich speziell diesem Sport. (S. 77)

Playa Venao ❺ ist eine exemplarische panamaische Surfstadt auf der Azuero Peninsula. Tolles Wasser und konstante Wellen für jedes Niveau. (S. 108)

WUNDER-BARE NATUR

Wer gerne in die Natur eintaucht und sich für exotische Fauna und liebenswerte Tiere interessiert, ist in Panama genau richtig. Tatsächlich muss man dafür nie weite Wege zurücklegen. Fast 64% der Landesfläche sind mit Regenwald bedeckt, damit weist Panama den höchsten Waldbewuchs Mittelamerikas auf. Ob farbenfroh schillernde Vögel, umherschwingende Affen oder auftauchende Buckelwale: Panama liefert.

Bunte Vogelwelt

Panama birgt eine vielfältige exotische Vogelwelt. Exzellente Bedingungen bieten der Parque Nacional Soberanía nahe Panama-Stadt und der Parque Nacional Volcán Barú im Darién.

Heimat der Faultiere

In den wunderschönen Regenwäldern Panamas leben die liebenswerten Faultiere. Am liebsten entspannen sie hoch oben in den Baumkronen.

Affeninseltour

Bei der Monkey Island Tour ab Panama-Stadt lassen sich Brüllaffen, Panama-Kapuzineraffen und Geoffroy-Perückenaffen sichten.

Walhai (S. 127), Parque Nacional Coiba

TIERISCHE HIGHLIGHTS

Die Wildnis des **Parque Nacional Darién** ❶ ist nur auf einer Tour oder mit einem Guide zu entdecken. Zur Belohnung gibt's Exoten wie Große Ameisenbären und Jaguare. (S. 212)

In der Regenzeit von Juli bis Oktober sammeln sich wandernde Buckelwale im Pazifik vor der Küste von **Panama-Stadt** ❷ . (S. 40)

Das Tauch- und Schnorchelparadies **Parque Nacional Coiba** ❸ wird oft mit den Galápagos-Inseln und dem Great Barrier Reef verglichen. (S. 124)

In den **Nebelwäldern von Boquete** ❹ lässt sich manchmal der eindrucksvolle Quetzal entdecken, der unter Vogelfans weltweit als echtes Highlight gilt. (S. 145)

Der lebendige **Parque Natural Metropolitano** ❺ in Panama-Stadt ist für charmante Begegnungen mit Faultieren, Affen und Vögeln bekannt. (S. 44)

STÄDTE & REGIONEN

Finde die Orte, die all deine Wünsche erfüllen.

Bocas del Toro

PANAMAS FASZINIERENDSTES ARCHIPEL

Bocas del Toro umfasst eine Inselkette im Karibischen Meer und ein Stück des panamaischen Festlandes. Vielen unbekannt, ist Bocas del Toro mit seiner ökologischen Vielfalt geradezu ein Schauplatz für die Auswirkungen des Klimawandels und ein Hotspot für Studien über den Schutz von Ökosystemen des Meeres.

S. 154

Provinz Coclé

STRÄNDE, VÖGEL UND GESCHICHTE

Coclé ist eine schöne Provinz an der Pazifikseite Panama, in der es viel zu entdecken gibt. Die Pazifische Riviera in dieser Region bietet neben perfekten weißen Sandstränden auch Valle de Antón, eine ansehnliche Bergstadt, die im Krater eines erloschenen Vulkans versteckt ist. Auch der Parque Arqueológico El Cano ist ein Must-See in Coclé.

S. 82

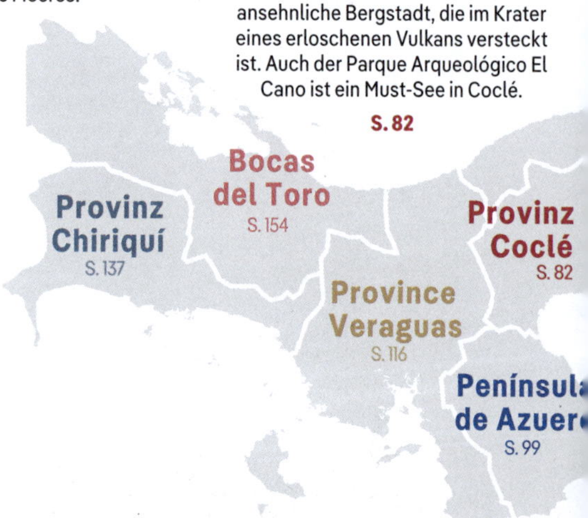

Provinz Chiriquí

AUF IN DIE BERGE!

Chiriquí, in der Nordwestregion Panamas, nahe der costa-ricanischen Grenze, ist eine Brutstätte für ökologische Biodiversität und tolle Aktivitäten. Der Golf von Chiriquí ist für Fans von Meerestieren ein Muss, während Wanderbegeisterte den Volcán Barú lieben werden, Panamas einzigen Vulkan. Auch das süße Städtchen Boquete ist ein Favorit unter Reisenden.

S. 137

Provinz Veraguas

NATUR SATT – VON KÜSTE ZU KÜSTE

Veraguas ist die einzige Provinz, die vom Karibischen Meer im Norden bis zum Pazifik im Süden reicht. Sie beheimatet die Insel Coiba, eine UNESCO-Welterbestätte, die eines der weltbesten Meerestier-Erlebnisse bietet. Auch den Santa-Fé-Nationalpark sollte man sich nicht entgehen lassen.

S. 116

Península de Azuero

ALTE TRADITIONEN UND JUNGE STRANDRESORTS

Die Península de Azuero im Süden Panamas ist vom Pazifischen Ozean umgeben und hat daher zahlreiche wunderschöne Strände vorzuweisen. Sie ist Teil einer kleinen Region namens *arco seco* (trockener Bogen), die für ihr traumhaftes Wetter bekannt ist. Eine der lebhaftesten Karnevalsfeiern des Landes wird hier jährlich zelebriert.

S. 99

Provinz Colón

FORTS, WÄLDER UND DER BERÜHMTE KANAL

Colón liegt auf der karibischen Seite des Kanals und dient als Wiege von Panamas wohlbehüteter Kultur. Schöne Städte wie Portobelo und La Guaira sorgen für karibisches Flair. Die traditionellen Congo-Tänze der Provinz wurden bereits von der UNESCO in die Liste des Immaterielles Kulturerbes aufgenommen.

S. 181

Comarca Guna Yala

VON INSEL ZU INSEL HÜPFEN

Comarca Guna Yala, auch als San Blas bekannt, ist zweifelsfrei *das* Postkarten-Strandparadies Panamas. Statt einem Luxushotel-Urlaub stehen hier jedoch Hängematten, Strohhütten und Touren im Segelboot auf dem Programm. Zu den Hauptanziehungspunkten der Region gehört die reichhaltige indigene Guna-Kultur, ihre Textilien sowie ihre Küche.

S. 194

Provinz Darién

ERKUNDE DEN UNBERÜHRTEN URWALD

Die Provinz Darién liegt im Osten und teilt eine Grenze mit Kolumbien. Die Grenzregion ist eine wundervolle, unberührte Wildnis namens Tapón del Darién, ein Regenwald voller Leben – jedoch ohne Straßen. Der Parque Nacional Darién ist vergnüglich und voller Gezeitentümpel und Lagunen, Sumpfland und anderer Naturwunder.

S. 207

Panama-Stadt

ÜBERGANG ZWISCHEN WELTEN UND HEMISPHÄREN

Panama-Stadt ist eine schillernde Metropole mit einer angenehmen Skyline voller Wolkenkratzer, die an Miami erinnert, und an Unterhaltung für einen aufregenden Besuch mangelt es nie. Sie beheimatet Hunderte Attraktionen und ist dank ihrer Gastronomie mit ihren weltbekannten Geschmacksrichtungenn und vielseitigen Einflüssen sogar als UNESCO-Kreativstadt ausgezeichnet.

S. 40

Provinz Panama

WO STADTLEBEN UND LANDLEBEN AUFEINANDERTREFFEN

Als Heimat von phänomenalen Sehenswürdigkeiten wie dem unglaublichen Panamakanal, dem Lago Gatún, dem Soberania National Park, den Pearl Islands und vielem mehr hat die Provinz Panama viel zu bieten. Die Pearl Islands erzählen eine faszinierende und facettenreiche Geschichte voller Piraten, Gold und Abenteuer.

S. 67

GUALBERTO BECERRA/SHUTTERSTOCK ©

La Cinta Costera (S. 53), Panama-Stadt

REISEROUTEN

Stadt & Land

Dauer: 8 Tage **Länge:** 74 km

Diese Reise ist perfekt für alle, die einen Eindruck von der quirligen Weltläufigkeit Panamas erhalten wollen, jedoch auch ein paar Tage lang die Natur genießen möchten. Auf das Stadtabenteuer folgen ein paar entspannende Wanderungen durch die Natur oder die Kanalzone.

1 PANAMA-STADT 2 TAGE

Los geht die Erkundung dieser lebhaften, weltläufigen **Stadt** (S. 40) mit einem Bummel durch das schöne UNESCO-Welterbe Casco Viejo mit seinen reizenden alten Bauten. Auf der Calzada de Amador lernst du im Biomuseo etwas über die Naturgeschichte Panamas. Danach radelst du über die neue Küstenstraße Cinta Costera in den farbenfrohen Sonnenuntergang.

2 MIRAFLORES-SCHLEUSEN 1 TAG

Ohne eine Erkundung der Kanalzone wäre eine Panamareise nicht komplett. Los geht's mit den **Miraflores-Schleusen** (S. 74). Hier bietet das Besucherzentrum einen guten Überblick über die Geschichte des Kanals sowie ein Restaurant, ein Café und einen IMAX-Film. Am meisten Schiffe sind von 9 bis 11 Uhr unterwegs – das ist also die beste Zeit, um vorbeizuschauen.

3 SOBERANIA-NATIONALPARK 1 TAG

Der **Soberania-Nationalpark** (S. 74) ist ein spannender Stopp auf der Reise von Panama-Stadt zur Karibikküste: Hier gibt's für alle eine passendes Abenteuer. Vogel- und andere Tierfeund:innen können Affen, Faultiere und Hunderte exotische Vögel erleben. Geführte Wanderungen, Abenteuersport und Seilrutschen werden ebenfalls geboten.

HANOHIKI/SHUTTERSTOCK ©, SOLARISYS/SHUTTERSTOCK ©, YINGNA CAI/SHUTTERSTOCK ©

4

AGUA-CLARA-SCHLEUSEN ⏱1 TAG

Die eindrucksvollen **Agua-Clara-Schleusen** (S. 187) sind ein Muss auf der Fahrt durch die Kanalzone. Sie wurden 2016 im Rahmen einer 5 Mrd. $ teuren Kanalerweiterung fertiggestellt. Klasse ist der Ausblick vom Besucherzentrum: Auf Augenhöhe kommen die Schiffe vorbei. Außerdem gibt's ein Kino mit einem Einführungsfilm und einen netten Andenkenladen.

5

LAGO GATÚN ⏱1 TAG

Der große künstliche See **Lago Gatún** (S. 184) ist ein wichtiger Teil des komplexen Schleusensystems des Panamakanals. Vom Stausee strömen Tausende Liter Wasser durch den Kanal, sodass die Schiffe durchfahren können. Unbedingt sehenswert sind auch der verlassene US-Militärstützpunkt Fort Sherman, der Jachthafen der Shelter Bay und die spanische Festung Fuerte San Lorenzo.

6

PORTOBELO ⏱2 TAGE

Die quirlige karibische **Hafenstadt** (S. 188) ist das Juwel der Provinz Colón. Zwei Tage verbringst du mit der Erkundung des Stadtzentrums und schöner Inseln wie der Isla Mamey und Isla Grande in der glasklaren, türkisen und warmen Karibischen See. Nicht auslassen solltest du das Schnorcheln an der Playa Huerta und eine Geschichtsstunde in der Casa Congo und im Fuerte San Jerónimo.

MARCPO/GETTY IMAGES ©

Playa Venao (S. 107)

REISEROUTEN

Der perfekte Surftrip

Dauer: 9 Tage **Länge:** 465 km

Panama ist weltweit bekannt für seine ganzjährig guten Surfbedingungen. Los geht's mit ein paar Nächten in Panama-Stadt; dann weiter Richtung Süden zum Pazifik. Die Spots an der Küste sind perfekt für traditionelles Surfen wie auch fürs Bodyboarden und Kitesurfen.

1 PANAMA-STADT 2 TAGE

Lass dir Zeit, um die glitzernden Hochhäuser von Paitilla, die schicken Cocktailbars und Museen von Casco Viejo und die Szenerie von Amador zu genießen. Der Start in der Stadt ist die optimale Ergänzung zu den bevorstehenden Surfabenteuern. Tauche ein ins kosmopolitische Flair der dynamischen **Stadt** (S. 40), genieße das Nachtleben, die Kultur und gewöhne deinen Gaumen an das *ceviche* der Küste!

2 LA CHORRERA 1 TAG

Auf der Fahrt gen Süden auf der Panamericana kommst du durch **La Chorrera** (S. 77), ein unbekanntes Juwel der Gegend. Nur wenige Tourist:innen halten hier, sodass du hier ganz in den panamaischen Alltag eintauchen kannst. Hier steht auch die interessante Kirche der Jungfrau von Guadalupe mit ihrer schönen Innenausstattung. Besonders lebhaft ist der Sonntagsgottesdienst.

3 PUNTA CHAME 1 TAG

Für Kitesurfer:innen und Bodyboarder:innen ist die **Punta Chame** (S. 77) ein spannender Stopp. An der Landspitze gibt's Kitesurfshops und neben Tipps für Neulinge auch Unterricht. Außerdem ist die Punta Chame toll für Naturliebhaber:innen: Sie bietet einen der wildesten und unberührtesten Strände Panamas. Herrliche Grasdünen und tückische Wellen – so lautet die Devise.

DAMSEA/SHUTTERSTOCK ©, DRONES Y EVENTOS 507/SHUTTERSTOCK ©, VIGRAPHY/SHUTTERSTOCK ©

0 50 km

Boca de Río Indio
Bahía de Limón
Lago Alajuela
Escobal
Río Chagres
Agua Buena
Río Indio
Punta Rincón
45 min
Burunga
1 PANAMA-STADT
Golfo de los Mosquitos
La Chorrera 2
Veracruz
Bahía de Panamá
Calovébora
Coclesito
Capira
Parque Nacional Santa Fé
Bahía de Chame
1 h 10 min
La Pintada
El Valle
3 Punta Chame
Chame
Penonomé
Santa Fé
San Carlos
Antón
4 h 20 min
Santa Clara
Cañazas
Natá
Río Hato
Farallón
San Francisco
Los Ruices
Aguadulce
Santiago de Veraguas
Divisa
Santa María
Golfo de Panamá
La Mata
5 h 7 min
Soná
Chitré
Parita
Puerto Mutis
Ocú
Pesé
La Villa de Los Santos
Río La Villa
La Soledad
La Barrancosa
Guararé
La Playa
Las Tablas
Las Minas
Macaracas
Isla Leones
El Arrimadero
6
Valle Rico
Purio
Mariato
Santa Catalina
Isla Cébaco
Tierschutzgebiet Pablo Arturo Barrios
Tonosí
4 Playa Venao
Parque Nacional Coiba
Golfo de Chiriquí
Parque Nacional Cerro Hoya
1 h 5 min
Pazifischer Ozean
5 Cambutal

4

PLAYA VENAO ⏱ 2 TAGE

Die **Playa Venao** (S. 107) ist eine von nur wenigen wirklich idyllischen Surfdestinationen. Der abgelegene, unberührte Strand zieht sich 4 km die Península de Azuero entlang. Die Wellen sind ganzjährig perfekt mit Left- und Righthandern über weichem Sandgrund. Somit sind sie ideal für Anfänger:innen wie auch für Fortgeschittene, die weich landen wollen, wenn sie schwierige Figuren ausprobieren.

5

CAMBUTAL ⏱ 1 TAG

Mit seiner lockeren Atmosphäre, seinen schönen schwarzen Sandstränden und den vielen Surfbreaks ist **Cambutal** (S. 113) erste Sahne für Anfänger:innen bis hin zu weit Fortgeschrittenen. Den Einheimischen zufolge sind die trockeneren Monate Januar bis April dank ablandigem Wind besser. In der Regenzeit von August bis Oktober sind die Wellen größer, da die Tiden dank des Regens stärker ausfallen.

6

SANTA CATALINA ⏱ 2 TAGE

Das Beste zum Schluss: **Santa Catalina** (S. 120) ist umwerfend und bietet ganzjährig warmes Wasser. Die Wellen haben kräftige Wellentäler und brechen sowohl links als auch rechts. An den meisten Stränden besteht der Untergrund aus Vulkangestein, sodass etwas Erfahrung erforderlich ist. Anfänger:innen sollten es mit der Playa El Estero mit Sandboden versuchen.

MAXIMILIAN STIMMEL/SHUTTERSTOCK ©

Guna Yala (S. 194)

REISEROUTEN

Traumstrände

Dauer: 9 Tage **Länge:** 104 km

Menschen auf der Suche nach wunderbaren Stranderlebnissen bietet diese Reise einen Vorgeschmack auf einige der schönsten Küstenabschnitte Panamas. Die Karibik- und Pazifikküste Panamas sowie die Inseln vor der Küste halten für alle Traumstrände parat.

1

GOLFO DE CHIRIQUÍ

1 TAG

Am **Golfo de Chiriquí** (S. 153) liegt der wunderschöne Parque Nacional Marino Golfo de Chiriquí mit seinen weißen Sandstränden, sich im Wind wiegenden Palmen und Sonnenuntergängen über dem Meer. Hier lockt klares Wasser zum Schnorcheln sowie die irre 12 km lange Playa Las Lajas mit herrlichem Wasser, Palmen und endlosem, prächtig weißen Sand.

2

ARCHIPIÉLAGO DE LAS PERLAS

2 TAGE

Die atemberaubende **Inselregion** (S. 78) vor der Küste beherbergt einige der schönsten Strände Panamas. Zwar ist die Isla Taboga am leichtesten erreichbar ab Panama-Stadt, doch der gemächliche Rhythmus der Isla Contadora und herrliche Strände wie die Playa Ejecutiva und Playa Larga sind nahezu unschlagbar.

3

BOCAS DEL TORO

3 TAGE

Bocas del Toro (S. 154) ist ein Traumziel für Strandfreaks mit tollen Aktivitäten für alle Wünsche. Egal ob man surfen, sonnenbaden, schnorcheln oder das Nachtleben genießen möchte – Bocas macht alles möglich. Mit netten Booten, den *lanchas*, werden die Besucher:innen zu den neun wunderschönen Inseln dieses friedvollen Archipels geschippert.

ASTRONAUTAS TROPICALES/SHUTTERSTOCK ©, EMANUEL PTY/SHUTTERSTOCK ©, OLGA KOT PHOTO/SHUTTERSTOCK ©

0 100 km
Karibisches Meer
Portobelo 4
Gaigirgordub (El Porvenir)
Golfo de San Blas
Guna Yala 5
Bocas del Toro 3
Isla Bastimentos
Colón
Lago Alajuela
Lago Gatún
Laguna de Chiriquí
Golfo de los Mosquitos
Lago Bayano
Arraiján
PANAMA-STADT
La Chorrera
Golfo de Panamá
Llano Tugrí
David
Penonomé
Pearl Islands 2
Isla del Rey
Bahía de los Muertos
Santiago de Veraguas
Bahía de Parita
Golfo de Panamá
1 Golfo de Chiriquí
Chitré
Golfo de Montijo
Isla Cébaco
Isla de Coiba
Golfo de Panamá
Pazifischer Ozean

4

PORTOBELO ⏱1 TAG

Die karibischen Küsteninseln von Colón sind vor allem bei den Einheimischen beliebt, sodass man hier ein authentisches panamaisches Stranderlebnis geboten bekommt. Von **Portobelo** (S. 188) befördern Boote Reisende zu kleinen Inseln wie Playa Blanca, Isla Grande und Isla Mamey. Weniger glamourös ist Palenque, ein kleines Dorf mit abgeschiedenem Strand – wem der Sinn nach weniger Trubel steht, ist hier vielleicht genau richtig!

5

GUNA YALA ⏱2 TAGE

Müsste man sich in ganz Panama für nur eine handvoll Strände entscheiden, dann wären es diese! **Guna Yala** (S. 194) ist eine autonome indigene Provinz mit Hunderten rustikalen kleinen Karibikinseln. Hier gibt's keine ausgewachsenen Ferienanlagen, doch an einem der vielleicht schönsten Strände der Welt unterm Sternenhimmel zu zelten ist ein unvergessliches Erlebnis.

BESTE REISEZEIT

Panama ist das ganze Jahr über eine Reise wert und bietet ideale Möglichkeiten für Surfbegeisterte, Sonnenhungrige und kulturell Interessierte.

Wann genau man Panama einen Besuch abstattet, hängt von den Aktivitäten und Festen ab, die einen besonders interessieren. Von Dezember bis April ist Trockenzeit, doch auch die Regenzeit von April bis Dezember hat ihren ganz eigenen, nebligen Charme. Wer Lust auf ein wildes Surf-Abenteuer hat, sollte im Juni anreisen, wenn sich die Wellen an den Küsten türmen. Wer weißen Sandstrand und sonniges Wetter bevorzugt, kommt im Januar. Im September, zum Höhepunkt der Regenzeit, lassen sich hervorragend Wale beobachten, während Panama-Stadt in lebendiger Erinnerung an ihre Gründung im August 1519 zahlreiche Feste begeht.

Kleines Budget?

Für Reisende mit kleinem Budget ist Mitte bis Ende April oder kurz nach dem großen Andrang um Ostern die beste Reisezeit. Im September und Oktober regnet es viel und die Hotelpreise sinken.

DAS EINMALEINS DES SURFENS

Die ausgezeichnete Infrastruktur, die beiden Küsten und die Gastfreundlichkeit machen Panama zu einem wahren Surfparadies und zu einem von Mittelamerikas Top-Surfrevieren. In der Playa Ventano an der Pazifikküste rollen ganzjährig unterschiedlich hohe Wellen an. Bocas del Toro ist ein beliebter Hotspot und in der Hauptsaison eine Party-Hochburg mit Events bis 4 oder 5 Uhr morgens. In Santa Catalina erwartet einen jederzeit eine lockere Atmosphäre und es gibt Wellen für alle Altersgruppen und Niveaustufen.

ROMANTISCHE REGENZEIT

Die Nebensaison von April bis Dezember gilt als Geheimtipp. Zwar regnet es viel, aber dafür umgibt Panama ein Hauch von Romantik, der in der Hauptsaison oft unentdeckt bleibt. Die Morgenstunden sind nebelverhangen, viele Gegenden menschenleer und die Preise erschwinglich.

Reisewetter (Panama-Stadt)

JANUAR	**FEBRUAR**	**MÄRZ**	**APRIL**	**MAI**	**JUNI**
ø-Temp. max: **27 °C**	ø-Temp. max: **27 °C**	ø-Temp. max: **28 °C**	ø-Temp. max: **28 °C**	ø-Temp. max: **27 °C**	ø-Temp. max: **27 °C**
Regentage: 1,7	Regentage: 0,9	Regentage: 1,5	Regentage: 5,4	Regentage: 11,1	Regentage: 11,3

ZWEI KÜSTEN, ZWEI KLIMAZONEN

An den beiden Küsten des Landes herrscht unterschiedliches Klima. Während die Pazifikküste in der Trockenzeit von Dezember bis April mit sonnigem Strandwetter lockt, ist es an der Karibikküste das ganze Jahr über feucht und der allmorgendliche Regen weicht nur kurz der Sonne, bevor erneut Regenschauer einsetzen.

Wichtige nationale Feste

Karneval wird an den vier Tagen vor Aschermittwoch gefeiert. Die größten Paraden finden in Panama-Stadt und auf der Península de Azuero statt. Von den *mojaderos*, den Umzugswagen, werden die Feiernden mit Wasser bespritzt und es gibt jede Menge Tanz und Musik. **März oder April**

Die **Semana Santa** ist die Karwoche vor Ostern, von Palmsonntag bis Ostersonntag. Die wichtigsten Tage sind der Gründonnerstag, an dem das letzte Abendmahl gefeiert wird, der Karfreitag, an dem der Kreuzigung Christi gedacht wird, der Karsamstag, ein Trauertag, und schließlich die Auferstehung am Ostersonntag. **März oder April**

Am 3. November und 4. November werden zwei wichtige **Nationalfeiertage** begangen: der Unabhängigkeitstag und der **Flag Day**. Am 10. November wird der erste Aufruf zur Unabhängigkeit und am 28. November die endgültige Unabhängigkeit von Spanien gefeiert. **November**

Regionale Feste

Die Feierlichkeiten zur **Fiesta de Corpus Christi (Fronleichnam)** sind hier so außergewöhnlich und farbenprächtig, dass sie seit 2021 auf der Liste des Immateriellen Kulturerbes der UNESCO stehen. Das muss man einfach gesehen haben. **Juni**

Die **Fiesta de las Flores y del Café in Boquete** in der Provinz Chiriquí feiert den fruchtbaren Vulkanboden, auf dem vor allem zwei berühmte Schätze bestens gedeihen: Blumen und Kaffee. Mehr als 35000 Blumen können bestaunt werden. **Januar**

Das **Festival del Cristo Negro** wird zu Ehren einer Schwarzen Jesusstatue abgehalten, die die Bedeutung eines unerschütterlichen Glaubens während der spanischen Kolonialzeit symbolisiert, und derentwegen jährlich über 60000 Menschen von Panama-Stadt nach Portobelo pilgern. **Oktober**

FESTE IN DER REGENZEIT

Wer Panama in der weniger beliebten Regenzeit besucht, genießt zwei Vorteile: die niedrigen Preise und die besten Volksfeste. Am 16. Juli finden das atemberaubende Blumenfest und die Straßenprozession zu Ehren der Virgen del Carmen auf der Isla Tobago statt. Am 21. September pilgern über 60000 Menschen nach Portobelo in die Provinz Colón, um das heilige Festival del Cristo Negro zu feiern.

Unabhängigkeitstag

WALBEOBACHTUNG

Der September ist der beste Monat, um Meerestiere zu beobachten. Neben Buckelwalen können auch Zwergwale, Pottwale, Orcas und Blauwale gesichtet werden. Auch Walhaie und andere Haie lassen sich jetzt gelegentlich blicken.

JULI	AUGUST	SEPTEMBER	OKTOBER	NOVEMBER	DEZEMBER
ø-Temp. max: **27 °C**	ø-Temp. max: **27 °C**	ø-Temp. max: **27 °C**	ø-Temp. max: **27 °C**	ø-Temp. max: **27 °C**	ø-Temp. max: **27 °C**
Regentage: 11,5	Regentage: 11,6	Regentage: 12,5	Regentage: 13,3	Regentage: 12,8	Regentage: 6,5

Lost Waterfalls Trail (S. 142), Boquete

BESTENS VORBEREITET AUF PANAMA

Nützliches zum Vorbereiten und Einstimmen.

Kleidung

Kleidung für die Tropen. Da Panama mitten in den Tropen liegt, ist es das ganze Jahr über relativ warm. Die Temperatur liegt bei etwa 27 °C; die Luftfeuchtigkeit hängt davon ab, ob man in der Regen- oder Trockenzeit reist. Leichte T-Shirts aus dünnem Stoff, Shorts oder luftige Hosen, Sandalen und Badesachen einpacken.

Zum Überziehen Reist man in der Regenzeit, ist eine leichte wasserdichte Jacke mit Kapuze oder ein wasserdichter Poncho eine gute Wahl.

Schuhe Wer anstrengendere Wanderungen plant, sollte ein Paar robuste Wanderschuhe einpacken.

Hüte Ein Hut mit Krempe ist in der sonnigen Trockenzeit ein Muss und schützt in der Regenzeit vor Nässe.

Schicke Kleidung Wer abends ausgehen oder in Panama-Stadt schön essen gehen möchte, sollte entsprechende Kleidung mitbringen.

Etikette

Begrüßung und Verabschiedung Frauen umarmen kurz und küssen auf die Wange. Männer geben sich die Hand, können aber enge Freunde und Familienmitglieder kurz umarmen.

Knigge Trinkgeld ist in Panama nicht verpflichtend, sollte aber für besonders guten Service gegeben werden.

Tabus Auf jemanden oder etwas zu zeigen gilt als unhöflich, daher ist es besser, mit der ganzen Hand zu gestikulieren. Am besten meidet man polarisierende Themen wie Politik und Religion.

LESEN

The Path between the Seas: The Creation of the Panama Canal, 1870–1914 (David McCollough; 1977, auf Englisch) Eine fesselnde Geschichte.

Romane und Geschichten (Ricardo Miró; veröffentlicht 1983) Diese ausgezeichnete Sammlung stammt von dem wohl bekanntesten Dichter und Romancier Panamas.

Liebe in der Zeit der Cholera (Gabriel García Márquez; 1985) Dieser Klassiker spielt an der Karibikküste Kolumbiens in der Nähe von Panama.

Mama's Girl (Veronica Chambers; 1977, auf Englisch) Die atemberaubenden Memoiren der afro-panamaischen Autorin Chambers kann man nicht aus der Hand legen.

Wörter

Hola heißt „Hallo" und wird zwanglos unter Freunden und in der Familie verwendet.

Buenos días, auf Deutsch „Guten Morgen", ist eine gute formale Begrüßung für den Alltag und die Arbeit.

Buenas tardes, „Guten Tag", ist eine angemessene formelle Begrüßung für den Alltag und die Arbeit.

Buenas noches heißt „Guten Abend" bzw. vor dem Schlafengehen auch „Gute Nacht" und kann in legeren sowie formellen Situationen verwendet werden.

Mucho gusto wird mit „schön, dich/Sie kennenzulernen" übersetzt und eignet sich perfekt, um sich in einem formellen oder informellen Rahmen vorzustellen.

Perdón ist eine höfliche Form, „Entschuldigung" zu sagen, bevor man um etwas bittet.

Donde está? heißt „Wo ist _?", falls man nach dem Weg oder einem Ort fragen möchte.

Cómo estás? ist eine informellere Art, zu fragen: „Wie geht's?" Der Ausdruck wird üblicherweise unter Freunden und Familienmitgliedern verwendet, die man bereits kennt.

Cómo está usted? Die formelle Art, zu fragen: „Wie geht es Ihnen?" eignet sich hervorragend für Gespräche mit älteren Menschen oder in beruflichen Situationen.

El baño heißt „das Badezimmer" und ist nützlich, wenn man in der Nähe eine Toilette sucht.

ANSCHAUEN

Der Schneider von Panama (John Boorman; 2001; siehe Bild) Der mit Stars besetzte Film spielt im Panama der Jahre nach Noriega.

Beyond Brotherhood (Arianne Benedetti; 2017, auf Englisch) Bewegende Geschichte über das Leben zweier Brüder, die ihre Eltern verlieren.

Panama-Kanal (Steven Ives; 2011) Dieser Dokumentarfilm erzählt die lange Geschichte des Kanals.

Sister & Sister (Kattia G Zúñiga; 2023) In diesem herzlichen Film geht es um Schwestern, das Erwachsenwerden und das Leben in Panama.

Ruben Blades is not my name (Abner Benaim; 2018, auf Englisch) Dokumentarfilm über den legendären Musiker Ruben Blades.

HÖREN

The Wanderings of The Avener (The Avener; 2015) Der Song „Panama" von diesem erstaunlichen Album ist einer der besten House-Beats aller Zeiten.

Tangos (Ruben Blades; 2014) Dieses Grammy-nominierte Album ist vollgepackt mit dem einzigartigen Sound und Stil des panamaischen Superstars Ruben Blades.

Motherland (Danilo ‚Cholo' Peréz; 2002) Ein besonderes Album des berühmten, vierfach für einen Grammy nominierten und einflussreichsten Musikers Panamas.

MCMLXXXIII (Señor Loop; 2008) Das Alternative-Rock-Album einer berühmten Band aus Panama-Stadt wurde vom Rolling Stone mit vier Sternen für seine innovativen Melodien ausgezeichnet.

Sanchocho

ESSEN WIE DIE LOCALS

Die kulinarische Szene Panamas gehört zu den besten der Welt mit ihrer herzhaften Kombination aus afro-karibischen, europäischen, lateinamerikanischen und einheimischen Einflüssen.

Panamas Hauptstadt, Panama-Stadt, trägt seit 2017 den Titel „UNESCO-Kreativstadt im Bereich Gastronomie" – eine beachtliche Leistung. Der Casco Viejo, ein Viertel voller Restaurants, die einige der besten Gerichte der Welt anbieten und von renommierten internationalen Köchen geführt werden, ist eine der Hauptattraktionen des Landes.

In ganz Panama bekommt man hervorragende *ceviche* und Meeresfrüchte, und die Fischer an beiden Küsten liefern täglich frischen Fang. Für Kaffeefans gibt's auf den Plantagen von Boquete täglich frischen Kaffee, und auch andere große Städte wie David bieten gute Restaurants und lokale Märkte, auf denen man leckere Köstlichkeiten genießen kann.

Das Beste daran ist, dass jede Region ihre eigenen lokalen Zutaten hat, was die Küche sehr vielseitig macht. In Chiriquí zum Beispiel gibt's Wurzelgemüse und tropische Früchte, die den Gerichten einen ganz eigenen, regionaltypischen Geschmack verleihen.

Von Küste zu Küste und von Berg zu Meer ist Panamas kulinarische Szene zuverlässig hervorragend.

Umgeben von Fisch und Meeresfrüchten

Panama hat das Glück, zwischen zwei großen Meeren zu liegen, dem Karibischen Meer und dem Pazifik. Wer Fisch und Meeresfrüchte liebt, ist genau in der richtigen Gegend. Neben den lebendigen Obst- und Gemüsemärkten in Panama-Stadt gibt's auf den nördlich vorgelagerten Inseln wie der Region Bocas del Toro und auf den südlich vorgelagerten Inseln einschließlich der

Beste panamaische Gerichte

ARROZ CON CAMARONES Y COCO
Afro-karibisches Gericht mit Kokosmilch, Reis, Garnelen, Gewürzen und manchmal Essig.

CHULETAS EN SALSA DE PIÑA
Ein herzhaft-süßes Gericht mit Schweinekoteletts und süßer Ananassoße.

SANCHOCHO DE GALLINA
Diese traditionelle Suppe enthält Huhn, Brühe, Wurzelgemüse und Koriander.

über 200 Perleninseln an der Pazifikküste köstliche lokale Buden mit Fisch, Meeresfrüchten und *ceviche*. Wer Lust auf ein Abenteuer hat und seinen Fisch selber fangen möchte, fragt einen einheimischen Fischer nach einer guten Angelstelle. Der Fischfang ist die Haupteinnahmequelle und Lebensgrundlage der Bewohner vieler kleinerer Inseln Panamas.

Regionales Wurzelgemüse

Panamas Boden ist von Region zu Region sehr unterschiedlich. Wurzelgemüse ist ein Grundnahrungsmittel in vielen traditionellen und nicht-traditionellen Gerichten und eine reichhaltige Nahrungsquelle. Es ist die Hauptzutat der panamaischen Suppe *sanchocho*. Je nachdem, wo die Suppe serviert wird, variiert das Gemüse oft. Beliebt sind auch die bekannte Yuca, ñamé, ein langes Gemüse in Form einer Süßkartoffel, und *otoe* (auch Malanga genannt), das ein lilafarbenes Inneres und einen erdigen Geschmack hat. Auch im vulkanischen Boden rund um den Volcán Barú wachsen viele schmackhafte Gemüsesorten, die sich für verschiedene Gerichte eignen.

Genuss für Kaffee-Liebhaber

Die reichhaltigen Böden und das tropische Klima Panamas sind ideal für den Kaffeeanbau. Die Vielfalt an Kaffeeplantagen und Bohnensorten ist beeindruckend. Besichtigungen von Plantagen sind besonders in Chiriquí reizvoll, wo es nährstoffreiche Vulkanerde gibt. In Boquete hat sich die so genannte „Geisha-Bohne" zu einer begehrten Spezialität entwickelt. Sie wird weltweit für 70 US$ pro Pfund verkauft. Hier kann man sie für weniger als 30 US$ pro Pfund kaufen, weil sie in Panama so gut wächst. Die Bohne entwickelt ein volles Aroma mit Zitrus- und Honignote und einem blumigen Duft.

Kaffeebohnen, Boquete (S. 140)

FESTIVALS RUND UM ESSEN & WEIN

Bei der 10-tägigen **Fiesta de las Flores y del Café** in Boquete werden im Januar die lebhafte Kaffeekultur und die prächtigen Blumen der schönen Chiriquí-Stadt gefeiert.

Beim lebhaften **Karneval in Penonomé** in der Provinz Coclé gibt's religiöse Zeremonien, Essen und Trinken und eine Wasserparade.

Beim **Micro Brew Fest** in Panama-Stadt können die Besucher im Viertel Ciudad del Saber zusammen mit vielen Bierliebhabern wunderbare Craft-Biere probieren.

Die viertägige **Bocas del Toro Sea Fair** am Strand von Istmito wird die Fischerei der Region gefeiert. Besucher erwarten Meeresfrüchte im Überfluss, Musik, Tanz und traditionelles Kunsthandwerk.

Am **Unabhängigkeitstag** im November wird landesweit die Unabhängigkeit Panamas von Spanien mit viel Essen, Trinken und Festen gefeiert.

Blumen- & Kaffeefest von Boquete

ROPA VIEJA
Das Fleischgericht wird aus Gemüse und kleinen Rindfleischstücken zubereitet.

CARNE ENTOMATADA
Hackfleischeintopf mit Gemüse, Worcestershire-Soße und Gewürzen.

CHICHEME
Getränk aus Mais, Zimt, Zucker, Vanille und Kondensmilch.

TAMALES PANAMEÑOS
Mit verschiedenen Fleischsorten gefüllte Taschen aus Maisteig.

PERNIL DE PUERCO AL HORNO
Gebackene Schweinekeule mit Orangensaft, Knoblauch, Essig und Kräutern.

Lokale Spezialitäten

Eine Auswahl der leckersten schicken städtischen Gerichten und ländlichen Grundnahrungsmittel.

Herzhafte Snacks

Carimañolas de Carne werden aus Maniokmehl hergestellt, herzhaft mit Hackfleisch gefüllt und dann frittiert.
Almojábanos Das knusprige Gericht aus Chiriquí wird aus *Cujada-Käse* und gemahlenem Mais zubereitet.
Yuca Frita Die hiesige Variante der Pommes frites wird aus Yuca statt aus Kartoffel gemacht.
Patacones In Scheiben geschnittene grüne Kochbananen, die frittiert und manchmal leicht gesalzen werden.

Köstliche Desserts

Ron Ponche Das süße Rumgetränk mit Kondensmilch ist bekannt als panamaischer Eierlikör.
Raspados wird aus Rasureis, einem aromatisierten Süßstoff, Kondensmilch und Milchshake-Pulver hergestellt.
Chicha de Saril ist ein tropisches Festtagsgetränk, das mit Ingwer, Zucker und Rosenblüten gewürzt ist.

Ceviche mit Stil

Ceviche de Corvina Traditionelle panamaische *ceviche* aus einem deftigen, barschartigen Weißfisch.

Almojábanos

Ceviche de Pulpo Leckere *ceviche* mit fangfrischem Tintenfisch aus der Region.
Ceviche de Camarones *Ceviche* mit ganzen oder halben Shrimps oder Garnelen.
Ceviche de Langosta *ceviche* aus dem Scheren- oder Schwanzfleisch des Hummers.

Für Wagemutige

Schweineschwanz-Guacho Ländliche Suppe, mit Reis und Schweineschwanz zubereitet.
Bofe Gericht aus Rinderlunge, die in einer dicken Soße gekocht wird.
Sow Gekochte Schweinefüße, die meist mit einem Vinaigrette-Dressing serviert werden.
Sopa de Pata Die Suppe aus Kuhfüßen eignet sich hervorragend bei einem Kater.

UNVERGESSLICHE GENÜSSE

Fonda Lo Que Hay (S. 55) Geleitet von einem der besten Köche Panamas. Das spiegelt sich in der vielseitigen Speisekarte und der hervorragenden Qualität der Speisen wider.

El Trapiche (S. 61) Serviert perfekt zubereitete traditionelle panamaische Gerichte in großen Portionen.

Santa Rita (S. 54) Eine ausgezeichnetes Speisekarte, fantastischer Service, Live-Musik und tolle Getränke. Hinsetzen und genießen!

Mercado de Mariscos (S. 45) Auf dem besten lokalen Fischmarkt in ganz Panama-Stadt ist die *ceviche* fangfrisch.

Nazca 21 (S. 59) Große Auswahl an köstlichen peruanischen Gerichten. Die Soßen und Fleischgerichte sind umwerfend lecker.

LEBENSMITTEL NACH SAISON

FRÜHLING

Der Frühling gilt als Panamas Trockenzeit. Es gibt hauptsächlich Orangen, Ananas, Papayas, Naranjillas, Mandarinen und Granadillas. Dezember bis Januar ist die beste Zeit für diese Früchte.

SOMMER

Das Ende der Trockenzeit (Ende März bis Anfang April), wenn die Mangobäume ihre ersten Früchte tragen, ist die perfekte Zeit für grünen Mangosalat.

HERBST

Der Herbst istTeil der Regenzeit und somit die beste Zeit für reife Passionsfrüchte, Guanabanas und Guayaba. Die besten Früchte gibt's etwa von April bis Juli.

WINTER

Der Winter ist Regenzeit, in der gelbe Melonen, Kokosnüsse, Maraóns, Avocados und Cashew Saison haben. Diese Früchte wachsen am Ende der Regenzeit, von Juli bis Dezember, am besten.

Concolon con Salsa de Tomate Ahumado, El Trapiche (S. 61)

ALFREDO MAIQUEZ/SHUTTERSTOCK ©

La Cinta Costera (S. 53), Panama-Stadt

OUTDOOR-ERLEBNISSE

Panama ist ein Traum für Outdoor-Fans. Mit seinen Nationalparks, tropischen Regenwäldern, Wanderwegen und vielem mehr hat das Land Naturliebhabern einiges zu bieten.

Panama ist eine Landenge, d. h. ein schmales Stück Land, das zwei größere Gebiete über eine Wasserfläche miteinander verbindet, durch die sie sonst getrennt wären. Entsprechend vielfältig ist das Ökosystem: kilometerlange Küsten, Inseln, Hügel und Berge, ein Vulkan, Flüsse, tropischer Regenwald, Wüste und vieles mehr. Die natürliche Schönheit des Landes wird glücklicherweise in den meisten Gebieten staatlich geschützt, sodass es immer sichere Orte gibt, an denen man die Natur bewundern und erkunden kann, wo auch immer man hingeht.

Wandern

Panama ist der kühnste Traum aller Wanderer, denn die Topografie ist sehr abwechslungsreich und hat viel Spannendes zu bieten. Der Parque Nacional Cerro Hoya an der Spitze der Península de Azuero ist ein hervorragender Ort, um auf Wanderschaft zu gehen. Von einem der Aussichtspunkte des Parks aus hat man einen atemberaubenden Blick auf Wasserfälle, Gezeitentümpel und Nebelwälder. Wer Wüstenlandschaften bevorzugt, sollte das wüstenähnliche Gebiet des Parque Nacional Sarigua besuchen, der auch als „Panamas trockenste Ecke“ bekannt ist. Wer sich nach Regenwald sehnt, kann im Schutzgebiet von San Lorenzo und in der Nähe des Lago Gatún auf kurzen und angenehmen Pfaden durch den Dschungel wandern. In Panama-Stadt durchziehen viele schöne Wanderwege den Regenwald des Metropolitan Natural Park.

Abenteuersport & Wildtiere

WINDSURFEN
Die **Isla Contadora** ist der perfekte Ort für Anfänger, während Punta Chame besser für Fortgeschrittene geeignet ist. (S. 79)

ZIPLINING
Im **Nationalpark Soberanía** kann man durch den wunderschönen Regenwald rutschen. (S. 74)

SPEERFISCHEN
Im herrlichen **Golf von Chiriquí** kann man sich in den klaren blauen Gewässern im Speerfischen versuchen. (S. 153)

FAMILIEN-ABENTEUER

Kinderfreundliche geführte Wanderungen, Reittouren und dampfende heiße Quellen in **El Valle** (S. 86) genießen.
Einen **Spaziergang** auf der **Calzada de Amador** (S. 47) unternehmen, Go-Kart fahren bei Panama Karting (S. 52) und auf der malerischen Cinta Costera (S. 53) radeln.

Tickets für das **Panamakanal-Museum** (S. 55) in Panama-Stadt kaufen und eine fantastische IMAX-Filmvorführung über die Geschichte des Kanals erleben.
Kinder und Erwachsene können im **Nationalpark Soberanía** exotische Vögel, Faultiere und Leguane beobachten (S. 74).

Mit älteren Kindern eine Surfstunde, Sonne und Sand an den schönen Stränden von **Santa Catalina** (S. 121) genießen.
Bei einem **Schnorchelausflug mit der Familie** die bunte Unterwasserwelt des **Parque Nacional Coiba** (S. 124) erkunden.

Wassersport & Aktivitäten

Surf- und Wassersportfans haben in diesem Land viele Möglichkeiten, sich auszutoben. An der Playa Venao lässt es sich hervorragend surfen, für weniger Erfahrene gibt es Surfcamps. Santa Catalina ist ebenfalls ein erstklassiger Surfspot und eine charmante, klassische Surferstadt mit entspannter Atmosphäre. Punta Chame am Pazifischen Ozean eignet sich gut zum Wind- und Kitesurfen. Im Parque Nacional Coiba, dem „Galápagos von Panama", kann man beim Tauchen oder Schnorcheln magische Unterwasserwelten erkunden. Als angenehme und leicht auszuübende Wassersportaktivität bietet sich das Stand-up-Paddeln am Amador Causeway in der Bucht von Panama-Stadt an. Niedrige Wellen und ruhiges Wasser laden zu einem entspannten PAddel-Tag ein.

BEST OF
Die besten Plätze und Routen im Freien stehen auf der Karte auf Seite 36.

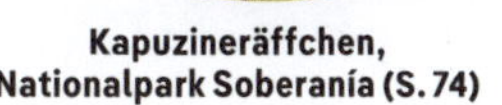
Kapuzineräffchen, Nationalpark Soberanía (S. 74)

Radfahren

In Panama lassen sich viele Sehenswürdigkeiten bequem mit dem Fahrrad besichtigen, vor allem in den größeren Städten. Über die Umgehungsstraße Cinta Costera in Panama-Stadt kann man die Küstengebiete der Hauptstadt erkunden. Es gibt einen ausgewiesenen Fahrradweg, der in der Altstadt Casco Viejo beginnt und in der Hochhauslandschaft von Paitilla endet. Eine weitere großartige Radtour beginnt in Colón und führt zu den Schleusen des Panamakanals, dem Lago Gatún und den 400 Jahre alten spanischen Ruinen der Festung San Lorenzo. Es werden geführte Touren durch diese Region angeboten, in der Nebensaison sind die Gruppen meist kleiner. Wer eine Radtour im Alleingang unternehmen möchte, ist auf der Panamericana am besten aufgehoben. Aber Achtung: Manche Autofahrer weichen bei starkem Verkehr auf den Seitenstreifen aus. Auch die Überquerung des Panamakanals über die Brücke der Amerikas kann tückisch sein, da es für Radfahrer überhaupt keinen Seitenstreifen gibt.

TOUREN IN INDIGENE DÖRFER

Besuche ein waldiges **Emberá-Dorf** (S. 217) in Playa Muerto oder ein **Guna-Dorf** (S. 200) in Guna Yala.

AFFENBEOBACHTUNG

Die putzigen Affen der **Monkey Island Panama Boat Tour** auf dem Lago Gatún muss man gesehen haben. (S. 16)

VOGELBEOBACHTUNG

Der **Nationalpark Soberanía** bietet tolle Möglichkeiten zur Vogelbeobachtung mit Hunderten von bunten und farbenfrohen Arten. (S. 74)

RAFTING

Wildwasser-Rafting auf dem **Río Chiriquí Viejo** ist in der Regenzeit ein Pflichttermin. (S. 143)

ACTION AREAS

Die besten Outdoor-Erlebnisse in Panama.

Vogelbeobachtung

1. Nationalpark Soberanía (S. 74)
2. Boquete (S. 140)
3. El Valle (S. 86)
4. Nationalpark Chagres (S. 75)
5. Bocas Del Toro (S. 154)
5. Bocas Del Toro (p154)

Speerfischen

1. Bocas del Toro (S. 154)
2. Guna Yala (S. 194)
3. Península de Azuero (S. 99)
4. Parque Nacional Coiba (S. 124)
5. Golfo de Chiriquí (S. 153)
5. Golfo de Chiriquí (p153)

Affenbeobachtung

1. Lago Gatún (S. 184)
2. Nationalpark Soberanía (S. 74)
3. Parque Natural Metropolitano (S. 94)
4. Nationalpark Chagres (S. 75)
5. Parque Nacional Darién (S. 212)
6. Bocas del Toro (S. 154)

Indigene Erlebnisse

1. Lago Gatún (S. 184)
2. Guna Yala (S. 194)
3. Museo de Mola (S. 57)
4. Ngöbe-Buglé (S. 149)

Ziplining

1. Lago Gatún (S. 184)
2. Nationalpark Soberanía (S. 74)
3. Parque Nacional Volcán Barú (S. 145)
4. Gamboa Rainforest Resort (S. 74)
5. Boquete (S. 140)

„Ich bog auf dem Lost Waterfalls Trail in Boquet um eine Kurve und musste aus lautem Halse lachen. Der Wasserfall war einfach so wunderschön.“
– Ryan Ver Berkmoes

PANAMA

REISEZIELE

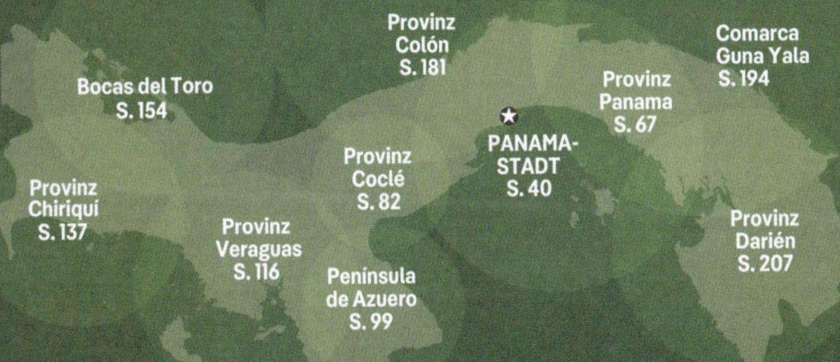

In jeder Regionen starten wir mit dem perfekten Standort, um die Umgebung zu erkunden. Entdecke einzigartige Erlebnisse, Tipps unserer Autor:innen und Expert:innen, Hintergründe und Empfehlungen.

Lost Waterfalls Trail (S. 142), Boquete

PANAMA-STADT

TOR ZWISCHEN DEN WELTEN UND HEMISPHÄREN

Panama-Stadt, offizielles Tor zwischen Ost und West, ist noch immer eine vielfältige, sich stets wandelnde Metropole mit zahlreichen Sehenswürdigkeiten und Aktivitäten.

Das Land Panama ist bekannt als Land- und Seeportal zwischen Nord, Süd, Ost und West. Seine weltläufige angenehme Hauptstadt, Panama-Stadt, dient mit ihrem unglaublichen Kanal als friedvoller Wächter zwischen den Welten.

Zwar ist Panama-Stadt die größte und bevölkerungsreichste Stadt des Landes, doch nachmittags herrschen in vielen Teilen der Stadt ein lockeres, gemütliches Flair und eine einzigartige Stille. Seit den frühen 2000er-Jahren hat sich die Stadt stark verändert – das Ergebnis sind herrliche Spazierwege wie die Calzada de Amador und die Cinta Costera sowie ein neues, milliardenschweres U-Bahn- und Busnetz, das als fortschrittlichstes in ganz Zentralamerika gilt.

In der Regenzeit von April bis Dezember verleiht das tropische Klima der Luft vom Pazifik her eine dampfige, schwüle Anmut, sodass sich der Rhythmus der Stadt verlangsamt. In der Trockenzeit von Dezember bis April befördert die Sonne die Stadt wie auch die küstennahen Inseln wieder zurück zu ihren luftigen karibischen Wurzeln – und so schließt sich der immerwährende Kreislauf von Mutter Natur.

Neben dem tropischen Charme bezirzt die Stadt vor allem mit ihrer historischen Altstadt. Ob im gusseisernen Skelett einer alten Lokomotive, mit der Material zum Kanal, der die Welt für immer verändern sollte, befördert wurde, oder inmitten der uralten und geschichtsträchtigen indigenen Vergangenheit von Panama-Stadt: Überall schwingt ein Erstaunen über all das mit, was diese kleine Landbrücke der ganzen Welt beschert hat. Wer in Panama-Stadt von einem Balkon auf den Kanal blickt und die Schiffe vorbeifahren sieht, kommt sich angesichts der übermenschlichen Leistungen, die hier vollbracht wurden, ganz klein vor – auch im Gedenken an all die Menschenleben, die Siedlungen, die Ökosysteme und die Flora und Fauna, die dafür geopfert wurden. Auf ganz stille Weise leuchtet Panama-Stadt wie ein Licht oben auf einem Hügel: ein subtiles Leuchtfeuer, das von überall auf der Welt zu sehen ist.

DIE WICHTIGSTEN ZIELE

AMADOR
Familienfreundlich und voller Sehenswürdigkeiten.
S. 46

CASCO VIEJO
Altstadt und kulturelles Zentrum.
S. 53

EL CANGREJO
Dynamisch, voller Bars und Restaurants.
S. 60

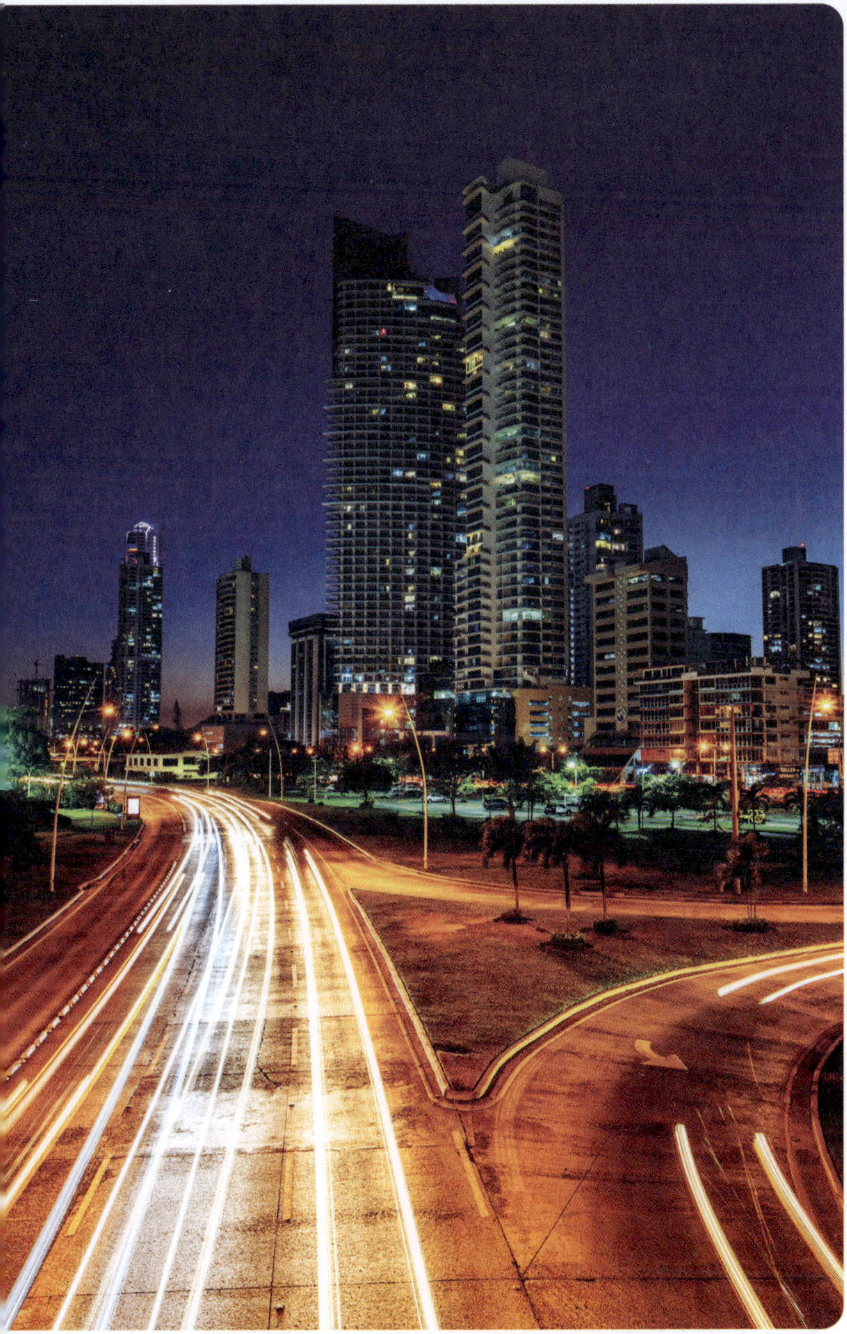

DIESE SEITE: ALFREDO MAIQUEZ/SHUTTERSTOCK ©, GEGENÜBER: PANAMACASCOVIEJO.COM/MOLA MUSEUM ©

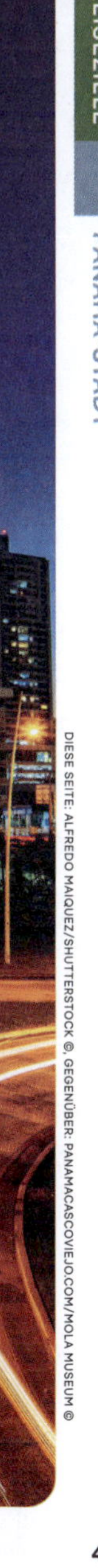

Links: Museo de Mola (S. 57); Oben: Panama-Stadt

Erste Orientierung

Dank der neuen Metro von 2014 lässt sich Panama-Stadt leicht erschließen. Vom Flughafen Tocumen ist das Zentrum eine kurze Taxi- oder preisgünstige U-Bahnfahrt entfernt. Von hier lässt sich die Stadt problemlos per U-Bahn und Bus sowie zu Fuß erkunden.

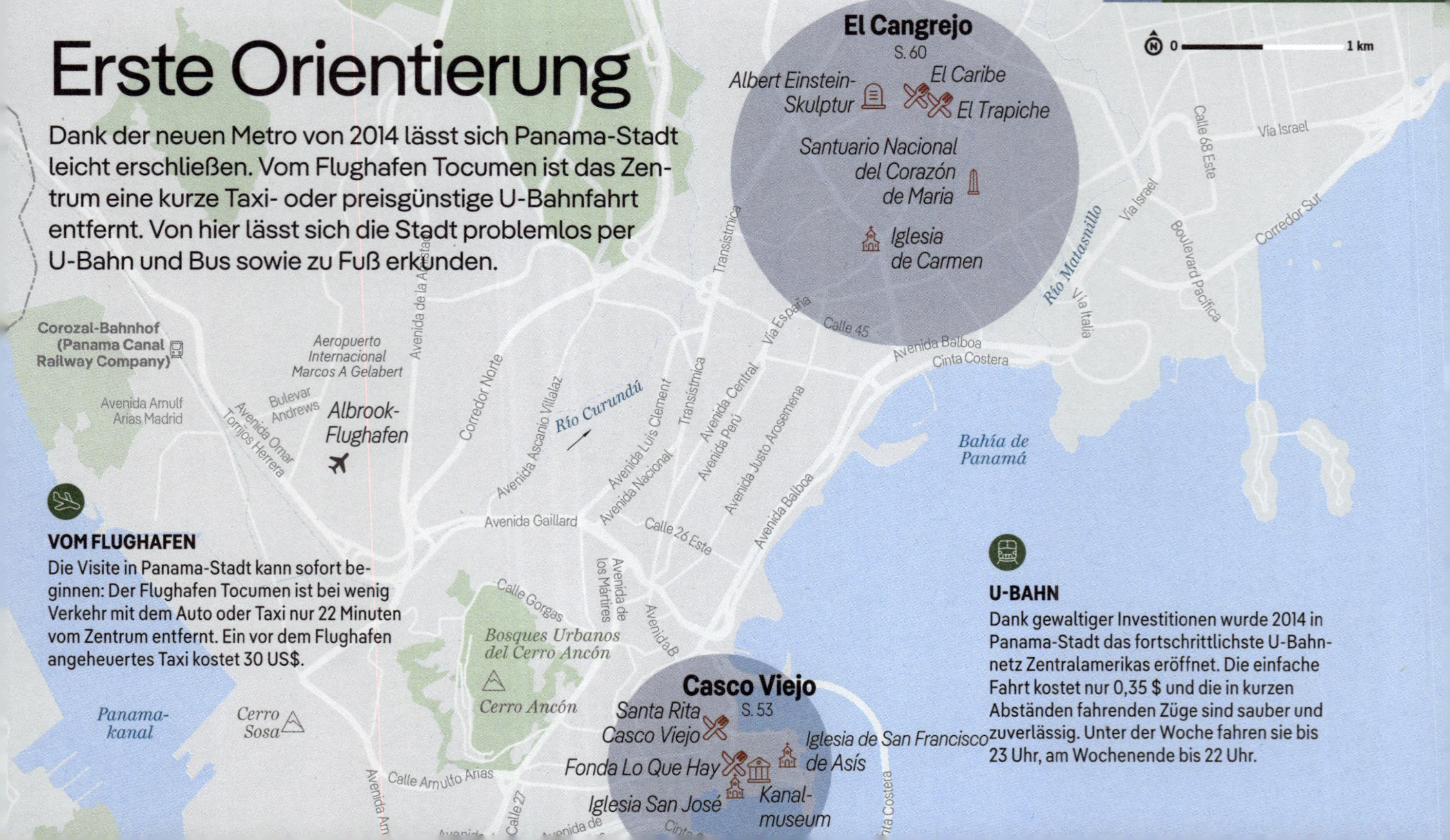

El Cangrejo
S. 60
Albert Einstein-Skulptur
El Caribe
El Trapiche
Santuario Nacional del Corazón de Maria
Iglesia de Carmen
Casco Viejo
S. 53
Santa Rita
Casco Viejo
Fonda Lo Que Hay
Iglesia San José
Iglesia de San Francisco de Asís
Kanal-museum
Corozal-Bahnhof (Panama Canal Railway Company)
Aeropuerto Internacional Marcos A Gelabert
Albrook-Flughafen
Avenida Arnulf Arias Madrid
Bulevar Andrews
Avenida Omar Torrijos Herrera
Corredor Norte
Avenida Ascanio Villalaz
Río Curundú
Avenida Luis Clement
Transístmica
Avenida Central
Avenida Perú
Avenida Nacional
Avenida Justo Arosemena
Avenida Balboa
Avenida Gaillard
Calle 26 Este
Avenida de los Mártires
Avenida B
Calle Gorgas
Bosques Urbanos del Cerro Ancón
Cerro Ancón
Cerro Sosa
Panama-kanal
Calle Arnulfo Arias
Calle 27
Vía España
Calle 45
Avenida Balboa
Cinta Costera
Bahía de Panamá
Río Matasnillo
Vía Italia
Vía Israel
Boulevard Pacifica
Calle 68 Este
Corredor Sur
0
1 km

VOM FLUGHAFEN

Die Visite in Panama-Stadt kann sofort beginnen: Der Flughafen Tocumen ist bei wenig Verkehr mit dem Auto oder Taxi nur 22 Minuten vom Zentrum entfernt. Ein vor dem Flughafen angeheuertes Taxi kostet 30 US$.

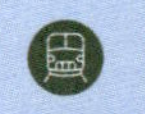

U-BAHN

Dank gewaltiger Investitionen wurde 2014 in Panama-Stadt das fortschrittlichste U-Bahnnetz Zentralamerikas eröffnet. Die einfache Fahrt kostet nur 0,35 $ und die in kurzen Abständen fahrenden Züge sind sauber und zuverlässig. Unter der Woche fahren sie bis 23 Uhr, am Wochenende bis 22 Uhr.

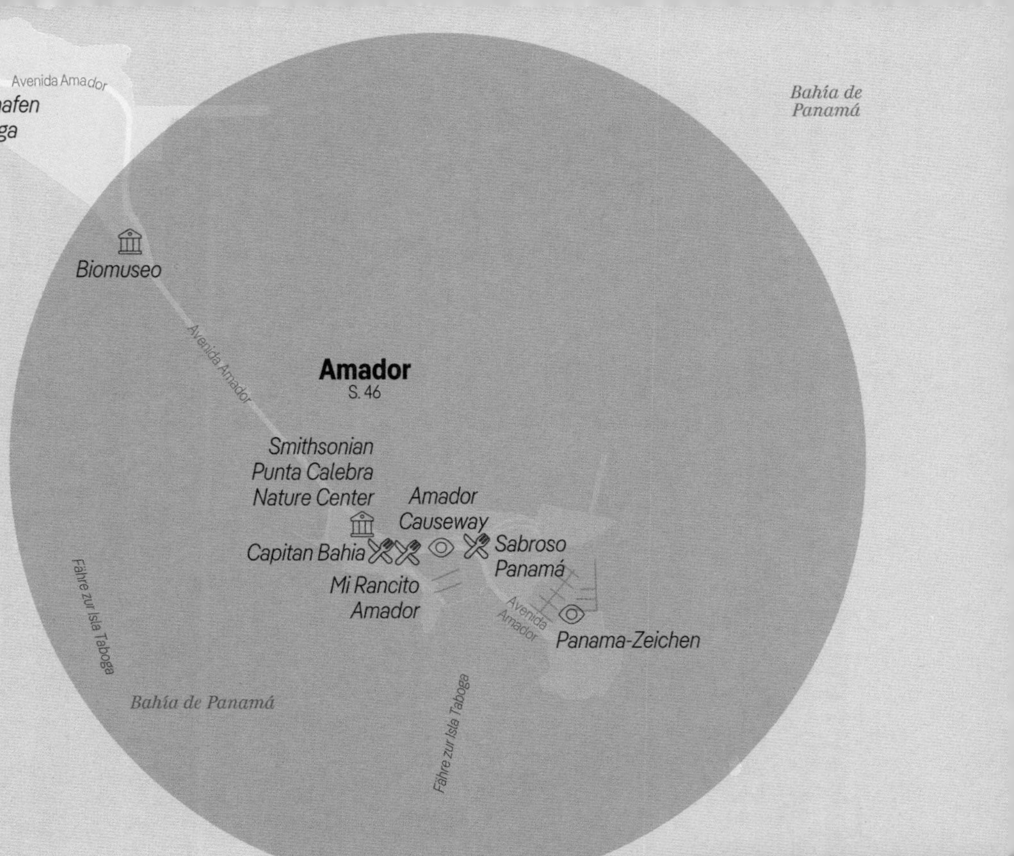

Balboa Harbor
Puente de las Américas
Bosques Urbanos de Farfán
Fährhafen Taboga
Avenida Amador
Bahía de Panamá
Biomuseo
Avenida Amador
Amador
S. 46
Smithsonian Punta Calebra Nature Center
Amador Causeway
Capitan Bahia
Sabroso Panamá
Mi Rancito Amador
Avenida Amador
Panama-Zeichen
Fähre zur Isla Taboga
Bahía de Panamá
Fähre zur Isla Taboga
Bosque Urbano de Veracruz

BUS

Panama-Stadt hat zwei Busbahnhöfe. Der wichtigste Bahnhof für Stadt- und Fernbusse ist der Albrook-Busterminal. Zwischen den Innenstadtvierteln Calidonia und Santa Ana liegt der zweite Busbahnhof, Plaza Cinco de Mayo.

AUTO

Die Straßen von Panama-Stadt sind nichts für Angsthasen! Wer ein Auto mieten möchte, sollte sich auf unberechenbare Fahrstile mit wenig Sinn für Verkehrsregeln einstellen. Es wird meist aggressiv gefahren – da muss man all seinen Mut zusammennehmen!

Perfekte Tage

Der Tag beginnt mit einem starken panamaischen Kaffee und ein paar *orejitas*, knusprigem ohrförmigem Frühstücksgebäck, bevor es in die Stadt geht zu kulturellen Abenteuern und Erkundungen.

MACIEJ BOGUSZ/SHUTTERSTOCK ©

Casco Viejo (S. 53)

Tag 1

Morgens

- Los geht's mit einem köstlichen Kaffee in einem Café in **El Cangrejo** (S. 65), gefolgt von einem gemächlichen Bummel durch den **Andres-Bello-Park** (S. 64). Hier gibt's auch einen sicheren umschlossenen Spielplatz.

Nachmittags

- Nach dem Mittagessen erkundest du **Panamá Viejo** (S. 56), eine archäologische Stätte mit den Ruinen der ersten spanischen Siedlung von 1519 auf dem Gebiet von Panama-Stadt. Das 32 ha große Gelände verfügt über gute Infotafeln zur Geschichte der Stätte.

Abends

- Auf ein köstliches Abendmahl im **El Trapiche** (S. 61) an der Via Argentina folgt ein entspannender Cocktail oder ein Nachttrunk im **Pedro Mandinga** (S. 64), bevor es zurück in die Unterkunft geht.

Nicht versäumen ...

Lass die bekannten Sehenswürdigkeiten aus und bummle stattdessen durch die Viertel der Stadt, um ein Gefühl für sie zu bekommen.

TRADITIONELLE GENÜSSE

Sanchocho ist eine panamaische Suppe mit Wurzelgemüse, Huhn und viel Koriander.

BETEN

Zwei herrliche Kirchen sind die **Kathedralbasilika Santa María la Antigua** (S. 59) und die **Iglesia de San José** (S. 56).

VÖGEL

Der **Parque Natural Metropolitano** ist ein zauberhafter, 232 ha großer Park mit verblüffender Vielfalt an Vögeln und anderen Tieren.

MARCELO VOLPE/SHUTTERSTOCK ©, ZELULOIDEA/SHUTTERSTOCK ©, ONDREJ PROSICKY/SHUTTERSTOCK ©

Tag 2

Morgens

- Der Tag beginnt mit Kaffee und Frühstück in der **Casa de Sucre** (S. 57) in **Casco Viejo** (S. 53); dann verweilst du noch in den charmanten Straßen mit ihren schönen Häusern und kaufst dir für die Reise vielleicht sogar einen Panamahut.

Nachmittags

- Auf einen Bummel nach dem Mittagsmahl über die Hauptmeile von Panama-Stadt, die **Calzada de Amador** (S. 47), folgt im **Biomuseo** (S. 48) ein Spaziergang durch die Natur.

Abends

- Wer sich nach dem Abendessen ins Nachtleben stürzen möchte, kann z. B. das Restaurant und die Bar auf dem Dach des Hostels **Selina** (S. 59) ansteuern: Hier steigt später am Abend stets eine tolle Party.

Tag 3

Morgens

- Nach dem Frühstück geht's zur Hauptattraktion der Stadt, dem Kanal. Um den Massen ein Schnippchen zu schlagen, peile zur Öffnungszeit (10 Uhr) das **Kanalmuseum** (S. 55) an; anschließend speist du im **Santa Rita** (S. 54).

Nachmittags

- Im atemberaubenden **Museo de Mola** (S. 57) ist die einzigartige Textilkunst der indigenen Guna von Panama zu bewundern.

Abends

- Noch einen Cappuccino vor dem Abendessen? Dann auf ins wirklich heimelige und reizende Café **Mentiritas Blancas** (S. 65)! Wer Hunger hat, kann sich hier auch vielleicht schon einen Toast oder ein Stück Gebäck gönnen.

GOURMETKAFFEE

In Panama gedeihen die exklusiven Geisha-Kaffeebohnen. Bei **Mentiritas Blancas** (S. 65) gibt's eine Packung Bohnen für 35 US$.

CEVICHE

Ceviche ohne Ende gitb's auf dem **Mercado de Mariscos**. Die panamaische *Ceviche de Corvina* ist mit Zitrone und Sellerie gewürzt.

BALBOA-STATUE

Der mit der Bronzestatue geehrte Konquistador Vasco Nunez de Balboa „entdeckte" den Pazifik, indem er die Landenge von Panama überquerte.

STEHPADDELN

Im schönen Golf von Panama kannst du das Stehpaddeln ausprobieren. Bretter gibt's an der **Calzada de Amador** zu leihen.

AMADOR

UMWERFEND SCHÖN, VERGNÜGLICH UND LEHRREICH

Wer im Viertel Amador in herrlicher Meereskulisse auf die gepflegten Wege und erstklassigen Museen schaut, kann kaum glauben, dass sich hier einst der Militärstützpunkt Fort Grant befand. Später wechselte der Name zu Fort Amador – daher stammt auch der Name des heutigen Stadtviertels. Sechzig Jahre lang, von 1920 bis 1980, schützte der Stützpunkt mit seinen Befestigungen den südlichen Eingang zum Panamakanal. Heute beherbergt das Gebiet die schönste und vergnüglichste Promenade der Stadt, mit Restaurants für jeden Geldbeutel, enormer Artenvielfalt, Museen, Geschäften, Hotels, Trainingsarealen und Joggingwegen sowie jeder Menge Aktivitäten für Familien. Der Damm der Calzada de Amador erstreckt sich 6 km weit in den Pazifik und verbindet drei Inseln mit dem Festland, die Isla Flamenco, Isla Perico und Isla Naos.

TOP TIPP

Sonnenauf- und -untergang bescheren jeden Tag von Neuem Hoffnung und Schönheit. An der Calzada de Amador sieht man die Sonne morgens im Osten aufgehen und abends im Westen spektakulär untergehen – einzigartig in Panama-Stadt dank der schmalen Landenge, auf der es liegt.

Calzada de Amador

LINKS: AUTUMNSKYPHOTOGRAPHY/GETTY IMAGES ©, RECHTS: CKTRAVELS.COM/SHUTTERSTOCK ©

CAPTAIN MORGANS VERSTECK

Der berüchtigte Captain Morgan, Anführer eines Trupps von Freibeutern, dem auch ein Rum seinen Namen verdankt, nutzte die Isla Taboga als Stützpunkt für seine vielen Plünderzüge. 1671 belagerte und eroberte er Panama-Stadt u. a. von der Isla Taboga aus. Außerdem konnten die Piraten auf der Insel in aller Ruhe auf Schiffe warten, die auf dem Weg zur Stadt durch die Meerenge kamen. Von der Isla Taboga aus erspähte Morgan die mit Schätzen beladenen Schiffe und konnte sie dann entern und um ihre Fracht erleichtern. Berüchtigt? Auf jeden Fall!

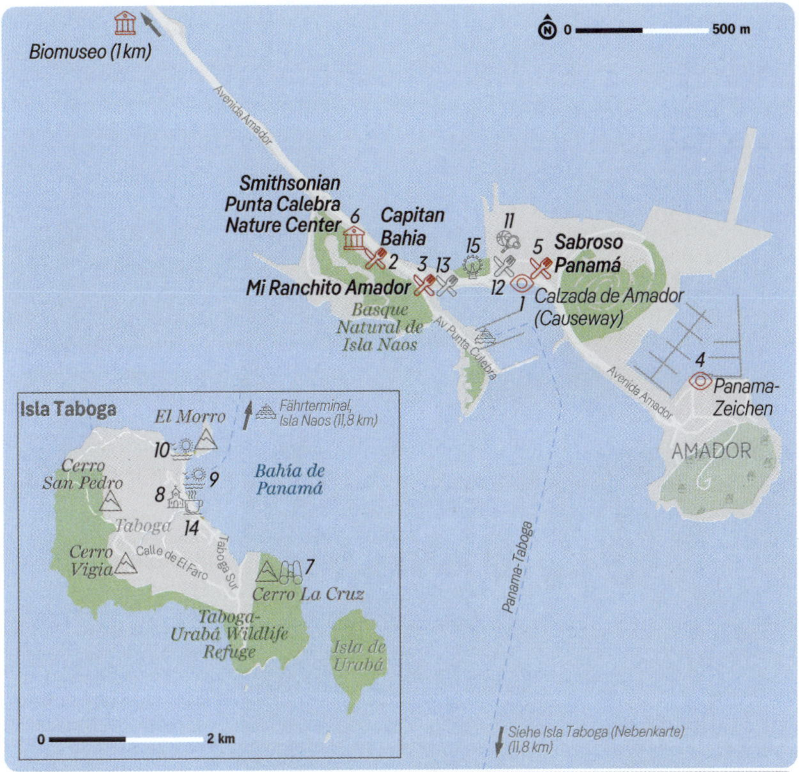

Biomuseo (1 km)
0 — 500 m
Avenida Amador
Smithsonian Punta Calebra Nature Center 6
Capitan Bahia 2
Mi Ranchito Amador 3
13
15
11
5 Sabroso Panamá
12
1 Calzada de Amador (Causeway)
Basque Natural de Isla Naos
Av. Punta Culebra
Avenida Amador
4 Panama-Zeichen
AMADOR
Panama-Taboga
Siehe Isla Taboga (Nebenkarte) (11,8 km)

Isla Taboga
El Morro
Fährterminal, Isla Naos (11,8 km)
10
9
8
14
Cerro San Pedro
Bahía de Panamá
Taboga
Cerro Vigia
Calle de El Faro
Taboga Sur
7
Cerro La Cruz
Taboga-Urabá Wildlife Refuge
Isla de Urabá
0 — 2 km

HIGHLIGHTS
1 Calzada de Amador
2 Capitán Bahía
3 Mi Ranchito Amador
4 Panamá-Schriftzug
5 Sabroso Panamá

6 Centro de Exhibiciones Marinas de Punta Culebra

SEHENSWERTES
7 Cerro de la Cruz
8 La Iglesia de San Pedro
9 Playa Honda
10 Playa Restinga

KURSE & TOUREN
10 Panama Karting

ESSEN
12 Delicias del Negro
13 La Eskinita

AUSGEHEN & FEIERN
14 Plaza Cafe

UNTERHALTUNG
15 Wasserspielpark

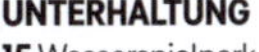

Calzada de Amador

LANGE, QUIRLIGE PROMENADE

Der künstliche Damm durchs Meer mit seinen vielen Geschäften und Aktivitäten ist auch an sich schon toll. Tourist:innen, Einheimische und alle dazwischen genießen die Promenade mit ihren Palmen sowie den Bänken zum Leutegucken und Rasten. Und egal zu welcher Tageszeit und wie voll es ist: Dieses Juwel bewahrt sich stets sein gemächliches Flair. Und nicht den Sonnenaufgang hier verpassen!

Biomuseo

Mi Ranchito Amador

BELIEBTES RESTAURANT IN AMADOR

Das bei den Einheimischen beliebte Mi Ranchito Amador ist gleichermaßen toll für Soloreisende, Paare und Familien. Das Restaurant serviert ausgezeichnete traditionelle panamaische Speisen wie auch köstliche frische Meeresfrüchte. In der Trockenzeit weht auf der Terrasse eine schöne Brise und der Ausblick auf den Pazifik ist wirklich herrlich. Am Wochenende erklingt abends Livemusik, wer keine Meeresfrüchte mag, kann sich an die Burger und Nudelgerichte halten – und es gibt auch eine Kinderkarte. Die traditionellen Gerichte reichen von karibisch bis lateinamerikanisch – da ist für jeden etwas dabei!

Das Biomuseo

VIELFÄLTIGES MUSEUM DER FLORA UND FAUNA

In geografischer Hinsicht gilt Panama als Landenge. Somit hatte es einen einzigartigen Einfluss auf die Artenvielfalt der gesamten Erde. Das Land teilt zwei riesige Weltmeere voneinander und durch seine Entstehung bildeten sich Meeresströmungen und Klimata, die vielleicht noch Tausende von Jahren fortbestehen. Das Biomuseo an der Calzada de Amador gewährt den besten Einblick in die faszinierende geologische Geschichte. Das Museum selbst ist ein wahres Architekturjuwel, geschaffen vom weltberühmten Architekten Frank Gehry – es war sein erstes Projekt in Lateinamerika. Drinnen gibt's acht Abteilungen mit jeweils einzigartigem Thema; dann öffnet sich das Museum hin zu einem wundervollen grünen Gelände, dem Parque de la Biodiversidad.

Thunfisch-*ceviche*

Panamá-Schriftzug

Der Panamá-Schriftzug

PERFEKT ZUM POSIEREN

Keine Reise nach Panama-Stadt ist komplett ohne ein Foto vor dem berühmten Panamá-Schriftzug in Amador am Ende des Damms bei der Insel Flamenco. Der bunte Schriftzug, gleichzeitig eine Skulptur, hat als Hintergrund die perfekte Skyline der Stadt wie auch die Meereslandschaft. Einen weiteren Panamá-Schriftzug gibt's an der Küstenstraße Cinta Costera, doch dieser hier hat die pefekte Kulisse für ein Selfie oder ein Familienfoto.

Capitán Bahía

TOP-LOKAL FÜR FRISCHES CEVICHE

Nicht weit vom Centro de Exhibiciones Marinas de Punta Culebra auf der Insel Flamenco in Amador ist eine der besten *cevicherías* der Gegend: das perfekte Fleckchen für einen Sommersnack auf einem warmen oder feuchten Tagesausflug den Damm entlang. Besonders köstlich ist ein in Maracuja statt Zitrone marinierter leichter weißer Fisch, der fast genauso wie Seebarsch schmeckt. Dieser *ceviche*-Stil heißt *robalo* und ist wirklich absolut lecker. Das ursprüngliche Capitan-Bahia-Lokal liegt nicht weit weg im Viertel San Francisco und ist ebenfalls klasse.

***Corvina frita*, Capitan Bahia**

Sabroso Panamá

PANAMA FÜR GENIESSER:INNEN

In Amador und vielleicht ganz Panama gibt's kein zweites Restaurant wie das Sabroso Panamá. Das luftige, 1000 m² große Freiluftareal wartet mit der perfekten Mischung aus karibischen und lateinamerikanischen Einflüssen sowie offenen Bereichen, Terrassen und Privatlounges auf. Die Restaurantteile wie „Darién Staircase", „Bocas Del Toro Kitchen", „Chiriqui Dining Room" und „San Blas Terrace", allesamt liebevoll eingerichtet, ahmen die Top-Ziele in den Provinzen des Landes nach. Neben traditioneller panamaischer Küche gibt's auch Tanz- und Musikshows in traditioneller panamaischer Kleidung – hier kann man voll in die Kultur des Landes eintauchen.

Centro de Exhibiciones Marinas de Punta Culebra

DYNAMISCHES TROPEN-FORSCHUNGSZENTRUM

Im Jahr 1910 war die Smithsonian Institution in Washington federführend bei einer der ersten Umweltstudien aller Zeiten. Die Anfänge der Untersuchung lagen in der Planungs- und ersten Bauphase des Panamakanals: Alle Tiere, Pflanzen und Ökosysteme, die dem Kanal weichen mussten, sollten dokumentiert werden. Große Gebiete mit Tropenwald würden durch den Kanal überflutet werden – es war also wichtig, dass die Auswirkungen erforscht und erfasst wurden. Damals wurde in Panama-Stadt das Smithsonian Tropical Research Center gegründet und hier wird auch heute noch geforscht.

Zwar präsentiert sich das Zentrum heute als vergnüglicher, unterhaltsamer und familienfreundlicher Stopp bei einer Erkundung von Panama-Stadt, doch es gilt auch als internationale Blaupause und als Standard für Innovationen auf dem Gebiet der Erforschung tropischer Regenwälder weltweit. Jedes Jahr sind im Zentrum über 1400 Forscher:innen zu Gast; außerdem sind hier rund 40 Wissenschaftler:innen angestellt, die fortwährend forschen und neue Erkenntnisse zutage befördern.

HOCH HINAUF PER KRAN

Schon seit Jahrzehnten erforschen Waldökolog:innen die unglaubliche Vielfalt der Regenwälder Panamas. Eine interessante Art und Weise, wie die Wissenschaftler:innen in den Baumwipfeln ihre Beobachtungen machen, ist das berühmte Canopy Access Crane System, das erste seiner Art. Mithilfe von bis zu fast 50 m hohen Kränen können Regenwaldspezialist:innen sich die Baumwipfel von oben anschauen. Solche Kräne gibt's im Parque Natural Metropolitano in Panama-Stadt, im San-Lorenzo-Nationalpark und beiderseits des Isthmus von Panama.

Isla Taboga

Ausflug zur Isla Taboga

DIE BLUMENINSEL

Die schöne Insel liegt eine schnelle 20-km-Fährfahrt von der Calzada de Amador entfernt und zählt zu den nettesten Ausflugszielen von der Stadt. Die Insel im Golf von Panama ist gut zu Fuß zu erkunden. Los geht's am besten mit einem Kaffee im **Plaza Cafe**, dann zu Fuß hoch auf den **Cerro de la Cruz**, einen der höchsten Aussichtspunkte der Insel. Nach dem Mittagessen in einem der einheimischen Restaurants lockt das urige Kolonialörtchen mit seinen Läden voller Souvenirs, Krimskrams und Bekleidung.

Da es sich bei der Isla Taboga um eine tropische Vulkaninsel handelt, ist der Boden hier sehr nährstoffreich. Nicht umsonst wird die Isla Taboga auch „Blumeninsel" genannt: Regelmäßig ziert eine herrlich bunte Blütenpracht die alten Straßen und die Läden und Strände. Außerdem ist die Insel für ihre Vielfalt an tropischen Früchten wie Kokosnüssen und Mangos bekannt. Hast du die Schönheit der Hügel und des Dorfs ausreichend genossen, kann es an einem der Strände mit Aktivitäten zu Wasser weitergehen: Herrlich lässt sich der Nachmittag mit Schnorcheln, Tauchen oder einfachem Abhängen verbringen.

Die beiden Hauptstrände liegen nicht weit vom Fährhafen entfernt. Die **Playa Restinga** rechts vom Hafen wartet mit wunderbaren Ausblicken auf die Skyline von Panama-Stadt auf. Weicheren Sand mit weniger Muscheln hält die **Playa Honda** bereit; außerdem gibt's hier fröhliche Strandbars, ideal für Gruppen.

Eine der ältesten Kirchen der Neuen Welt

ARCHITEKTURODE AN EINEN BERÜHMTEN HEILIGEN

Von der Calzada de Amador fahren Fähren zur Isla Taboga mit der **Iglesia de San Pedro**, der Peterskirche. Sie gilt als zweitälteste Kirche Amerikas und stammt aus der spanischen Kolonialzeit des 16. Jhs. Eine ausführliche Erkundung lohnt die von außen eher schlichte Kirche dank ihrer opulenten, an den Wänden kunstvoll dokumentierten Geschichte. Zu den schönen Kunstwerken hier zählt z. B. ein Bildnis des hl. Petrus selbst mit den für ihn typischen Schlüsseln in der Hand. Diese erhielt Petrus nach dem Matthäusevangelium direkt von Jesus, der zu ihm sagte: „Ich will dir die Schlüssel des Him-

LEGER SPEISEN IN AMADOR

La Fabrica
Köstliches Essen, Tische im Freien und tolle Musik. $$

Cayucos Bar Restaurante
Restaurant und Bar mit fröhlichem Flair auf der Isla Flamenco an der Calzada de Amador. $$

Fish Lovers Ceviche Y Bar
Quirliges Restaurant für Fans von *ceviche* mit tollen Cocktails. $$

La Playita Pool Bar
Entgegen dem Namen wird hier nicht viel Billard gespielt, aber als Kulisse für einen Cocktail ist es schön. $

Plaza Causeway
Praktisch gelegenes Esslokal, eine tolle legere Adresse für Familien und Gruppen. $$

TOP-KULTUREVENTS AUF DER ISLA TABOGA

Festival de la Virgen de Carmen
Jedes Jahr am 16. Juli feiern die Einheimischen die Schutzheilige der Isla Taboga.

Dia de San Pedro
Jedes Jahr wird auf der Isla Taboga am 29. Juni die Gründung des Orts San Pedro im Jahr 1524 gefeiert.

Semana Santa
Im großen Stil wird auf der Isla Taboga Ostern gefeiert; im Mittelpunkt steht in der Karwoche die Iglesia de San Pedro.

MEHR SPASS FÜR KINDER

Weitere familienfreundliche Aktivitäten bietet das **Centro de Exhibiciones Marinas de Punta Culebra**??? (S. 50) und das **Mi Ranchito Amador** (S. 48), beides nicht weit von Panama Karting.

melreichs geben: Was du auf Erden binden wirst, soll auch im Himmel gebunden sein, und was du auf Erden lösen wirst, soll auch im Himmel gelöst sein.“ Über dem Portal sind auf Latein die Worte *Salve Regina* zu sehen – „Sei gegrüßt, Königin (Maria)“. Für Wagemutige gibt's eine sehr schmale Wendeltreppe hinauf auf den Glockenturm. Oben füllen die beiden großen Glocken fast den gesamten Raum aus, sodass sich nur zwei Personen gleichzeitig hinaufzwängen können. Die Glocken werden meist nur sonntags geläutet, wenn vom Festland ein Priester herkommt, also am besten wochentags hochsteigen – sonst wird's laut! Nach der Kirchvisite lockt gegenüber das Plaza Cafe mit Kaffee und Snacks.

TOP-HOTELS & -B&BS IN AMADOR

The Beach House
Mitten an der Calzada de Amador: Dies ist das einzige Hotel am eigentlichen Damm, nicht weit entfernt von sämtlichen Attraktionen. $$$

Taboga Palace Spa Hotel
Gehobenes Strandhotel mit Balkonen mit Meerblick. Aufs Meer blickt man auch vom Infinitypool. $$$

Cerrito Tropical Eco Lodge
Reizendes B&B mit behaglichem Flair sowie Tauchbecken und köstlicher Pizza. $$

Villa Caprichosa
Charmante, prächtige Villa mit stiller Terrasse und Pool. $$$

Gokartfahren bei Panama Karting

FAMILIENFREUNDLICH UND EIN GROSSER SPASS

Eine tolle Tagesaktivität und ein Erlebnis voller Action für die ganze Familie bietet Panama Karting an der Calzada de Amador zwischen der Isla Naos und der Isla Perico an der Promenade. Für Teenager und Erwachsene gibt's größere Gokarts, die ganz schön Tempo aufnehmen können. Für Kinder stehen langsamere Gokarts zur Verfügung, die leichter zu benutzen und zu steuern sind. Wer sich nicht recht auf die Bahn traut, kann auch erst mal Unterricht nehmen. Ein Rennen dauert etwa acht Minuten und man kann so viel Zeit wie gewünscht damit verbringen, sich mit Familienmitgliedern und Freund:innen Wettrennen zu liefern.

Krönen lässt sich das Gokartabenteuer mit einem Essen in der nahen Fischbude **Delicias del Negro** oder dem tollen **La Eskinita** auf der Isla Naos. Anschließend kann man sich dann im nur einen Katzensprung entfernten **Wasserspielpark** Hände und Füße kühlen. Der Wasserpark ist sehr sauber, hat kühlendes Wasser direkt aus dem Boden und ist toll für Kinder jeden Alters.

Schön abgekühlt geht's über den Damm langsam zu Fuß zurück zum Festland oder man radelt mit einem Leihrad zum nächsten Ziel.

EIS ESSEN AN DER CALZADA DE AMADOR

Nikki Ice Roll
Hier gibt's Eis in netter Rollenform. Der Stand ist zentral gelegen und bietet sogar was für Hunde. **$**

Todo Coco
Dieser Stand für Eisspezialitäten mit tropischem Einschlag hat köstliches Kokoseis, Kokos-Milchsakes u. v. m. **$**

Dolce Idea Gelateria
Die Eisdiele auf der Isla Flamenco hat einen hübschen Außenbereich. Beliebt ist die Sorte Dulce de Leche. **$$**

CASCO VIEJO

DER CHARME DER ALTEN WELT, RUNDERNEUERT

Casco Viejo ist ein munteres, schönes, klassisches Viertel voller Leben, Vergnügungen und Dynamik. Die 1673 gegründete „Altstadt" wartet noch immer mit hübschen backsteingepflasterten Straßen, quirligen Plätzen und einzigartiger Kolonialarchitektur auf. Außerdem ist das Viertel ein UNESCO-Weltkulturerbe, da der Grundriss des Viertels in seiner ursprünglichen Form perfekt erhalten ist und sich überhaupt kaum etwas verändert hat. Kultur, Nachtleben, atemberaubende Kirchen, köstliches Essen – Casco Viejo hat einfach alles. Und vielleicht mit am schönsten ist, dass sich von hier ein besonders unverstellter Blick auf die funkelnde Skyline von Panama-Stadt und die stille Bucht bietet.

TOP TIPP

Vom Paseo Esteban Huertas, einer Promenade auf der äußeren Mauer von Casco Viejo, bietet sich bei Sonnenauf- und -untergang ein perfekter Blick auf die Schiffe, die auf die Einfahrt in den Kanal warten, sowie auf die Bucht von Panama, die Calzada de Amador und den Puente de las Américas. Toll ist auch der Blick auf die Skyline.

ALFREDO MAIQUEZ/SHUTTERSTOCK ©

La Cinta Costera

DIE CINTA COSTERA (KÜSTENSTRASSE)

Panama-Stadt ist nicht komplett ohne seine schöne 7 km lange Küstenstraße an der Bucht von Panama entlang zum Casco Viejo. Sie lässt sich leicht mit dem Rad oder zu Fuß erkunden und wartet mit zahlreichen Outdooraktivitäten auf. Bei Km 2,6 bietet sich vom **Mirador del Pacífico** ein spektakulärer Ausblick. Der erste Abschnitt der Straße wartet mit einem japanischen Garten auf, perfekt zum Entspannen vor oder nach dem Spaziergang oder der Radtour.

CASCO VIEJO

HIGHLIGHTS
1 Kanalmuseum
2 Fonda Lo Que Hay
3 Santa Rita Casco Viejo
4 Iglesia San Francisco de Asís
5 Iglesia de San José

SEHENSWERTES
6 La Cinta Costera
7 Diablo Rosso
8 Unabhängigkeitsplatz
9 Kathedralbasilika Santa María la Antigua
10 Stadtpalast
11 Museo de Mola
siehe 10 Museum für die Geschichte Panamas

ESSEN
12 Central Hotel
13 Nazca 21

AUSGEHEN & FEIERN
14 Casa Casco
15 Element
16 La Mayda
17 Lazotea
18 Sama Sky Lounge
19 Tantalo Roofbar
20 Vista Corona

UNTERHALTUNG
21 Danilo's Jazz Bar
22 Moloko Plus

Santa Rita Casco Viejo

PANAMACASCOVIEJO.COM/ ZED ORTEGA PHOTOGRAPHY ©

Santa Rita Casco Viejo

SCHÖNES RESTAURANT, KÖSTLICHES ESSEN

Dieses Restaurant bietet den perfekten Mix aus altmodischem Charme und moderner lateinamerikanischer Küche. Benannt ist es nach einer schönen Bougainvilleen-Art, die in Panama zahlreich blüht. In Argentinien heißt diese Pflanze nach einer 1381 geborenen italienischen Nonne, der „Schutzpatronin des Unmöglichen“, Santa Rita. Da sich auf der Karte zahlreiche Speisen gemäß der argentinischen Grilltradition finden, ist der Name eine passende Verschmelzung der Kulturen. Zusätzlich zum erstklassigen Essen bietet das Restaurant auch Livemusik und einen Parkservice fürs Auto.

Kanalmuseum

Das Kanalmuseum

ALLES ÜBER DEN PANAMAKANAL

Dieses gut konzipierte Museum führt Besucher:innen tief hinein in die Geschichte und den Bau der Hauptattraktion der Stadt: des Panamakanals. Dazu entführt das Museum die Besuchenden auch auf eine umfassende historische Reise von der präkolumbischen Zeit Panamas bis zum Bau des Kanals und seiner Erweiterung 2007, zu Panamas Kampf für die Unabhängigkeit von Spanien u. v. m. Das Museum ist ein echtes Juwel, das man nicht versäumen sollte.

Iglesia San Francisco de Asís

RELIGIÖSER AUSSENPOSTEN

An der Plaza Bolivar im Casco Viejo versteckt sich diese kleine, scheinbar schlichte Kirche, die dem hl. Franz von Assisi geweiht ist. Drinnen verfügt sie jedoch über mit den schönsten Kirchenschmuck in Panama-Stadt. Fast das gesamte Buntglas der Kirche weist eine bläuliche Färbung auf, wodurch das Innere in herrliches blaues Licht getaucht wird. Seit dem 18. Jh. hat die Kirche schon Brände erlitten und ist mehrere Male neu aufgebaut worden, doch das ursprüngliche Fundament ist intakt. Die Altäre wurden im verschlungenen Barockstil von indigenen Holzkünstlern entworfen; statt nur einen gibt's acht Altäre. Schön ist vor allem der Hauptaltar aus 400 Teilen handbemaltem tropischem Zedernholz.

Iglesia San Francisco de Asís

Fonda Lo Que Hay

KÖSTLICHES ESSEN, ZUBEREITET VON EINEM EINHEIMISCHEN

Dieses besondere Restaurant wird geleitet von Jose Olmedo Carles. Der erprobte Veteran der Gastroszene mit panamaischen und italienischen Wurzeln bietet stets eine abwechslungsreiche Karte, von Klassikern wie *gaucho*, einem traditionellen panamaischen Porridge, bis zu trendigen Vorspeisen wie dünn geschnittenem rohem Thunfisch und herzhaften Speisen mit gedämpften Muscheln und anderen heimischen Meeresfrüchten. Eine *fonda* ist ein lockeres Straßenrestaurant und der Begriff wird oft im panamaischen Slang benutzt, was das heimelige, sentimentale Flair des Restaurants um eine weitere Facette bereichert. Dies ist die beste Adresse für ein spannendes Speiseerlebnis in Panama-Stadt. Auch die ständig erweiterte Cocktailkarte ist klasse.

La Mayda

SCHICKE COCKTAILBAR

Diese einladende Cocktailbar wartet mit schöner Einrichtung und einer guten Auswahl an altmodischen und angesagten Cocktails auf. Meistens geht's Richtung Frankreich, doch frag den Barkeeper nach einem heimischen Likör oder traditionellen Drink. Das La Mayda schließt um 23 Uhr, ist also perfekt für einen Schlummertrunk nach dem Essen ohne die laute Nightlife-Meute. Von der stillen Terrasse geht der Blick aufs Meer; früher am Tag gibt's auch einen *afternoon tea* mit allerlei kleinen Köstlichkeiten.

Iglesia de San José

Iglesia de San José

DAS ZUHAUSE DES GOLDALTARS

Diese atemberaubende Kirche im Casco Viejo wartet mit einer faszinierenden Geschichte auf. Gegründet wurde sie vom katholischen Augustinerorden. 1671 wurde das Gebiet von **Panamá Viejo**, wo der Orden aktiv war, durch von Captain Henry Morgan angeführte Piraten zerstört. Danach verlegten die Mönche 1675 ihr Kloster samt Kirche in den Casco Viejo. Der Augustinerorden ist ein Bettelorden: Die Mönche führen also ein durch Frömmigkeit und Armut geprägtes Leben; zum Predigen reisen sie umher und leben in städtischer Umgebung. Besitztümer sollen sie keine anhäufen, sodass sie auch problemlos in den Casco Viejo umziehen konnten. Und das Beste: Bevor Morgan ihre Kirche plünderte, hatten sie ihr wertvollstes Gut, einen mit Goldblatt überzogenen Altar, schwarz angemalt, damit Morgen ihn für wertlos hielt. Der Plan ging auf und Morgan rührte den Altar nicht an. Schließlich brachten die Mönche ihn in ihre neue, dem hl. Joseph, Jesu Vater, geweihte Kirche und versetzten ihn in seinen ursprünglichen Zustand zurück. Der berühmte 1915 renovierte Goldaltar zählt zu den wertvollsten Kunstwerken Panamas und befindet sich auch heute noch als Hommage an den hl. Joseph und an die Mönche, die den Mut hatten, ihn zu schützen, in der Kirche, sodass heutige Besucher:innen ihn bewundern können.

Oro Moreno

BRAUNES GOLD

„Oro Moreno" bedeutet „braunes Gold" und in diesem einzigartigen Schokoladengeschäft im Herzen des Casco Viejo wird erklärt, was es damit auf sich hat. Das Oro Moreno ist außerdem ein Schokocafé mit üppigem Tropenmotto und gemütlichem Ambiente. Die Leckereien stammen aus Panama und werden mit heimischen Zutaten wie Ananas, Passionsfrucht und Koriander gemischt. Ein schönes Andenken für Zuhause sind die Pralinenschachteln. Die Schachteln „Biodiversidad" und „Flora und Fauna" bieten wie tropische Frösche, Schmetterlinge und Früchte geformte Pralinen. Ein reizender Laden für Erwachsene wie Kinder!

***Molas*, Museo de Mola**

MEHR IM CASCO VIEJO

Ein Kunstabenteuer

GALERIEN, TEXTILIEN UND TAPISSERIEN

Als Einstieg ins Kunstabenteuer bietet sich ein starker panamaischer oder Geisha-Kaffee und ein Gebäck in der Casa de Sucre an. Das reizende Café hat einen Hang zu Kultur, mit Kunst an den Wänden, alten Steinbögen und sogar einem Klavier für musikalisch Begabte. Gestärkt durch den Kaffee geht's dann weiter zum herrlichen **Museo de Mola**. Schon seit Jahrhunderten stellen indigene Guna-Frauen traditionelle *molas* her – tolle, bunte Textilien, von denen rund 200 hier ausgestellt sind. Der Eintritt ist frei und erfolgt alle 45 Minuten; wer sich tiefer mit der Materie befassen möchte, kann vielleicht gleich zwei Besuche hintereinander buchen. Das 2019 eröffnete Museum wirkt trotz der vielfältigen, tief mit der Vergangenheit verflochtenen Geschichte jeder einzelnen *mola* frisch und modern. Außerdem bietet das Museum interaktive Exponate wie z. B. einen spiegelartigen kleinen Raum, in den man hineingehen kann, während um einen herum *molas* an die Wände projiziert werden. Und die Besucher:innen werden auch dazu animiert, selbst an der Tradi-

DIE MOLAS

Molas sind bunt, lebendig und von komplexem Design – das Wort bedeutete ursprünglich „Vogelgefieder". Heute wird es nur noch für die Wandbehänge und Blusen der indigenen Guna benutzt. Die Herstellung der *molas* erfolgt nach dem Prinzip der umgekehrten Applikation. Dabei legen Guna-Frauen mehrere Lagen Stoff übereinander und heften sie zusammen. Dann schneiden sie Bilder in die oberen Lagen; die unterste dient als „Hintergrund". Beim Ausschneiden treten die Farben der unteren Lagen hervor. Es können alle möglichen Designs geschnitten werden, von Vögeln und anderen Tieren bis zu komplexen geometrischen Mustern oder spirituellen Motiven. Gekrönt wird das Design dann durch feine Stickereien.

CEVICHE ESSEN IM CASCO VIEJO

Casablanca
Das Speiselokal bietet ausgezeichnetes *ceviche* und ein lockeres Ambiente, toll für Familien und Gruppen.

Lazotea Jorge Rausch
Diese *cevichería* hat einen schönen Dachbereich. Besonders köstlich ist das *bojala ceviche*.

La Pulperia
Beliebt bei Einheimischen und toll fürs Mittagessen – zentral, daher toll für einen Imbiss zwischen Besichtigungen.

DIE BESTEN DACHBARS

Casa Casco
Außer dem Dach gibt's hier fürs Partyvolk mehrere Etagen mit Restaurants und Bars.

Tantalo Roofbar
Die beliebte Dachbar oben auf dem hübschen **Tantalo Boutique Hotel** ist jeden Abend geöffnet.

Sama Sky Lounge
Die schicke Dachbar bietet Livedarbietungen, tolle Sonnenuntergangsblicke und pulsierende Elektromusik.

Lazotea
Reizende Bar samt Restaurant auf dem **Hotel Casa Panama** mit vergnüglichem modernem Flair.

Vista Corona
In dieser Dachbar geht's gemächlicher zu; zwar ist sie trendig und unterhaltsam, aber besser für tagsüber geeignet.

FOTOS593/SHUTTERSTOCK ©

Kathedralbasilika Santa María la Antigua

tion teilzuhaben, indem sie eigene Designs entwickeln – eine schöne Art und Weise, den Guna und ihrem Erbe zu huldigen.

Nach dem Mittagessen endet das Kunstabenteuer mit einem Ausflug zur stylischen Kunstgalerie **DiabloRosso**. Die einzigartige Galerie für Gegenwartskunst ist gleichzeitig ein Thinktank der Kunstszene, der neue künstlerische Praktiken und junge heimische Talente fördert. Die 2006 gegründete Galerie ist dienstags bis samstags geöffnet. Den restlichen Nachmittag bummelst du dann durch die Straßen des Casco Viejo und lässt dein Kunstabenteuer noch einmal Revue passieren.

Auf der Piste

MUSIK UND AMBIENTE IM CASCO VIEJO

Bei einem Abend im Casco Viejo kommen Livemusik- und DJ-Fans voll auf ihre Kosten. Los geht's mit einem Abendessen mit Livemusik im schönen **Santa Rita Casco Viejo**, das bis 23.30 Uhr geöffnet hat. Hier kannst du den Abend einläuten oder auch den ganzen Abend verbringen. Ansonsten steht als Nächstes die lebhafte Cocktailbar **Element** mit guten Mixer:innen, munterem Volk und toller Musik auf dem Programm. Für Freund:innen des Live-Jazz bietet sich **Danilo's Jazz Bar** an. Dieser Klassiker in Panama-Stadt ist nach dem wichtigsten Jazzstar Panamas benannt, Danilo „Cholo" Perez, und veranstaltet Konzerte mit heimischen und ausländischen Künstler:innen. Der Club ist eher klein, aber das trägt zu seinem

ÜBERNACHTEN IM CASCO VIEJO

Central Hotel Panama Casco Viejo
Das tolle alte Hotel in zentraler Lage bietet auch Essmöglichkeiten. **$$$**

Hotel Magnolia Inn
Das entzückende Hostel inmitten der Action ist erschwinglich und überaus charmant. **$**

La Concordia Boutique Hotel Casco Viejo
Das Boutiquehotel hat aufmerksames Personal und eine wundervolle Einrichtung. **$$$**

behaglichen Flair und zur tollen Akustik bei. Wer volle Tanzclubs bevorzugt, kann das **Moloko Plus** ansteuern: Hier geht ab etwa Mitternacht die Post ab.

Die Plaza de la Independencia

DER QUIRLIGSTE PLATZ DES CASCO VIEJO

Der Unabhängigkeits- oder Kathedralplatz von Casco Viejo ist so vollgepackt mit interessanten Dingen, dass man seine Ecken und seine Geheimnisse und Geschichten einen ganzen Tag lang erkunden könnte. Los geht's morgens mit der katholischen **Kathedralbasilika Santa María la Antigua**, dem unangefochtenen Blickfang am Platz. Die Basilika steht allen offen – sie ist sowohl draußen als auch drinnen eine Wucht. Draußen ist der mittlere Teil der ursprüngliche Steinbau, links und rechts flankiert von zwei restaurierten, in blendendem Weiß gestrichenen Türmen. Die Türme warten auch mit Perlmuttarbeiten auf, eine Hommage an die wunderschönen panamaischen Perleninseln. Nicht entgehen lassen sollte man sich drinnen den Hauptaltar, der aus einem einzigen Block italienischem Marmor gefertigt ist. Auch der Altaraufsatz dahinter ist interessant: Er besteht aus verschiedenen Teilen aus Marmor aus aller Welt – als Symbol dafür, dass die Stadt Pilger:innen und Besucher:innen von überallher willkommen heißt.

Ebenfalls am Platz befindet sich das weltbekannte **Kanalmuseum** (S. 55): Es liefert einen ausgezeichneten Überblick über die Geschichte und den Bau des Panamakanals. Es ist dienstags bis samstags geöffnet; der Eintritt kostet 15 US$ für Erwachsene, 7,50 US$ für Studierende und 5 US$ für Kinder. Einen Katzensprung vom Platz entfernt ist das **Museum für die Geschichte Panamas** von der Moderne bis zurück zur spanischen Kolonialzeit. Hier lässt sich das im Kanalmuseum Erfahrene wunderbar ergänzen. Eine weitere Attraktion am Platz ist das kultivierte alte **Central Hotel**, ein tolles Örtchen für einen Mittagsimbiss und ein kaltes Getränk. Im Restaurant samt Bar im vierten Stock gibt's ausgezeichnetes Essen und schöne Cocktails. Die Erkundung des Unabhängigkeitsplatzes endet mit einer Runde durch den atemberaubenden Stadtpalast, in dem auch das Museum für die Geschichte Panamas zu Hause ist. Fürs Abendessen bietet sich ganz in der Nähe das **Nazca 21** an, ein beliebtes peruanisches Restaurant – eine Abwechslung zu all der panamaischen Kultur, die du heute erkundet hast.

BASILIKA UND KATHEDRALE

Die Kathedralbasilika Santa María la Antigua zeichnet sich gegenüber anderen Kirchen der Stadt dadurch aus, dass es sich bei ihr nicht nur um eine Kathedrale handelt, sondern auch um eine Basilika. Das Wort „Basilika" hat in der katholischen Kirche, der wichtigsten Religion in Panama-Stadt und ganz Panama, eine besondere Bedeutung als Ehrentitel für ein Gotteshaus. Das Land ist zu fast 70 % katholisch, was sich auch in Feierlichkeiten wie Fronleichnam und der österlichen Karwoche ausdrückt. Eine „Basilika" ist durch ihre historische, künstlerische und liturgische Bedeutung für die gesamte katholische Kirche und durch ihre Schönheit von besonderer Wichtigkeit für den Papst und den Vatikan.

Selina Casco Viejo Panama City & Cowork
Liebling der Backpacker:innen und digitalen Nomad:innen mit schöner Dachbar. **$$**

Sofitel Legend Casco Viejo
Wem der Sinn nach einem glamourösen Fünf-Sterne-Hotel steht, der ist hier genau richtig. **$$$**

American Trade Hotel & Hall
Hübsches Boutiquehotel mit tollem Service und kleinem Pool. Ein verstecktes Juwel ist die Bibliothek. **$$$**

EL CANGREJO

MALERISCH, MULTIKULTURELL UND BOHEMEHAFT

Cangrejo bedeutet „Krebs“ und dieses Viertel wird seinem Namen überaus gerecht. Die einzigartigen Straßen ziehen sich von der Mitte des Viertels weg wie die Scheren eines Krebses – so entsteht ein Netz aus Abschnitten, Kreisen und Quadraten. Und am besten ist, dass El Cangrejo, das weniger bekannt ist als andere Viertel mit ihren Sehenswürdigkeiten, vielleicht das zum Bummeln schönste Viertel der Stadt ist. Außerdem ist es dank zweier U-Bahn-Stationen leicht erreichbar. Reisende, die El Cangrejo zum Stützpunkt für ihren Besuch machen, haben fast alles für den Alltagsbedarf in der Nähe: Cafés, Märkte, Restaurants, Weinbars, Craft-Biergärten und opulente Parks sind jeweils nur einen Katzensprung entfernt. Und dank einem vielfältigen Angebot an Aktivitäten für Singles, Paare, Freundesgruppen und Familien ist es zudem eine Top-Adresse für Einheimische wie auch Tourist:innen.

TOP TIPP

Wer gerne kocht oder ein bisschen sparen möchte, indem er nicht so oft essen geht, für den gibt's in El Cangrejo tolle Supermärkte. **El Rey** in der Via Espana hat frische Lebensmittel und Backwaren, **Pricesmart** ist ein großer Supermarkt im US-Stil und die **Casa de la Carne** bietet wunderbare Gourmetzutaten und Spezialitäten.

Bier, La Rana Dorada

LA RANA DORADA

La Rana Dorada bedeutet „Der Goldene Frosch“ und ist ein Symbol, das Reisende in Panama-Stadt des Öfteren sehen. Die panamaische Kleinbrauerei hat ein paar Ableger in der ganzen Stadt. Doch die Bar in Cangrejo ist besonders toll für eine Happy Hour mit Freund:innen und zum Leutegucken. Am Wochenende zieht sich das Ganze oft bis in den Abend – wem der Sinn also nach einem Abend auf der Piste steht, sollte hier vorbeischauen. Die Biermarke selbst mit dem Logo eines lächelnden Froschs ist tief in der Community verankert – in den Bars treffen sich die Einheimischen oft auf ein echtes panamaisches Craft-Bier von bester Qualität.

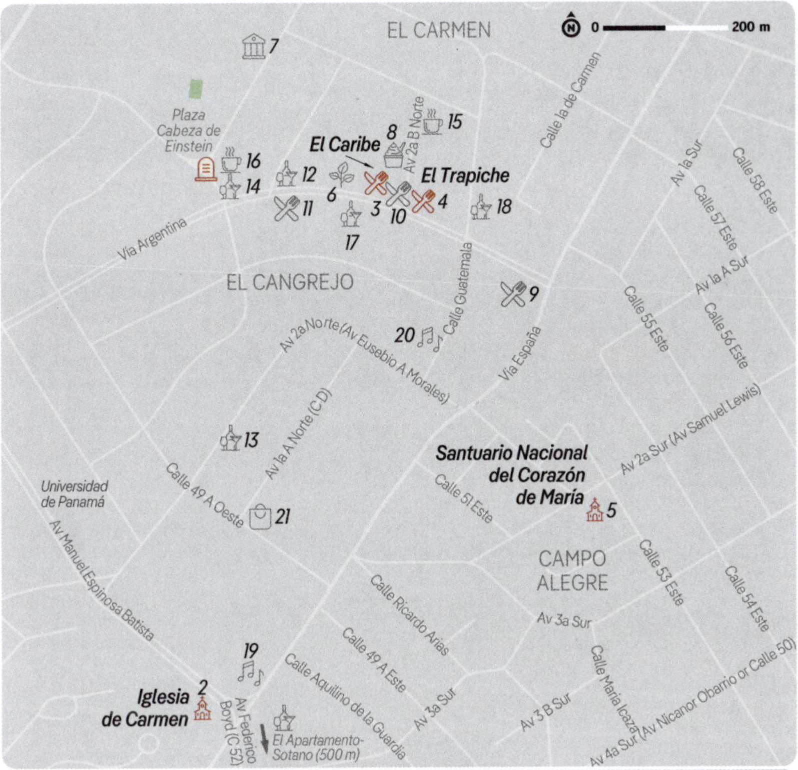

HIGHLIGHTS
1 Albert-Einstein-Skulptur
2 La Iglesia del Carmen
3 El Caribe
4 El Trapiche
5 Nationalheiligtum des Unbefleckten Herzens Mariä

SEHENSWERTES
6 Andres-Bello-Park
7 Arteconsult

ESSEN
8 Güt Via Argentina
9 Lucca Trattoria
10 Manolo's
11 Restaurante Angel

AUSGEHEN & FEIERN
12 El Pavo Real
13 Istmo Brew Pub
14 La Rana Dorada
15 Mentiritas Blancas
16 New York Bagel Cafe
17 Pedro Mandinga
18 Wine Bar

UNTERHALTUNG
19 Orquesta Sinfónica Nacional de Panamá
20 Taberna La Malagueña

SHOPPEN
21 Golden Frog Souvenirs

El Trapiche

TRADITIONELLE SPEISEN, STILVOLL SERVIERT

El Trapiche

Für die beliebtesten traditionellen Speisen Panamas, serviert in großen Portionen, ist das El Trapiche eine Top-Adresse. Das erschwingliche und behagliche einheimische Restaurant lohnt immer einen Besuch. Ein gutes Steakgericht ist das *bistec picado*, eine säuerliche Meeresfrüchteleckerei das *ceviche*; zu empfehlen ist auch der *sancocho*, eine panamaische Hühnersuppe mit Koriander. Hier mischen sich Einheimische, Expats und Touris und alle haben ihren Spaß. 2023 feierte das Restaurant sein 40-jähriges Bestehen und man kann nur hoffen, dass es auch weiterhin wächst und gedeiht.

LINKS: HERNAN H. HERNANDEZ A/SHUTTERSTOCK ©, UNTEN: KAZOKA/SHUTTERSTOCK ©

Iglesia del Carmen

La Iglesia del Carmen

SCHÖNE NEUGOTISCHE KIRCHE

Eines der schönsten Beispiele neugotischer Architektur in Zentralamerika steht in El Cangrejo. Die reich verzierte Kirche verfügt in der Fassade über eine Uhr, dazu zwei Glockentürme und oben eine hübsche Marienstatue. Der Karmelitenorden, der die Kirche gründete, zählt zu den wenigen Orden, die sich auf einen Propheten des Alten Testaments berufen, Elias. Gegründet wurde der Orden von auf dem Berg Karmel im heutigen Israel lebenden Einsiedlern, die im Verlauf der Zeit ihre Traditionen an Mönche und Nonnen weitergaben. Diese Verwurzelung in der Vergangenheit passt dazu, dass die Kirche in einem der ältesten Teile von Panama-Stadt steht.

Restaurante Angel

SPEISEN WIE EIN ENGEL

Das Restaurante Angel bietet ein perfektes Speiseerlebnis, mit weißen Tischdecken neben traditionellem Schmuck und ausgezeichneten Speisen. Das Personal ist aufmerksam und höflich und die Portionen sind recht großzügig, zubereitet von Angel, dem das Restaurant auch seinen Namen verdankt. Tipp: das Spanferkel; und natürlich steht auch frisches Seafood auf der Karte. Besonders beliebt sind Venusmuscheln, Kabeljau und Zackenbarsch, doch Angel sorgt auch immer wieder für Überraschungen. Ein tolles Lokal, um sich mit Freund:innen einfach mal was Besonderes zu gönnen.

Venusmuscheln

Albert-Einstein-Büste

Albert-Einstein-Skulptur

REIZENDES FOTOMOTIV

El Cangrejo entstand, so wie man es heute kennt, in den 1950er-Jahren. Es war das erste jüdische Viertel in ganz Panama-Stadt. Zwar ist die jüdische Gemeinde inzwischen weitergezogen – zahlreiche Synagogen befinden sich heute im Viertel Punta Paitilla ein kurze Autofahrt entfernt. Eine schöne Hommage an die jüdischen Wurzeln von El Cangrejo ist die große Büste von Albert Einstein an der Via Argentina. Sie ist eine beliebte Attraktion im Viertel und befindet sich direkt vor dem New York Bagel Cafe.

El Caribe

PANAMAISCHES SOULFOOD

Das El Caribe serviert mit das beste afrokaribische Essen im Viertel. Ochsenschwanz, ganzer Fisch, *jerk chicken wings* und Oktopus in Kokossoße: Das sind einige der beliebtesten Speisen hier. Das Flair ist leger, das Essen wird frisch zubereitet und mit Getränken, Vorspeisen und Hauptgerichten kann man sich ein schönes Schlemmermahl zusammenstellen. Das Lokal ist bei Einheimischen wie auch Tourist:innen sehr beliebt, sodass man zu den Stoßzeiten mittags und abends ein bisschen auf sein Essen warten muss. Aber wer Zeit hat: Das Warten lohnt sich!

Nationalheiligtum des Unbefleckten Herzens Mariä

Nationalheiligtum des Unbefleckten Herzens Mariä

EINE VERSTECKTE SCHÖNHEIT

Die schöne Kirche steht nicht so im Rampenlicht wie die Iglesia de San José, doch dafür ist sie vielleicht das bestgehütete Geheimnis von El Cangrejo. Mit dem Bau unter Claretiner-Missionaren, einer vom spanischen Heiligen Antonius Maria Claret gegründeten Kongregation, wurde 1947 begonnen. Jeden Sonntag strömen hier rund 3000 Gläubige zum Gottesdienst – damit ist die Kirche eine der meistbesuchten der Region. 2019 feierte sie ihr 70-jähriges Jubiläum als geweihte Kirche. An heißen Tagen kann man drinnen schön die Klimaanlage genießen – installiert, um mehr Besucher:innen anzulocken. Außerdem gibt's drinnen Reliquien claretinischer Märtyrer sowie eine Reliquie der polnischen hl. Faustina.

ISTMO BREW PUB
Craft-Bier-Fans können sich im Istmo Brew Pub über eine große Auswahl freuen. Es gibt ein paar Ableger, aber die Kneipe in El Cangrejo liegt in der Nähe einiger der anderen Attraktionen des Viertels. Alle Biere werden in Panama gebraut – ein Besuch hier ist also ein authentisches Biererlebnis. Davon zeugen auch die Namen der verschiedenen Biere: Sie sind nach Provinzen des Landes benannt. So gibt's vom Fass z. B. das Weizenbier „Bocas Del Toro", das Hazy Lite Beer „Panama City", das Kölsch „Colón", das Amber Ale „Chiriquí", das Brown Ale „Coclé" und das Hoppy Ale „Darien". So kann man mit einem köstlichen heimischen Craft-Bier wunderbar auf Panama anstoßen!

PANAMACASCOVIEJO.COM/GÜT VIA ARGENTINA ©

Eiscreme, Güt Via Argentina

MEHR IN EL CANGREJO

Panamaische Aromen

RUMVERKOSTUNG

Für Leute mit einer Vorliebe für tollen panamaischen Rum hält El Cangrejo jede Menge Interessantes bereit. Panama ist berühmt als Schlupfloch von Captain Henry Morgan und seiner Bande von Freibeutern und panamaischer Rum ist für seine sehr gute Qualität und Vielfalt bekannt. Nach einem deftigen, großzügig bemessenen Mittag- oder Abendessen z. B. im **Manolo's** oder der **Lucca Trattoria** geht's zu einem nachmittäglichen oder abendlichen Rumabenteuer. Die beste Adresse dafür ist die Rumbar **Pedro Mandinga**: Die Barkeeper kennen sich bestens mit Craft-Cocktails aus und die Rum-Drinks werden mit ihren Rumspezialitäten zubereitet wie dem Pedro Mandinga Blend, Silver Blend, Spice Blend, Geisha Blend, Cacao Blend und Casco Viejo Blend. Außerdem ist das Pedro Mandinga die erste handwerklich arbeitende Rumbrennerei Panamas, die für ihren Rum *raspadura* (unraffinierten Zucker) benutzt. Eine weitere Pedro-Mandinga-Bar, diesmal mit Brennerei vor Ort, befindet sich im nahen Casco Viejo: Hier lässt sich mehr über den Brennprozess erfahren.

Spaß an der frischen Luft

DER PERFEKTE STADTTEILPARK

El Cangrejo beherbergt einen der schönsten Parks in ganz Panama-Stadt, den **Andres-Bello-Park**. Er liegt sehr zentral an der Via Argentina und dient schön als Drehkreuz für sämt-

ÜBERNACHTEN IN EL CANGREJO

Panama House Bed and Breakfast
Reizendes Ambiente, bequeme Betten und ein üppiger Garten mit einem sprechenden Ara. $

Hostal Kakun
Einladendes Hostel mit erschwinglichen Preisen und freundlichem Personal. $

Principe Hotel & Suites
Erschwingliche, saubere Hotelzimmer in sehr zentraler Lage. $$

liche geplanten Aktivitäten des Tages. Vielleicht läutet man diesen mit einem Kaffee oder Tee und Frühstück bei **Mentiritas Blancas** ein, mit anschließendem Bummel durch den Park. Zu den zahlreichen netten Einrichtungen hier zählen ein Basketballfeld und ein kleiner Fußballplatz, wo man schön mit Freund:innen oder Einheimischen spielen kann. An der Halfpipe kann man schön den Skater:innen zuschauen und überhaupt gibt's viele Bänke, von denen aus man den Ausblick genießen kann. Wer Hunger verspürt, kann die Snackbar des Parks ansteuern. Und vielleicht wird im Park auch irgendetwas aufgeführt oder gespielt. Neben anderen heimischen Musiker:innen hat hier auch schon das **Orquesta Sinfónica Nacional de Panamá** gespielt, wodurch das schöne Flair des Parks noch weiter an Glanz gewinnt.

Der Park ist zudem sehr sicher und sauber, sodass sich der Nachwuchs schön auf den Spielplätzen und schattigen Rasenflächen austoben kann. Am Wochenende finden hier Tanz-, Zumba- und Yogakurse statt und es treffen sich Jogging-, Walking- und Kampfsportclubs. Den Nachmittag krönt ein Eis der renommierten Eisdiele **Güt Via Argentina** gleich um die Ecke vom Park.

Kunstbummel durch El Cangrejo

EIN TAG VOLLER INSPIRATION

Vor der Kunsttour durch El Cangrejo stärkst du dich mit einem köstlichen Bagel vom beliebten **New York Bagel Cafe**. Dann geht's eine Viertelstunde zu Fuß Richtung Casco Viejo zur wunderbaren **Weil Art Gallery**. Diese Galerie ist ein aktiver Player in der Kunstszene von Panama-Stadt und hat Einheimischen wie Tourist:innen viel zu bieten. Die Bandbreite der ausgestellten Gemälde und Skulpturen ist sehr groß – beim Kunstgenuss lässt sich herrlich entspannen. Neben Malerei und Bildhauerei gibt's hier auch von panamaischen Indigenen wie den Woonam, Emberá und Guna produziertes Kunsthandwerk wie Stoffe und traditionelle Kleidung. Nach der Mittagspause steht die erstklassige Galerie **Arteconsult** auf dem Programm, die immer eine schöne Auswahl an Werken präsentiert – alles Mögliche von Skulpturen in Glas, Bronze und Stein bis zu Fotografie, Ölgemälden, Werken auf Papier u. v. m. Fragen zu den einzelnen Werken bearbeitet gerne das Personal der Galerie. Den Abschluss der kleinen Tour bildet ein Spaziergang durch die Straßen von El Cangrejo zu einem der Restaurants. Dabei kann man schön die Nachkriegsarchitektur inspizieren, die dem Viertel sein leicht raues, künstlerisches Flair verleiht, und sich währenddessen die gesehene Kunst noch einmal vor Augen führen.

LIVEMUSIK IN EL CANGREJO

Taberna la Malagueña
Quirliges Restaurant samt Bar mit köstlichem Essen und tollen Flamenco-Tanz- und -Musikdarbietungen.

El Apartamento-Sotano
Cocktailbar, Restaurant und Galerie in einem. Außerdem spielen hier unterschiedlichste Bands.

El Pavo Real
Lockere kleine Bar mit Billardtischen, Barsnacks und Rock 'n' Roll-Flair.

Wine Bar
Diese Bar beeindruckt mit über 200 verschiedenen Tröpfchen, abends zu genießen bei Livemusik.

KAFFEE IN EL CANGREJO

Juan Manuel
Toller Kaffee und eine gute Karte mit z. B. Pfannkuchen und Crêpes.

Sucaro Cafe Bakery and Piadinas
Reizendes Café mit allerlei Kaffeegetränken. Köstlich ist auch der Chai Latte.

Armonica
Hier gibt's ausgezeichneten Kaffee sowie dazu Burger, Sandwiches und einen schönen Außenbereich.

Oben: Miraflores-Schleuse (S. 74), Panamakanal; rechts: Insel Saboga (S.#80)

PROVINZ PANAMA

STADTLEBEN UND OUTDOOR-ACTION TREFFEN AUFEINANDER

Die Provinz Panama ist eine perfekte Mischung aus Wunderwerken der Ingenieurskunst und spektakulärsten Naturschauspielen.

Einige der landschaftlich und architektonisch reizvollsten Highlights des Landes liegen in der Provinz Panama. Von künstlichen Seen und Inseln, die Tausende Liter Wasser in den Kanal leiten, damit das komplizierte System funktioniert, bis zu zahllosen Pflanzen-, Tier- und Meerestierarten, die friedlich in den vielen Regenwäldern und Gewässern leben, gibt's hier jede Menge Superlative zu entdecken.

Zur Provinz gehört auch der internationale Flughafen Tocumen, das internationale Tor zu allen anderen Provinzen und deren Aktivitäten. Ob Strandurlaub, Fahrt zum Kanal, Ökotourismus, Abenteuersport, Surfen oder der Kauf von Juwelen, Perlen oder lokalem Kunsthandwerk – die Provinz Panama empfängt ihre Gäste mit offenen Armen und sorgt dafür, dass sie ihre Wunschziele erreichen.

Die Region hat auch eine unglaublich beeindruckende Geschichte – eine alte und moderne und indigene. Die Gäste der Provinz werden dazu ermutigt, in diese Epochen einzutauchen und zu entdecken, wie sie gemeinsam zum Lebensstil, zur Kultur und dem Ethos beitragen, die sich in allen Bereichen der Provinz widerspiegeln. Wer auf der Suche nach Vielseitigkeit, Spannung und Naturwundern ist, ist in der Provinz Panama genau richtig.

DIE WICHTIGSTEN ZIELE

DIE KANALZONE
Der Panamakanal und sein schönes Umland.
S. 72

DIE PERLENINSELN
Weißer Sand, türkisfarbenes Meer, friedliche Umgebung.
S. 78

Erste Orientierung

Trubeliges Stadtleben, ein entlegener Strand, ein Regenwald voller Wildtiere, ein herrlicher Wasserfall und zurück in die Stadt – all diese Wunder der Provinz Panama kann man auf einem Ausflug erleben.

Die Panamakanalzone, S. 72

Die Kanalzone ist eins der absoluten Highlights Panamas. Das „Schleusensystem" in Aktion zu sehen bleibt unvergesslich.

AUTO

Der Panamerican Highway bietet die unabhängigste Art, die Provinz zu erkunden. In Panama-Stadt gibt's zahlreiche Autovermietungen, ein Standardwagen reicht aus. Ein Allradfahrzeug eignet sich für die wunderschönen, aber manchmal unwegsamen Gefilde von Punta Chame.

BUS

Busse sind gut für Fernreisen zwischen den meisten größeren Zielen und Attraktionen auf dem Festland, besonders zwischen größeren Städten. Sie sind in der Regel klimatisiert und robust, aber Vorsicht: Größeres Gepäck wird auf dem Dach festgeschnallt.

SCHIFF/FÄHRE

Mit Fähren von Panama-Stadt aus erreicht man vom Festland aus die Inseln. Fähren verkehren zwischen den beliebten „Hafeninseln" wie Contadora Island und weniger bewohnten Inseln. Für mehr Geld kann man Boote über lokale Reisebüros chartern.

Archiepiélago de las Perlas, S. 78

Vor der Pazifikküste liegen im Golf von Panama über 200 sogenannte Perleninseln. Auf den meisten leben nur Wildtiere.

Perfekte Tage

Ein ganzer Tag oder mehr sollte man für die Panamakanalzone und umliegende Wildnis einplanen. Dann folgt etwas Zeit für Perleninselhopping und Besuchen näherer und abgelegener Regionen, um in die panamaische Kultur einzutauchen.

ROB CRANDALL/SHUTTERSTOCK ©

Panama Rainforest Discovery Center (S. 74), Nationalpark Soberania

Wenig Zeit

- Wer wenig Zeit hat, sollte mit dem Wichtigsten beginnen, der **Kanalzone** (S. 72): in der **Miraflores-Schleuse** (S. 74) die Passage der Schiffe durch den Kanal beobachten , den **Gatun-See** (S. 187) erkunden, um mehr über das Kanalsystem zu erfahren, und die Tier- und Vogelwelt an den Kanalufern des **Nationalparks Soberania** (S. 74) bewundern.

- Die Perleninseln liegen nur eine Stunde mit der Fähre vom Amador Causeway in Panama-Stadt entfernt. **Contadora** (S. 77), eine der beliebtesten und schönsten Inseln, bietet zahlreiche interessante Strände, Restaurants und Hotels, in denen man baden, etwas trinken oder lecker essen kann, bevor es zurück nach Hause geht.

Beste Reisezeit

In Panama ist von Dezember bis April Trocken- und von April bis Dezember Regenzeit. Das ganze Jahr über finden reizvolle Feste statt, die man nicht verpassen sollte.

DEZEMBER

In der Provinz Panama beginnt die Trockenzeit. Dezember ist auch der Höhepunkt der Weihnachtszeit mit vielen Festen.

JANUAR

Der Januar ist eine tolle Zeit für ein Sonnenbad am Strand. Das jährlich stattfindende **Panama-Jazz-Festival** findet ebenfalls statt.

FEBRUAR/MÄRZ

Der landesweit beliebte **Carnaval de Las Tablas** wird an den vier Tagen vor der katholischen Fastenzeit im März gefeiert.

MARK PITT IMAGES/SHUTTERSTOCK ©, LOVECOSTARICA/FLICKR/CC BY-SA 3.0 ©, GUALBERTO BECERRA/SHUTTERSTOCK ©

Fünf Tage zum Herumreisen

- **Genug Zeit, um die Kanalzone** gründlich zu erkunden (S. 72). Zwei Nächte verbringt hier, wer sich wirklich auf die Gegend einlassen und Wildtiere oder Vögel beobachten möchte. Vogelbeobachtung erfordert Zeit und Geduld. An Tag drei eine frühe Fähre nehmen, um einen erstklassigen Strandspot auf der **Isla Contadora** (S. 77) zu ergattern.

- Am 4. und 5. Tag bietet sich ein Ausflug in den **Nationalpark Chagres** (S. 75) an. Der 309 000 Hektar große Nationalpark mit abenteuerlichen Wanderwegen, atemberaubenden Aussichten, Wildtieren und Wasserfällen ist ein Muss. Die historische Straße durch den Park, der **Camino Real** (S. 75), gilt als eines der Top-Highlights in ganz Mittelamerika.

Mehr als eine Woche Zeit

- Zuerst zwei bis drei Tage im **Chagres-Nationalpark** (S. 75) mit sportlichen Abenteuern wie Wanderungen mit spektakulären Aussichten, Schwimmen in Wasserfällen und Tauchen verbringen.

- Als Nächstes geht's auf der Panamericana an Panama-Stadt vorbei durch das lebhafte **Capira** (S. 77) nach **Chame** (S. 76). Dort angekommen, erkundet man die Stadt und fährt weiter nach **Punta Chame** (S. 77) mit einigen der ursprünglichsten und unberührtesten Strände Panamas.

- Für zwei bis drei Tage zurückfahren nach Panama-Stadt und am Schluss der Reise die Panamakanalzone (S. 72) und den Nationalpark Soberania (S. 74) besuchen.

JUNI

Im Juni ist der Höhepunkt der Regenzeit und die Gezeiten sind hoch, die perfekte Zeit zum Surfen, um tolle Wellen zu erwischen.

JULI

Das **Fest Unserer Lieben Frau vom Berge Karmel** feiert die Jungfrau Maria. Besonders fröhliche Festivitäten gibt's auf der Insel Taboga.

OKTOBER

Das **Festival del Christo Negro**, eine jährliche Pilgerfahrt in Panama, endet mit einer Feier in der Kirche San Felipe in Portobelo.

NOVEMBER

Die **Fiestas Patrias** gedenken der Trennung Panamas von Kolumbien im Jahr 1903 und der **Tag der Flagge** wird gefeiert.

DIE PANAMA-KANALZONE

Tausende Besucher aus dem In- und Ausland radeln jedes Jahr durch diese besondere Region, um ihr absolutes Highlight zu sehen: den Panamakanal, der als eines der sieben Weltwunder der Neuzeit und als Bauwerk des Jahrtausends bezeichnet wurde. Um das Ausmaß zu verdeutlichen: Die Menge an Erde und Gestein, die zwischen Balboa und Colón für den Kanal ausgehoben wurde, würde ausreichen, um die gesamte Insel Manhattan in New York City 3,5 m hoch zu begraben. Die Kanalzone ist eine geografisch kleine, aber ungemein mächtige Region. Ihre Bewohner sind friedlich, freundlich und zurückhaltend. Seit vielen Jahrzehnten ist die Kanalzone ein international anerkannter ökologischer Forschungsstandort, ein militärischer Außenposten und ein begehrter Urlaubsort. Einfach entspannen und alle Highlights genießen.

TOP TIPP

Das Besucherzentrum der Miraflores-Schleuse hat von 8 bis 17 Uhr geöffnet. Zu einer Zeit, wenn keine Schiffe passieren, kann die Erfahrung eher enttäuschend sein. Zwischen 9 und 11 Uhr ist der Bootsverkehr auf dem Kanal am stärksten und spannendsten.

DAISUKE KISHI/GETTY IMAGES ©

Miraflores-Schleusen (S. 74)

WARUM ICH DIE KANALZONE LIEBE

Harmony Difo, Schriftstellerin.

Panama war meine erste Auslandsreise als junge Erwachsene. Sowohl tatsächlich als auch in Gedanken kehre ich immer wieder hierher zurück. Wenn ich mit aufgestützten Armen vom Terrassengeländer beobachte, wie Boote friedlich durch die Schleusen manövrieren, erfüllt mich das mit Ruhe. Von der oberen Plattform kann man die langsamen Bewegungen der Schiffe beobachten. Die Kombination von einer der größten menschlichen Errungenschaften und einer der anfälligsten Landengen aller Zeiten versetzt mich in einen Zustand des totalen Friedens.

HIGHLIGHT
1 Panamakanal

SEHENSWERTES
siehe 2 Camino Real
2 Nationalpark Chagres
3 Fluss Chagres
4 Besucherzentrum der Miraflores-Schleusen
5 Panama Rainforest Discovery Center
6 Pipeline Road
7 Nationalpark Soberania

AKTIVITÄTEN, KURSE & GEFÜHRTE TOUREN
8 El Camino de Cruces
9 El Charco Trail
10 Plantagenstraße

ESSEN
11 Restaurant Don Caimán
12 La Taberna de Canal

AUSGEHEN & NACHTLEBEN
siehe 4 Cafe Kotowa Coffee House

VERKEHRSMITTEL
siehe 4 Miraflores-Schleusen

ALLES ÜBER EL CAMINO DE CRUCES

Die ursprüngliche Straße El Camino de Cruces wurde 1527 als Verbindung zwischen dem Hafen Venta de Cruces am Fluss Chagres und der Altstadt von Panama-Stadt gebaut. Der Trail durchquert Bäche, also auf nasse Füße einstellen. Auf der Hälfte der Strecke (6,5 km) trifft der Camino de Cruces auf die Plantation Road, die bis zu ihrem Ende eine schöne Wanderung ist. Alternativ legt man die zweite Hälfte des Camino de Cruces zurück; für diesen spärlich markierten Abschnitt ist ein Guide empfohlen. Oder man wandert auf demselben Weg zurück. Jede Option auf diesem besonderen Weg ist großartig.

Die Miraflores-Schleusen des Panamakanals

DAS HIGHLIGHT DER PROVINZ PANAMA

Für den besten Blick auf den Schiffsverkehr durch den Kanal an den **Miraflores-Schleusen** heißt es früh aufbrechen. Kaffee und Frühstück gibt's bei der leckeren regionalen Kette **Cafe Kotowa Coffee House**. Dieses Kaffeehaus liegt fast direkt neben dem **Besucherzentrum der Miraflores-Schleusen**. Der Hauptverkehr auf dem Kanal findet zwischen 9 und 11 Uhr statt, daher kann man den ganzen Vormittag über beobachten, wie Schiffe durch das Schleusensystem rumpeln und knarren. Im Anschluss gibt's vor dem Mittagessen eine offizielle Schleusenbesichtigung mit einem der sachkundigen Guides des Zentrums. Die Eintrittskarte für das Besucherzentrum beinhaltet auch den Besuch des IMAX-Kinos auf dem Gelände, in dem ein detailreicher 3D-Film über die Funktionsweise des Kanals und seine Geschichte informiert. Erzähler des Films ist der Oscar-Preisträger Morgan Freeman. Im Zentrum selbst gibt's ein praktisches, wenn auch teures Restaurant, man kann sich aber auch selbst etwas mitbringen. Die Zeit nach dem Mittagessen zwischen 15 und 17 Uhr ist wieder verkehrsreich. Ein recht wenig besuchtes regionales Highlight fürs Abendessen ist **La Taberna de Canal** mit einem fantastischen Special zur Happy Hour: Von 15 bis 21 Uhr gibt's zwei Getränke zum Preis von einem. Die Auswahl an Mittag- und Abendessen auf der Speisekarte ist groß.

Abenteuertour durch den Nationalpark Soberania

TOLLE WANDERUNGEN, SCHÖNER REGENWALD

Nur 45 Autominuten außerhalb von Panama-Stadt liegt am Ufer des Panamakanals der traumhafte tropische **Nationalpark Soberania**. Wer den Park von Panama-Stadt aus besucht, sollte frühzeitig aufbrechen, um alle der besten Sehenswürdigkeiten zu besuchen. Dass Vögel morgens am aktivsten singen, ist bekannt, und dieser Park ist keine Ausnahme. Wer morgens auf der **Pipeline Road** startet und häufig nach oben schaut, kann im Laufe des Tages bis zu 350 Vogelarten sehen. Für einen farbenprächtigen Rotbrustspecht oder einen Gelbohr-Tukan ist noch nicht einmal ein Fernglas nötig. Tukane und Adler werden oft gesichtet und sind für Familien mit Kindern besonders reizvoll. Nach dem Vogelbeobachtungspfad geht's vor dem Mittagessen ins **Panama Rainfo-**

Kapuzineräffchen, Nationalpark Soberania

ROB CRANDALL/SHUTTERSTOCK ©

UNTERKÜNFTE IN DER KANALZONE

Canopy Tower Ecolodge Die wunderschöne Lodge liegt im Nationalpark Soberania und bietet erstklassige Vogelbeobachtungen. **$$**

Gamboa Regenwald Resort Phänomenales Fünf-Sterne-Resort am Ort, wo der Panamakanal auf den Fluss Chagres trifft. **$$$**

Ivan's Bed and Breakfast Birding Lodge Das familiengeführte B&B widmet sich ganz der Vogelbeobachtung. Häufige Affensichtungen. **$$**

rest Discovery Center. Es ist sowohl eine exzellente Quelle für Umweltinformationen als auch eine tolle Adresse für tropischen Ökotourismus. Ein Highlight ist die 32 Meter hohe Treppe, die spiralförmig über die Baumkronen des Regenwaldes führt. Noch anregender ist ein Stopp zum Mittagessen im **Don Caimán Restaurant** am **Fluss Chagres**, der den Wald mit Wasser versorgt. Zum Chillen bietet sich eine der gemütlicheren Wanderungen an, darunter der historische Camino de Cruces und der **El Charco-Pfad**. **Plantation Road** ist eine atemberaubende 12,8 km lange Route für einen sportlicheren Abschluss des Tages.

Erkundung des Nationalparks Chagres

VON KÜSTE ZU KÜSTE

Der schöne **Chagres** ist der wichtigste Fluss Panamas und auch der größte des Landes. Seine Lage ist einmalig: Er durchfließt das Land von einer Seite zur anderen und mündet in zwei getrennte Ozeane, den Atlantik und den Pazifik. Im Nationalpark, in dem der Chagres liegt, wird viel Outdoor-Action geboten: Wandern, Wildtierbeobachtung und reichlich Abenteuer- und Wassersportarten. Da der Park keine traditionelle Infrastruktur hat, sind ein Guide oder eine geführte Tour praktisch die einzige Möglichkeit, das Gebiet in seiner ganzen Pracht kennenzulernen. Am besten startet der Trip in den Park so früh wie möglich, um den morgendlichen Vogelgesang zu erleben. Wer an einer Wandertour teilnimmt, besteigt am Vormittag den Cerro Jefe, eine anspruchsvolle, aber lohnende Wanderung bis auf 1000 m Höhe. Im Nationalpark Chagres liegt auch der **Camino Real**, ein historischer kolonialer Transportweg, auf dem wertvolle Güter wie Gold und Silber von der Atlantik- zur Pazifikküste und umgekehrt transportiert wurden. Zum Abschluss der Wandertour im Regenwald lockt ein Bad in einem der vielen herrlichen **Wasserfälle** und Bäche, die es überall im Wald gibt. Im Regenwald auf die Anweisungen des Guides hören und die unglaublichen Naturschätze genießen, die der Nationalpark von Weltklasse zu bieten hat.

DIE EMBERÁ

Im Nationalpark Chagres leben viele Angehörige von Panamas indigener Gemeinschaft, namentlich des Emberá-Volks. Etwa 33000 Emberá leben in Panama. Sie sind als Flussvolk bekannt – ihre Häuser wurden seit jeher entlang der Flüsse gebaut, die ihr Alltagsleben bestimmen. Die Sprache ist wunderschön, doch nur wenige Bücher, darunter eine Bibelübersetzung mit dem Titel „Das Wort Gottes", bewahren ihren Dialekt auf Papier. Die Emberá leben heute in Städten und urbanen Zentren, aber es gibt noch zahlreiche Gemeinden, die an den wunderschönen Flussufern Panamas leben. Im Rahmen geführter Touren durch den Nationalpark Chagres und entlang des Flusses Chagres kann man sie besuchen, um mehr über das vielseitige und geschichtsträchtige Erbe des Volkes zu erfahren.

UNTERWEGS VOR ORT

Der beste und schnellste Weg, die wunderschöne Kanalzone zu erreichen, ist mit einem Mietwagen und über die Autobahn. In Panama-Stadt stehen meist auch Taxis zur Verfügung, die allerdings oft sehr teuer sind. Öffentliche Verkehrsmittel fahren ebenfalls in die Kanalzone, für die gesamte Region ist wahrscheinlich ein Auto oder ein Taxi nötig.

Rund um die Kanalzone

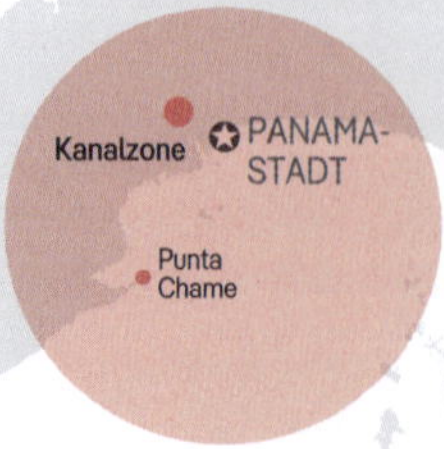

Die Attraktionen, die nur wenige Autominuten von der Kanalzone entfernt liegen, sind reizvoll und einen Besuch wert.

Die Kanalzone ist nur der Anfang der Abenteuer, die um die panamaische Hauptattraktion warten. Ob man nach Norden zur Karibikküste fährt und den Lago Gatun besucht oder in Richtung Süden nach Chame aufbricht – es gibt viel zu sehen und zu tun. Der Norden bietet tropische Regenwälder, Outdoor-Aktivitäten und üppig grüne Nationalparks. Im Süden zeigen die besonderen kleinen Städte und Orte Panamas regionale Reize und versteckte Schätze und geben Einblick in die panamaische Kultur und das Alltagsleben. Östlich der Stadt Chame im Süden liegt die wunderschöne Halbinsel Punta Chame mit herrlichen Meerblicken.

TOP TIPP

Möglichst ein Fahrzeug mit Allradantrieb mieten. Die Autobahnen sind asphaltiert, aber für Umleitungen über Nebenstraßen sind sie hilfreich.

Punta Chame

JOE BENNING/SHUTTERSTOCK ©

Lagun Gatun

Roadtrip nach Punta Chame

LEBENDIGE REISE, SCHÖNES ZIEL

Dieser schöne Trip auf der Panamericana in Richtung Punta Chame dauert etwa zwei Stunden und 15 Minuten, wenn kein Verkehr herrscht. Auf jeden Fall mehr Zeit für Mittagessen, Kaffee und Snacks einplanen. Von Panama-Stadt aus überquert man die Puente de las Américas und fährt auf der Autobahn in Richtung Süden, passiert die sehr kleine Stadt **Capira** und erreicht **La Chorerra**, einen lebhaften Bezirk mit peppigem Nachtleben und fröhlichen Ansässigen. Am Stadtrand lohnt ein kleiner Wasserfall mit dem treffenden Namen **La Chorro Chorerra** einen kurzen Halt. *Chorro* ist spanisch für „Wasserstrahl" und ein charmanter Spitzname für den beliebten Spot. Ein weiteres unerwartetes Juwel auf der Strecke ist eine kleine Stadt namens Guadalupe mit der schönen, hell erleuchteten, gemeindefinanzierten Kirche **Unsere Liebe Frau von Guadalupe, La Chorerra**. Unbedingt vorbeischauen, um einen Moment der Ruhe zu genießen und Bilder vom charmanten Kircheninneren zu machen. Am Ortseingang von Bejuco weist ein großes grün-weißes Schild auf der linken Seite den Weg zum Endziel Punta Chame. Die Autobahn endet hier, aber das eigentliche Abenteuer beginnt. Die Straße führt durch friedliches Ackerland, über Hügel und durch herrliche Landschaften mit vielen Seen. Die schönen windgepeitschten Strände, die sich um die Landzunge ziehen, sind oft fast menschenleer. Der Ort ist perfekt für Stand-up-Paddeln, Kitesurfen und Naturerlebnisse.

UNSERE LIEBE FRAU VON GUADALUPE

Die Kirche La Chorerra ist nach der Jungfrau von Guadalupe benannt, die einem Dorfbewohner namens Juan Diego im 16. Jh. in Mexiko erschien. Die Erscheinung diente als Inspiration für Kirchen in ganz Nord-, Mittel- und Südamerika. Eine Spende für diese einzigartige Kirche an der Straße nach Punta Chame ist eine großartige Möglichkeit, nachhaltigen Tourismus zu praktizieren und die Gemeinde zu unterstützen, die kürzlich wunderbarerweise ihre gesamte Infrastruktur mithilfe einer Fundraising-Kampagne renoviert hat. Das Ergebnis ist spektakulär: Eine wunderschöne neue Statue der Muttergottes von Guadalupe wurde vor einem frisch gestrichenen, makellos weißen Innenraum aufgestellt. Eine inspirierende Geschichte für Einheimische und Reisende gleichermaßen; man kann einem Gottesdienst beiwohnen oder spenden.

UNTERWEGS VOR ORT

Am besten erreicht man Punta Chame mit einem Mietwagen über die Panamericana von Panama-Stadt aus gen Süden Richtung Chame. Von Panama-Stadt fahren auch Busse, die unterwegs in regionalen Städten wie La Chorerra halten und in Chame enden. Zu den schönen Naturstränden an der Spitze der Punta Chame kommt man jedoch nur mit dem Auto von Chame aus. Für die Fahrt zum äußersten Punkt der Insel ist ein Fahrzeug mit Allradantrieb empfehlenswert.

PANAMA-STADT

Pearl Islands

DIE PERLEN-INSELN

Die Perleninseln bieten in der Trockenzeit eine fast perfekte Postkartenoptik: weiße Sandstrände, warmes Wasser, türkisfarbenes Wellenplätschern am Strand, dümpelndes Fischerboot am Horizont. Mit über 200 Inseln, und vielleicht noch weiteren nicht entdeckten, hüllen sie sich in Magie und Geheimnisse. Die Inselstrände und -wälder haben im Laufe der Jahrtausende alles gesehen: von wilden Tieren über umherstreifende Piraten bis zum Dreh einer ganzen Staffel der erfolgreichen CBS-Fernsehserie *Survivor* und vieles mehr. Der Aufenthalt auf diesen traumhaften Inseln mit ihrer märchenhaften Geschichte ist eine wahre Freude – und die einmalige Perfektion jeder Insel ein wunderbares Erlebnis.

TOP TIPP

Die beste Zeit für Walbeobachtungen im Pazifik ist zwischen Juli und Oktober. Es ist beeindruckend, die sanften Riesen in ihrem natürlichen Lebensraum zu beobachten. In den wunderschönen Gewässern der Perleninseln leben mehrere Arten, also einen Walführer und ein Fernglas mitbringen.

EMANUEL PTY/SHUTTERSTOCK ©

Perleninseln

Eine Erkundung der Insel Contadora

SCHÖN, UNBERÜHRT UND ENTSPANNEND

Die Insel Contadora ist zwar nur die elftgrößte der über 200 Perleninseln, gilt aber als die beliebteste und lebendigste. Für einen Tagesausflug von Panama-Stadt aus in der Trockenzeit muss man früh aufbrechen, um den Tag voll zu nutzen. Vom Flughafen Tocumen in Panama-Stadt gibt's eine Flugverbindung (15 Min.). Auch Fähren fahren regelmäßig zwischen Panama-Stadt und den Inseln; eine Schifffahrt ist eine beliebte Möglichkeit, die Inseln zu erreichen. Am günstigsten sind die Verbindungen von den Stadtteilen Punta Pacifica und Amador Causeway in Panama-Stadt aus. Nach der Ankunft beginnt der Spaß. Man startet in den Tag mit sportlicher Aktivität wie Schnorcheln oder Paddeln am Strand **Long Beach**, ein wunderschöner, zugänglicher weißer Sandstrand nahe dem Fähranleger. Die Insel ist groß, aber gut zu Fuß erkundbar; ein Golfcart ist das ideale Verkehrsmittel in den Straßen. Mittagessen gibt's im **Mira Olas**, einem köstlichen Restaurant im Hotel Mar Y Oro. Sein Name bedeutet „Schau die Wellen an" und bezieht sich auf die wunderschöne Pazifikaussicht während des Essens. Danach folgt Entspannung, dafür ist die Insel immerhin bekannt. Für einen Nachmittag in der Sonne eignet sich der **Executive Beach** mit warmen, sanft plätschernden Wellen und türkisfarbenen Blicken. Am Spätnachmittag geht die Fähre zurück zum Festland. Wer zwischen Juli und Oktober hier ist, sollte eine Walbeobachtungstour einplanen. Auf Contadora werden zahlreiche Ökotouren angeboten, die beobachten lassen, wie Walfamilien durchs Wasser brechen und unter Wasser wieder zusammenfinden.

DIE BESTEN HOTELS AUF CONTADORA ISLAND

Hotel Mar Y Oro
Wunderschönes Hotel direkt am Strand mit einem Restaurant auf dem Gelände und schöner Aussicht. $$$

La Romantica
Sehr aufmerksamer Service, saubere, gemütliche Zimmer und nur 10 Minuten Fußweg zum Strand. Gastfreundlicher geht's nicht. $$

Hibiscus House
Charmantes altmodisches B&B mit leckerem Frühstück, zu dem frische Früchte aus der Region serviert werden. $

Perla Real Inn
Das schmackhafte, gut zubereitete Essen hier ist sehr beliebt und die Unterkunft ist gemütlich und sauber. $$

Hotel La Isla
Dieses Hotel liegt nahe einem wunderschönen Strand mit der wohl besten Aussicht der Insel – und ist haustierfreundlich. $$

UNTERWEGS VOR ORT

Am besten erkundet man die Perleninseln mit der Fähre. Die ersten Fähren vom Festland (von den Stadtvierteln Amador und Punta Pacifica) verkehren bereits ab 8 Uhr morgens. Es gibt auch geführte Touren für große Gruppen. Für diejenigen, die mit eigenem Boot oder einem Charterboot anreisen, gibt's Häfen auf allen größeren bewohnten Inseln. Vorher über die aktuellen Charter- und Anlegevorschriften informieren.

PANAMA-STADT

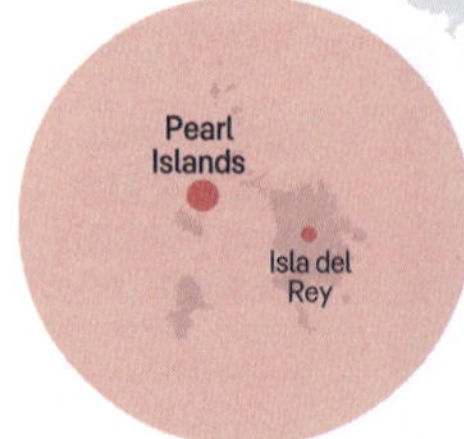

Rund um die Perleninseln

Hinter der beliebteren Insel Contadora liegt der schöne und friedliche Fischerhafen Isla del Rey – „Insel des Königs".

Die Insel Contadora ist berühmt für ihre Luxusresorts. Sie ist tatsächlich einer der beeindruckendsten und sehenswertesten Orte der Welt. Doch gleich um die Ecke, nur eine kurze Fährfahrt entfernt, liegen weniger besuchte tropische Trauminseln wie die Königsinsel oder die Inseln Saboga, Viveros, Casaya, Canas, San Jose und Pedro Gonzales. Wie auf einer Perlenschnur liegen sie im Golf von Panama aufgereiht und jede hat ihren eigenen Charme und ihre eigene Schönheit. Auf Saboga gibt's hervorragende Tauch-, Schnorchel- und Segelspots. Die ruhigere Insel Viveros mit einem glitzernden, malerischen Strand eignet sich hervorragend für Resorturlaub.

TOP TIPP

Die Insel Pedro Gonzales, 40 Meilen von Panama-Stadt entfernt, ist ein idealer Ort, um Buckelwale, Delfine und Meeresschildkröten zu beobachten.

MARIA MAARBES/SHUTTERSTOCK ©

Ferienanlage, Insel Viveros

TOTORRESTILO/SHUTTERSTOCK ©

Saboga Island

Reise zur Königsinsel

DIE GRÖSSTE INSEL DES ARCHIPELS

Die Königsinsel (Isla del Rey) ist die größte der Perleninseln. Wer in Panama-Stadt wohnt, kann den Tag mit einem Flug vom Flughafen Tocumen zur Insel Contadora beginnen, eine Fähre zur Königsinsel nehmen oder von Panama-Stadt mit der Fähre direkt fahren, was etwa vier Stunden dauert. **St. Michael (San Miguel)** ist die größte Stadt der Insel und ein toller Ort, um den Trip mit einem Mittagessen in einem der Restaurants zu beginnen. Auch wenn ihre Resortszene weniger bekannt ist als die des benachbarten Contadora, eignet sich die Königsinsel hervorragend zum Schnorcheln, Tauchen und für Ausflüge in den dichten Dschungel. Der Regenwald ist so unberührt, dass hier noch ursprüngliche Wildschweine, große Reptilien und Vögel leben, die nur auf dieser Insel existieren. Die Strände sind makellos und es gibt nicht viele Annehmlichkeiten wie Strandbars. In der trockenen und sonnigen Jahreszeit eignet sich die Insel zum Entspannen und Entschleunigen. San Miguel ist in erster Linie ein Fischerdorf. Fragt man Einheimische nach einem guten Angelspot, kennen sie eine Stelle und bringen einen vielleicht selbst dorthin. Eine langsamere Erschließung bewahrt die friedliche Atmosphäre, die Artenvielfalt und die Schönheit ihrer Küsten.

KÖNIG DER KÖNIGE

Es wird diskutiert, ob sich der Name Isla del Rey, „Insel des Königs", auf die spanischen Könige während der Kolonialzeit bezieht oder ein religiöser Name ist, der sich auf „Christus, den König" bezieht. Aufgrund des starken katholischen Einflusses in Panama gilt Letzteres als plausibler, auch der Name San Miguel, „Sankt Michael", für die älteste Stadt der Insel spricht dafür. Nach christlicher Überlieferung wurde der Engelsfürst Michael auf die Erde gesandt, um die Menschheit vor dem Bösen zu schützen. Er wird in der Bibel fünfmal erwähnt. Über die mysteriösen Ursprünge des Inselnamens wird immer wieder debattiert. Unbedingt einen Einheimischen nach seiner Meinung fragen!

UNTERWEGS VOR ORT

Hierhin kommt man mit der Fähre zur Insel Contadora und einer zweiten, kleineren Fähre zur Königsinsel. Sie ist die größte Insel der Perleninseln, es kann bis zu 1½ Stunden dauern, mit dem Boot ins Landesinnere zu gelangen, nachdem man die Küste erreicht hat. Aber der charmante Hauptort San Miguel und die vielen Abenteueraktivitäten auf der Insel sind es allemal wert!

PROVINZ COCLÉ

STRÄNDE, VÖGEL UND TRADITION

Coclé lockt mit Sonnenbädern an ausgedehnten weißen Sandstränden, seltenen Vogelarten im grünen Landesinneren und erfrischenden Urwaldflüssen.

Verlockende weiße Strände und mit Regenwald bedeckte Gipfel, historische Städte und artenreiche Vulkankrater – die Provinz Coclé ist eines der vielseitigsten Reiseziele Panamas.

Landesweit ist diese traditionsreiche Region bekannt als Land des Salzes, des Zuckers und der Präsidenten. Während internationale Reisende die Provinz oft übersehen, ist die sonnenverwöhnte Küste bei Einheimischen schon lange beliebt, zumal sie von der Hauptstadt aus leicht zu erreichen ist.

Die Küste von Coclé erstreckt sich über mehr als 100 km entlang des Pazifiks und bietet eine bunte Mischung aus Resorts, Wohnhäusern, Backpacker-Dörfern und traditionellen Strandsiedlungen. Der weiße Sand zieht an Wochenenden viele Tagesreisende an – kein Wunder, kommt er doch auf dieser Seite des Landes eher selten vor. Dafür ist es unter der Woche herrlich ruhig.

Ackerland prägt die Küstenebene. Mittendrin liegen Städte aus der Kolonialzeit, berühmt für ihr lokales Kunsthandwerk, und prähistorische Ruinen. Dahinter steigen die Berge bis zur kontinentalen Wasserscheide an und werden dabei von einer üppigen Vegetation überzogen.

Die Nebelwälder im Landesinneren der Provinz warten mit besonderen Outdoor-Erlebnissen auf: einsame Nationalparks, kristallklare Flüsse, die sich durch tiefe, urwaldartige Canyons schlängeln, und ausgezeichnete Wanderwege, auf denen es vor Vögeln nur so wimmelt.

DIE WICHTIGSTEN ZIELE

EL VALLE
Wanderung an einem erloschenen Krater.
S. 86

PENONOMÉ
Stadt und Land mit Geschichte.
S. 91

DIESE SEITE: WIRESTOCK CREATORS/SHUTTERSTOCK ©, GEGENÜBER: GUALBERTO BECERRA/SHUTTERSTOCK ©

Links: Kolibri, Chorro El Macho (S. 90), oben: El Valle (S. 86)

Erste Orientierung

Die Provinz Coclé ist überschaubar und die Straßen sind gut ausgebaut, sodass die meisten Sehenswürdigkeiten sowohl von der Küste als auch vom Landesinneren aus innerhalb eines Tags besucht werden können.

BUS

Busse und Minivans sind preiswert, verkehren relativ häufig und fahren die meisten Städte und Dörfer an, sind aber oft stickig und eher ungemütlich. Selten passieren sie die Nebenstraßen mit den Attraktionen.

MIETWAGEN

Am besten lässt sich die Region mit dem Auto erkunden – im eigenen Tempo und mit Abstechern zu Sehenswürdigkeiten entlang des Wegs. Für weiter entfernte Ziele empfiehlt sich Allradantrieb.

Penonomé, S. 91
Die lebhafte Provinzhauptstadt, unweit von weißen Sandstränden, alten Kolonialstädten, prähispanischen Ruinen und riesigen Nationalparks mit Nebelwäldern.

El Valle, S. 86
Ein beschauliches Städtchen in einem erloschenen Vulkankrater, umgeben von Wanderwegen, Wasserfällen und tollen Vogelbeobachtungsmöglichkeiten.

INSPIRED BY MAPS/SHUTTERSTOCK ©

Wandern entlang des Kraters (S. 87), El Valle

Perfekte Tage

Außerhalb der Hauptstadt Penonomé geht das Leben gemütlicher vonstatten und es dauert, bis man alles gesehen hat. Flexibilität bei der Reiseplanung ist deshalb unverzichtbar.

Wochenendtrip

Startpunkt ist **Santa Clara** (S. 95) mit seinen Strandhotels. Es gibt frische Meeresfrüchte, bevor der Weg nach **Natá** (S. 96) zur ältesten Kirche des Landes führt. Am zweiten Tag geht's nach **La Pintada** (S. 96), um einen handgefertigten *sombrero pintado* zu kaufen. Danach lockt das ruhige **El Valle** (S. 86) mit Waldwanderungen und erfrischenden Wasserfällen.

Eine Woche Zeit

An den ersten beiden Tagen gibt's Entspannung am Strand von **Santa Clara** (S. 95) und eine Wandertour in **El Valle** (S. 86). Dann geht's weiter zur **Villa Távida Lodge** (S. 95), um Vögel zu beobachten und Spa-Zeit zu genießen. Ein Zwischenhalt führt zur Schlucht **Pailas de Loma Grande** (S. 90). Die Reise endet in den Nebelwäldern des **Parque Nacional Omar Torrijos** (S. 95).

BESTE REISEZEIT

JANUAR BIS MÄRZ

Bei bestem Strandwetter und wolkenfreiem Himmel startet die Party-Saison an der Costa Blanca (S. 94).

APRIL BIS JUNI

Mit Beginn der Regenzeit sinken die Übernachtungspreise, aber es gibt noch genug schöne Tage.

JULI BIS SEPTEMBER

Regen sorgt für matschigen Untergrund, aber die Natur und die Wasserfälle entfalten ihre ganze Pracht.

OKTOBER BIS DEZEMBER

In den Wäldern um El Valle (S. 86) tummeln sich einheimische und Zugvögel.

EL VALLE

El Valle, mit offiziellem Namen El Valle de Antón, liegt im Krater eines riesigen erloschenen Vulkans und ist von steilen, bewaldeten Hängen umgeben. Das ruhige Städtchen ist ein beliebtes Ziel für alle, die die Natur lieben.

Der Ort selbst beschränkt sich auf eine Hauptstraße mit Restaurants und Lebensmittelgeschäften sowie ein paar Wohnblocks zu beiden Seiten. Der Reiz der Stadt liegt in der Natur ringsum. Wanderwege schlängeln sich über die Berge, durch windgepeitschtes Grasland und unberührte Wälder voller Vögel, während unten im Tal reißende Flüsse enge Schluchten, Wasserfälle und Badestellen formen.

El Valle hat für alle etwas zu bieten. Wer sich für Biologie interessiert, erfreut sich an Schmetterlingen und Fröschen und entdeckt mit etwas Glück vielleicht sogar ein Faultier, das mitten in der Stadt an einem Baum hängt.

TOP TIPP

In El Valle geht's normalerweise ruhig zu, aber an den Wochenenden, vor allem an Festwochenenden, kommen viele Tagesreisende aus der Hauptstadt. Die Wanderwege sind überlaufen, die Hotels ausgebucht und die Verkehrsmittel überfüllt. Wer kann, sollte den Ort unter der Woche besuchen.

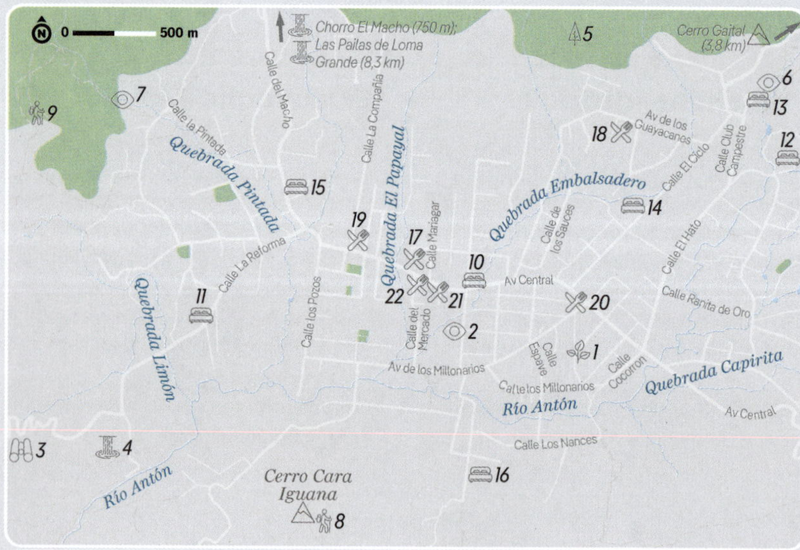

HIGHLIGHT
1 Aprovaga

SEHENSWERTES
1 Aprovaga
2 Butterfly Haven
3 Cerro La Cruz
4 Chorro Las Mozas
5 Monumento Natural Cerro Gaital
6 Panama Amphibian Rescue and Conservation Project Center
7 Piedra Pintada

KURSE & TOUREN
8 Cerro Cara Iguana
9 La India Dormida

SCHLAFEN
10 Bodhi Hostel
11 Cabañas Potosí
12 Golden Frog Inn
13 Hotel Campestre
14 Hotel Valle Verde
15 La Casa de Juan
16 Eden Park

ESSEN
17 Fonda Massiel
18 La Casa de Lourdes
19 La Ranita Gourmet
20 L'Italiano
21 Los Hermanos
22 Restaurante Doña Nella

La India Dormida

Wandern im grünen El Valle

AM RAND DES KRATERS

Die bis zu 1000 m hohen, wolkenverhangenen Gipfel, die El Valle umgeben, bieten eine unglaubliche landschaftliche Vielfalt und tolle Möglichkeiten, Tiere zu beobachten. Wanderfans werden es kaum erwarten können, sie zu erkunden.

Vom Stadtzentrum aus führt ein Netz aus Pfaden und unbefestigten Straßen ins Tal und hinauf in die Berge.

Viele Strecken können auf eigene Faust erwandert werden, aber für Streifzüge in die Wälder ist ein zertifizierter Guide erforderlich. Die Wolkendecke kann sich schnell lichten, starke Winde, steile Abhänge und rutschige Wege stellen in höheren Lagen eine Gefahr da. Führungen sind über die Hotels buchbar, alternativ am Informationsstand am Ortseingang.

Vier Wanderwege mit unterschiedlichem Schwierigkeitsgrad beginnen und enden in der Stadt. Farbcodierte Karten sind in El Valle und an den Wanderwegen erhältlich, Wegweiser sind unterwegs rar.

Die beliebteste Wanderung führt zum Gipfel des **La India Dormida** (892 m), einem lang gestreckten Berg, der zu einer Kraterwand gehörte. Laut örtlicher Sage war die „schlafende Indianerin" ein einheimisches Mädchen, das sich in einen

RETTUNG DER GOLDENEN FRÖSCHE

Der winzige Stummelfußfrosch (*Atelopus zeteki*) – auf Spanisch *rana dorada*, „goldener Frosch" – ist in El Valle beheimatet und wurde von der Urbevölkerung als Glückssymbol verehrt. Er steht für die unglaubliche Artenvielfalt Panamas, wird jedoch seit den 1990er-Jahren von dem tödlichen Pilz *Chytridiomycosis* zusehends dezimiert.

In freier Natur lässt sich gegen den Pilz nichts ausrichten, aber in Gefangenschaft kann er wirksam bekämpft werden. Im **Panama Amphibian Rescue and Conservation Project Center** wird daran gearbeitet, eine gesunde Population der quakenden Tiere zu erhalten, die seit vielen Jahren nicht mehr im Freien beobachtet wurden.

Ein Besuch lohnt sich, nicht nur um den Panama-Stummelfußfrosch und andere endemische Arten kennenzulernen, sondern auch, um den Schutz der Tiere zu unterstützen.

SCHÖN ÜBERNACHTEN

Bodhi Hostel
El Valles angesagtestes Hostel, inkl. Lounge und großem Schlafsaal mit Etagenbetten (mit Vorhängen). **$**

Hotel Valle Verde
Freundliche Unterkunft mit weitläufigem Gelände, Swimmingpool und luftiger Terrasse. **$$**

La Casa de Juan
Super chillige Herberge mit modern eingerichteten Gemeinschaftszimmern und großem Hof. **$**

LÄNDLICH ÜBERNACHTEN

Cabañas Potosi
Am Ufer eines Bachs etwas außerhalb der Stadt gelegen, mit parkähnlichem Gelände und Bergpanorama. $$

Park Eden
Ein wunderschönes, gastfreundliches Refugium mit einer Handvoll Zimmer inmitten herrlicher Gärten. $$

Hotel Campestre
El Valles ältestes Hotel, mit weitläufigem Gelände, Waldwanderwegen und 20 eleganten, gemütlichen Zimmern. $$

Golden Frog Inn
Herrliche Aussicht, Garten mit Obstbäumen und Orchideen sowie Wanderwege direkt vor der Tür. $$

GUALBERTO BECERRA/SHUTTERSTOCK ©

Piedra Pintada

Kolonialherren verliebte. Als ihr Vater die Hochzeit verbot, nahm sie sich das Leben und wurde in den Hügeln begraben, die daraufhin ihre Gestalt annahmen.

Den „Kopf" des Berges erreicht man über einen Pfad, der entlang eines Gebirgsbachs an einigen kleinen Wasserfällen und dem **Piedra Pintada** vorbeiführt, einem beeindruckenden Monolithen mit Petroglyphen. Bis zum Gipfel sind es nur 2 km, aber der Weg ist teilweise steil. Hin- und Rückweg dauern etwa drei Stunden.

Genauso gut kann man den Berg über die „Füße" besteigen. Dazu folgt man dem Weg, der in der Nähe des Aussichtspunkts **Cerro La Cruz** auf der Straße El Valle–Antón westlich der Stadt beginnt. Zusätzlich gibt's einen Rundweg.

Nördlich der Stadt liegt der **Cerro Gaital** (1138 m), eine von drei Vulkankuppeln, die nach dem Ausbruch des Vulkans El Valle durch Magma entstanden. Heute bilden die bewaldeten Flanken des Bergs das Naturschutzgebiet **Monumento Natural Cerro Gaital**.

Ein 1,7 km langer, steiler Weg führt zu einem Aussichtspunkt, der einen Panoramablick auf El Valle und den Vulkankrater bietet. Der linke Abzweig gleich nach dem Eingang ist länger, aber weniger steil, und führt an mehreren guten Vogelbeobachtungsmöglichkeiten vorbei, der rechte geht bergauf.

GUT ESSEN

Fonda Massiel
Freundliches kleines Lokal mit gutem Frühstück, versteckt im hinteren Teil des Markts. $

Restaurante Doña Nella
Beliebtes Lokal mit guter *comida corriente*, die von einer Theke mit Vitrine ausgegeben wird. $

L'Italiano
Die beste Pizza der Stadt, unter freiem Himmel und direkt vom Italiener. $$

Den 1,75 km langen Weg zum Gipfel hinter dem Aussichtspunkt sollte man nicht ohne Führer betreten.

Der Weg zum **Cerro Cara Iguana** (898 m) ist weniger bewaldet, bietet aber ebenso gute Aussichten. Hier wehen teils sehr starke Winde, die aus dem Tal aufsteigen – von den Abhängen sollte man sich entsprechend fernhalten.

Der Weg führt zwischen wogenden Gräsern hindurch zu einem spektakulären Aussichtspunkt direkt am Kraterrand.

Vogelbeobachtung im Tal

AUF DER SUCHE NACH KOLIBRIS

Die fruchtbaren Böden und das tropische Mikroklima in El Valle bringen eine erstaunliche Pflanzenvielfalt hervor, die ihrerseits eine beeindruckende Anzahl an Vögeln anlockt.

In den Wäldern um El Valle gibt's zahlreiche Gelegenheiten, Vögel zu beobachten: Rund 350 verschiedene Arten wurden hier gesichtet. Besonders hoch ist die Zahl der Kolibris. Zu den häufigsten Arten gehören der Grüne Schattenkolibri, der Violettkopf- und der Elvirakolibri.

Auch Tukane, Fliegenschnäpper und kleine Raubvögel sind regelmäßig in der Gegend zu sehen.

Die zweisprachigen Guides aus der Stadt kennen zu jeder Jahreszeit die besten Beobachtungsplätze. Wer sie anheuert, erhöht seine Chancen, sehr seltene und wunderschöne Arten zu sehen.

Natur hautnah in der Stadt

UNTER ORCHIDEEN UND SCHMETTERLINGEN

Beim Wandern rund um El Valle sind viele Pflanzen und Tiere zu entdecken, aber auch mitten in der Stadt gibt's Naturphänomene zu bestaunen.

Im **Butterfly Haven** spaziert man inmitten von bis zu 250 Schmetterlingen, die in einem Gehege umherflattern. Besonders sehenswert sind der Blaue Morphofalter, der transparente Oleria Paula sowie der Bananenfalter, dessen Flügelmuster ein Vogelauge imitiert. In den Morgenstunden sind die Schmetterlinge am aktivsten.

Ganz in der Nähe befindet sich **Aprovaca**, ein reizender kleiner Garten, der von einem Orchideenzuchtverein betrieben wird. Freiwillige pflegen die mehr als 100 Orchideenarten im Gewächshaus und auf dem Gelände und heißen Gäste willkommen. Im Garten sollte man nach den wunderschönen Kolibris Ausschau halten.

HEILIGE BLÜTE

Beim Wandern um El Valle sollte man den Blick gelegentlich von den Baumwipfeln zum Boden lenken. Dort wächst *La Flor del Espíritu Santo* („Heilig-Geist-Orchidee"; *Peristeria elata*), Panamas Nationalblume, die ihren Namen spanischen Missionaren während der Kolonialzeit verdankt. Sie ähnelt einer weißen Taube mit rot gesprenkelten Flügeln, die sich aus elfenbeinfarbenen Blütenblättern erhebt.

Die Orchidee ist häufig am Wegesrand zu finden. Sie blüht von Juli bis Oktober und hat einen unvergesslichen Duft. Da sie vom Aussterben bedroht ist, bitte nicht pflücken!

VOGELBEOBACHTUNG IM DARIÉN

Ein weiteres gutes Gebiet für Vogelbeobachtungen sind die Wälder des **Darién** (S. 213). Neben zahlreichen bunten Papageienarten gibt's dort auch nistende Harpyien.

La Casa de Lourdes
Elegantes Gartenrestaurant auf dem Land, geführt von Spitzenköchin Lourdes Fábrega de Ward. **$$$**

La Ranita Gourmet
Umfangreiche Speisekarte mit leckeren internationalen Gerichten, von Fish 'n' Chips bis Gulasch. **$$**

Los Hermanos
Einfaches Ladenlokal mit peruanischen, chinesischen und guten panamaischen Speisen. **$**

JAN SCHNECKENHAUS/SHUTTERSTOCK ©

Chorro El Macho

Kaskadental

DONNERNDE WASSERFÄLLE UND ERFRISCHENDE BADESTELLEN

Von den Bergen rings um El Valle stürzen zahlreiche Wasserfälle über steile Felswände in einladende Schwimmbecken und enge, mit Büschen bewachsene Schluchten.

Nur eine kurze Autofahrt vom Stadtzentrum entfernt liegt der bekannteste Wasserfall von El Valle, der 35 m hohe **Chorro El Macho**. Eine schmale Hängebrücke flussabwärts gibt den Blick frei auf die vom Dschungel umgebene Schönheit – eine gute Perspektive für ein Foto. Blätter umranken einen erfrischenden natürlichen Pool und in den Baumkronen sitzen Faultiere und Affen.

Besonders Abenteuerlustige finden vor Ort eine Zipline mit vier Plattformen, die durch das dichte Dschungeldach führt.

Der nahe gelegene Wasserfall **Chorro Las Mozas** befindet sich an der Stelle, an der der prähistorische See über die Ufer trat und das Tal entwässerte. In der engen Schlucht, die von malerischen Kaskaden, einladenden Gumpen und kleinen Badebecken gesäumt ist, können sich Badende vom rauschenden Wasser massieren lassen.

Die Wasserfälle von **Las Pailas de Loma Grande**, 12 km nordwestlich der Stadt und mühsam zu erreichen, sind die spektakulärsten der Region und eines ihrer bestgehüteten Geheimnisse. Ein halbes Dutzend Wasserfälle füllen große Becken mit kristallklarem, grünlich schimmerndem Wasser, in denen man stundenlang schwimmen, klettern und die Sonne genießen kann. Einheimische verbringen hier den ganzen Tag, ausgerüstet mit Kühlbox und Zutaten für ein Picknick.

WARUM ICH EL VALLE LIEBE

Alex Egerton, Autor.

Nach ein paar Tagen inmitten der Betonburgen und Verkehrsstaus von Panama-Stadt freue ich mich immer darauf, nach El Valle zu fahren, um frische Luft zu schnappen und ausgiebige Spaziergänge in der Natur zu machen. Auch wenn es hier keine klassische Architektur oder Partyszene gibt, finde ich die lockere, entspannte Atmosphäre der Stadt belebend und perfekt, um neue Leute kennenzulernen, die meine Leidenschaft für die freie Natur teilen.

UNTERWEGS VOR ORT

Mit dem Fahrrad, das man sich in der Stadt leihen kann, lassen sich das Dorf und andere Teile des Tals hervorragend erkunden.

Viele Attraktionen sind vom Zentrum aus zu Fuß erreichbar; ein Minibus fährt entlang der Hauptstraße und hinauf zum Ausgangspunkt des India-Dormida-Trails.

PENONOMÉ

Abgesehen von ein paar traditionellen Häuserblocks im Stadtzentrum ist Penonomé nicht besonders reizvoll und nur wenige Straßen laden zum Schlendern ein. Die Ortschaft erstreckt sich entlang der Panamericana, mit Einkaufszentren und Geschäftsstraßen zu beiden Seiten, und hat viel von ihrem Kleinstadtcharme verloren.

Dennoch ist sie ein guter Ausgangspunkt, um die Umgebung und einige fabelhafte Attraktionen zu erkunden, darunter breite Sandstrände mit ruhigem, warmem Wasser, heilige präkolumbianische Grabstätten, traditionelles Webhandwerk und wunderschöne Hüte aus Naturfasern sowie die älteste Kirche Amerikas.

Penonomé ist auch das Tor zum riesigen Parque Nacional Omar Torrijos, dessen unberührte Wälder sich bis zur kontinentalen Wasserscheide erstrecken.

Es gibt gute, komfortable Unterkünfte, anständige Restaurants und alles, was Reisende für ihre Abenteuer in der Wildnis brauchen.

TOP TIPP

Viele Hotels in Penonomé sind auf die Bedürfnisse von Reisenden auf der Panamericana ausgerichtet und befinden sich am Stadtrand. Wer kein eigenes Fahrzeug hat, sucht sich am besten eine Unterkunft in der Nähe des Zentrums mit besserem Zugang zu den Fern- und Regionalbusterminals.

SCHÖN ÜBERNACHTEN

Hotel Coclé
Weitläufige Hotelanlage in einem Flachbau unweit der Iguana Mall. Moderne Zimmer, schöner Pool, Fitnessstudio und nettes Restaurant. $$

Hotel La Pradera
Hotel mit sandfarbener Fassade, roten Dachziegeln und gepflegten Zimmern – die besten auf der Rückseite mit Gartenblick. $$

Hotel Villa Esperanza
Preiswertes kleines Hotel in Wohngegend abseits vom Verkehrslärm, mit prächtigem Blumengarten und Pool. $

MELBA PHOTO AGENCY/ALAMY STOCK PHOTO ©

Karneval in Penonomé

Eine geschichtsträchtige Stadt

PRÄKOLUMBIANISCHE KERAMIK BESTAUNEN

Auch wenn es auf den ersten Blick nicht so scheint, hat Penonomé eine reiche Geschichte. Nach ihrer Gründung 1581 entwickelte sich die Stadt schnell zu einem der wichtigsten Ballungszentren des Landes. Als Panama-Stadt 1671 von Henry Morgan geplündert wurde, fungierte Penonomé vorübergehend als Hauptstadt, bevor in Casco Viejo der neue Verwaltungssitz entstand.

Heute ist von dieser Glanzzeit nicht mehr viel übrig, aber ein Besuch im **Museo de Penonomé** lohnt sich, um mehr über die Stadt und die gesamte Region zu erfahren.

Das Museum ist in einem charmanten traditionellen, weißblauen Lehmhaus untergebracht und zeigt eine kleine, sehenswerte Sammlung von Artefakten. Die Auslagen, die liebedienerisch die guten Taten der regionalen Bergbaugesellschaft feiern, sind getrost zu überspringen zugunsten einer großartigen präkolumbianischer Keramiksammlung der Coclé-Kultur.

Vasen, Urnen, Teller und Schalen wurden an Zeremonienstätten in der Region ausgegraben, darunter in der Nekropole von Caño, und zeugen mit beinahe perfekter Symmetrie und elegant geschwungenen Tiermotiven vom unglaublichen Geschick der Kunstschaffenden. Es gibt auch Möbel aus der Kolonialzeit und religiöse Kunst.

Eine interaktivere Weise, in die Sitten und Gebräuche der Stadt einzutauchen, bietet der berühmte **Karneval** an den vier Tagen vor Aschermittwoch. Die Teilnehmenden des energiegeladenen Festes tragen bunte Kostüme und Masken. Gäste werden mit offenen Armen empfangen und es wird ausgelassen getanzt und gefeiert, doch das Highlight ist der **Carnaval Acuático**, bei dem aufwendig gestaltete Festwagen den Nebenfluss Río Zaratí hinuntergleiten.

MEHR TÖPFERKUNST AUS GRAN COCLÉ

Weitere präkolumbianische Keramik aus der Region Gran Coclé sowie Repliken lokaler Gold- und Smaragdarbeiten sind im kleinen Museum des Nekropolenkomplex El Caño zu sehen (S. 96).

UNTERWEGS VOR ORT

Penonomé ist weitläufig und das örtliche Busnetz unübersichtlich. Zum Glück sind Taxis recht preiswert. Sie stehen meist in der Nähe des Fernbusbahnhofs an der Panamericana und in der Nähe der Plaza Bolívar im Zentrum.

Rund um Penonomé

Parque Nacional Omar Torrijos
Parque Arqueológico El Caño
Penonomé
Costa Blanca
Natá
Aguadulce
Playa El Salado

Hier lässt sich der Tag prima beim Sonnenbad im weichen Sand, auf der Suche nach einem handgefertigten Hut oder im üppigen Regenwald verbringen.

Die flache Küstenebene rund um Penonomé birgt historische Städte, traditionelles Kunsthandwerk, heilige prähispanische Stätten und mehr als 100 km Strände und Mangroven.

Von der Stadt aus fährt man nur eine halbe Stunde Richtung Süden auf der geschäftigen Panamericana, bis man die Strände der Costa Blanca erreicht. Dort buhlen Resorts, Hostels und Wohnhäuser um den besten Platz am (nahezu) weißen Sandstrand. Lokaltypisches Flair findet man bei den Fischbuden am Meer und in den familiengeführten Pensionen.

In entgegengesetzter Richtung führen Landstraßen durch das landwirtschaftlich geprägte Landesinnere, bevor sie sich zu den mit Regenwald bedeckten Gipfeln der Wasserscheide schlängeln.

TOP TIPP

Unter der Woche sind weitaus weniger Menschen an den Stränden von Coclé, und Unterkünfte nehmen weniger Geld.

NATURE'S CHARM/SHUTTERSTOCK ©

Santa Clara (S. 95)

Parque Nacional Omar Torrijos

SÜSS & SALZIG IN AGUADULCE

Das heiße Aguadulce, 50 km südwestlich von Penonomé, ist bekannt als Panamas Zuckerhauptstadt. Zugleich befinden sich nur 9 km südlich davon die Salinen von Playa El Salado, wo unter der prallen Sonne Salz aus dem Meer gewonnen wird. Der Anblick ist beeindruckend: Aus der Ferne sehen die strahlend weißen Salzhügel aus, als hätte es im tropischen Panama geschneit.

Die Sümpfe und Mangroven hinter den Salinen beheimaten viele Vogelarten, darunter Rosalöffler, Waldstörche und Amerikanische Stelzenläufer. Vom Strand aus gelangt man zu kleinen steinernen Schwimmbecken.

La Costa Blanca

ENTSPANNEN AUF WEICHEM SAND

Der als Costa Blanca (Weiße Küste) bekannte Küstenstreifen südlich von Penonomé besteht aus drei Strandgemeinden mit jeweils sehr eigenem Charakter.

Playa Blanca liegt der Stadt am nächsten und ist der schönste Strand der Region – ein breiter weißer Küstenabschnitt, an den sanft türkisfarbene Wellen schwappen. Er ist einer der besten Strände der panamaischen Pazifikküste.

Die Grundstücke am Strand sind gesäumt von großen Wohnblocks und Resorts. Geschäfte, Restaurants oder ein Dorfleben sind kaum vorhanden, sodass Individualreisende eher einen Tagesausflug hierhin unternehmen als ihre Zelte längerfristig aufzuschlagen.

Weiter östlich liegt auf der anderen Seite des Flusses **Farallón**. Das schicke und weitläufige östliche Ende des Strands wird von einem großen Resort vereinnahmt, während sich

SCHÖN ÜBERNACHTEN

La Pintada Inn
Etwas außerhalb von La Pintada, mit acht ordentlichen Zimmern und gepflegtem Grundstück, das bis zum Río Coclé reicht. **$$**

Cabañas Las Sirenas
Traditionsreiche Pension an ruhigem Strandabschnitt von Santa Clara; Apartments mit voll ausgestatteter Küche. **$$$**

Cabañas Las Veraneras
Direkt am Strand von Santa Clara mit strandnahen Holzhütten *(cabañas)* und weiter hinten Zimmern aus Beton. **$$**

am westlichen, der Flussmündung näheren Ende ein kleines Dorf mit Strandbars, Herbergen und Restaurants befindet.

An manchen Stellen ist es etwas heruntergekommen, aber es herrscht eine gesellige Atmosphäre und an den Wochenenden kann man hier mit panamaischen Gästen feiern.

Die letzte Station entlang der Costa Blanca ist ein hervorragendes Ziel, um sich zu erholen. Am breiten Strand von Santa Clara tummeln sich Möwen auf goldfarbenem Sand. Nur wenige Schritte vom Ufer entfernt gibt's gute Unterkünfte und einige nette Fischrestaurants.

Schatten spenden zahlreiche strohgedeckte Unterstände direkt am Meer, inklusive Hängematten und Picknicktischen.

Parque Nacional Omar Torrijos

WANDERUNG IM NEBELWALD

Der **Parque Nacional Omar Torrijos** liegt in den wolkenverhangenen Bergen an der kontinentalen Wasserscheide und besteht aus unberührter Wildnis mit versteckten Wasserfällen, Aussichtspunkten und vielen Vogelarten.

Der Park ist nach dem ehemaligen Präsidenten benannt, der hier bei einem Flugzeugabsturz ums Leben kam, beherbergt eine beeindruckende Vielfalt an Wildtieren und ist zugleich oft menschenleer.

Die leichteste Wanderung führt über den 2 km langen **Sendero de las Ranas**. Auf dem gut ausgebauten Weg wandert man am Besuchszentrum vorbei ins feuchte Tal, wo winzige bunte Frösche durchs Unterholz hüpfen und Tukane in den Baumkronen umherflattern.

Von der Rangerstation führt eine steile Schotterstraße hinauf zum **Mirador El Calvario**. Von hier aus kann man bei klarer Sicht sowohl den Pazifik als auch die Karibik sehen.

Der atemberaubende Wasserfall **El Tiffe** im Herzen des Regenwalds stürzt in ein herrliches, natürliches Schwimmbecken. Für die anspruchsvollere mehrtägige Wanderung dorthin sollte man unbedingt Zelt und Proviant einpacken.

Wer den beschwerlichen 26 km langen Rundweg zum Gipfel des **Cerro Marta** bewältigen will, braucht einen kundigen Guide und gute Kondition. Hier oben mitten im Wald liegt das Wrack von Torrijos' Flugzeug.

Das Zelten ist an verschiedenen Stellen des Parks gestattet, aber bei der Ankunft im Park müssen die Ranger über die Dauer des Aufenthalts informiert werden. Alternativ gibt's einfache Unterkünfte und Mahlzeiten in den *cabañas* direkt hinter dem Haupteingang.

VILLA TAVÍDA LODGE

Die Villa Tavída Lodge liegt an einem großen bewaldeten Berghang mit Blick auf einen imposanten Wasserfall im Nordosten von Penonomé. Sie ist die komfortabelste Ökolodge in Coclé. Das Gelände um die Lodge diente einst der Viehzucht und wurde wieder aufgeforstet. Heute gibt's hier zahlreiche Vogelarten, darunter vier Tukan-Arten. Auch Nachtaffen, Gürteltiere und Faultiere sind dort beheimatet.

Alle Zimmer verfügen über einen eigenen Balkon mit Blick auf den Wald oder den Wasserfall. Am Morgen kann man ein wahres Vogelkonzert erleben. Nach einer anstrengenden Wanderung findet man Entspannung im lichtdurchfluteten Spa.

Togo B&B
Gutes Quartier am Strand von Farallón mit geräumigen, stilvollen Zimmern. **$$$**

Hostal Corotú
Niedliches kleines Hostel in einem Holzhaus gegenüber dem Strand von Farallón. **$**

Casa Greca
Einfache, saubere Unterkunft direkt am Strand von Farallón, Meeresrauschen inklusive. **$$**

BASILICA MENOR SANTIAGO APÓSTOL

Direkt an der Panamericana, ca. 50 km westlich von Penonomé, sticht das verschlafene Örtchen Natá durch ein herausragendes Wahrzeichen hervor: Die Basilica Menor Santiago Apóstol, die kleine **Basilika des Apostels Jakob**, aus dem 16. Jh. soll die älteste aktive Kirche auf dem amerikanischen Kontinent sein.

Schon von außen beeindruckt die elegante, dezent weiß getünchte Fassade, doch die eigentliche Faszination liegt im Inneren: Sämtliche Holzarbeiten sind von einheimischen Handwerkern angefertigt worden, dazu zählen die geschwungenen Seitenaltäre und die prächtige Kanzel. Die geschnitzten Früchte, Blätter und gefiederten Schlangen am Marienaltar lassen lokale Einflüsse erkennen.

Parque Arqueológico El Caño

AUSGRABUNGEN IM PRÄHISPANISCHEN PANAMA

Die kaum markierte Ausfahrt zum **Parque Arqueológico El Caño** könnte man leicht übersehen. Panamas wichtigste archäologische Ausgrabungsstätte wird nur selten besucht, obwohl sie einen faszinierenden Einblick in die Kultur der vorkolumbianischen Bevölkerung vor Ort bietet.

Der Park liegt mitten in einer reizvollen Landschaft. Unter hoch aufragenden wilden Cashewbäumen und Akazien stehen einige Grabhügel in verschiedenen Stadien der Ausgrabung sowie zwei Monumente, bei denen Steinsäulen aus dem Boden ragen.

Die Nekropole war einst Teil einer Zuckerrohrplantage und wurde in den 1920er-Jahren entdeckt, als man mit landwirtschaftlichen Maschinen das Gelände einebnen wollte und dabei Überreste von Knochen und Keramik zutage förderte.

Erst in den 1970er-Jahren begann die Erforschung des Gebiets. Erste detaillierte Studien in den frühen 2000er-Jahren brachten die Grabhügel mit der Coclé-Kultur in Verbindung, die von 700 bis 1000 v. Chr. in dieser Region blühte.

Eines der Gräber wurde vollständig freigelegt. Fünf Skelette befinden sich am Boden der Grube, dazu Knochen in Urnen von späteren Bestattungen.

Derzeit wird unweit davon ein Grabhügel untersucht, der Häuptlingen und Würdenträgern vorbehalten gewesen sein soll. Zahlreiche Goldfiguren und Edelsteine wurden ebenfalls gefunden.

Das ausgezeichnete **Museum** zeigt neben Keramik und Halsketten aus in den Gräbern gefunden Zähnen auch originalgetreue Nachbildungen der aufwendigen Goldarbeiten – die Originale befinden sich in einem Tresor in Panama-Stadt.

Sombreros Pintados von La Pintada

EIN KUNSTWERK ZUM AUFSETZEN

Panamas Nationalhut ist nicht etwa der „Panamahut“, der seinen Ursprung in Ecuador hat und als Sonnenschutz für die Kanalarbeiter ins Land kam, sondern der breitkrempige *sombrero pintado,* der von den Plantagen von Coclé stammt.

Die Hüte sind von der UNESCO als immaterielles Kulturerbe anerkannt. Sie entstehen in Handarbeit aus natürlichen Fasern, die zunächst zu Bändern gewoben und anschließend zusammengenäht werden.

Ein echter *sombrero pintado* ist hell mit dunklen Ringen. Er wird ohne Maschinen hergestellt und besteht aus nur vier Materialien: Palmfasern wie *bellota* oder *chonta, junco* (ein

GUT ESSEN

Restaurante Las Veraneras
Frische *ceviche* und Pasta im Restaurant mit Strohdach und Blick auf den Strand von Santa Clara. **$$**

Xoko
Hallenartiges Lokal an der Autobahn mit ausgezeichneten Tapas und Gourmet-Meeresfrüchten. **$$**

Pipa's
Open-Air-Restaurant mit Bar am Strand von Farallón, serviert Meeresfrüchte und leckere Cocktails. **$$**

Herstellung eines *sombrero pintado*

grobes Gras), *chisna* (zum Färben der Fasern) und *pita* (eine Agavenart, um sie zusammenzunähen).

Die Qualität eines Huts wird an der Anzahl der *vueltas* (Bänder) gemessen, die vom inneren Rand der Krempe bis zum Scheitel verlaufen. Von der Ernte bis zur Anprobe kann die Herstellung eines hochwertigen Huts mit vielen *vueltas* über einen Monat dauern.

Viele der erfahrensten Hutmacher der Region sind 15 km nordwestlich von Penonomé in **La Pintada** ansässig, wo man ihnen bei ihrer Arbeit über die Schulter gucken kann.

Einer der bekanntesten Vertreter seiner Zunft ist **Reinaldo Quiroz**. Der freundliche Hutmacher hat das traditionelle Handwerk von seinem Vater gelernt. Er arbeitet in seinem Haus in La Pintada direkt am Fußballfeld und führt den Produktionsprozess Schritt für Schritt in seinen Workshops vor.

Wer einfach nur einen Hut kaufen möchte, findet im neuen **Mercado de Artesanías** am Ortseingang viele lokale Hersteller.

TRADITIONELLE NACHSPEISE

Beliebte Gerichte wie Meeresfrüchte und herzhafte Tamales gehören zur vielfältigen traditionellen panamaischen Küche in Coclé. Aber erst die Süßspeisen begründen den exzellenten kulinarischen Ruf der Provinz.

Entlang der Hauptstraße der Region gibt's zahlreiche Süßwarengeschäfte, die folgende Köstlichkeiten anbieten.

Manjar Blanco Coclesano
Ultrasüßes Milchkaramell, gewürzt mit Zimt und Zitronenschalen.

Cocaditas
Kleine Kugeln aus gesüßten Kokosraspeln.

Huevitos de Leche
Zähe Karamellkugeln, ähnlich wie *manjar*, aber fester.

UNTERWEGS VOR ORT

Am besten erkundet man die Gegend um Penonomé mit dem Mietwagen. Busse verkehren zwar von so ziemlich jeder Stadt, aber um Attraktionen jenseits der Hauptstraße oder den Eingang zum Parque Nacional Omar Torrijos zu erreichen, muss man entweder zu Fuß gehen oder ein Taxi nehmen, was vor allem abends schwierig werden kann.

Oben: Playa Venao (S. 107), rechts: Surfen (S. 108), Playa Venao

PENÍNSULA DE AZUERO

ALTE TRADITIONEN UND JUNGE STRANDRESORTS

Volksfeste und Kunsthandwerksdörfer gibt's in Panamas Cowboyland jede Menge – bis du an die Küste kommst. Dort dreht sich alles um Surfen, den Sand und nach unten schauende Hunde.

Eins der ersten Gebiete des heutigen Panama, die von Europäern besiedelt wurden, war die Península de Azuero, die sich gerne als die *cuna* (Wiege) panamaischer Kultur und Traditionen bezeichnet. In der Tat ist das spanische koloniale Erbe hier z. B. in Provinzhauptstädten wie Chitré und Las Tablas ausgeprägter als anderswo im Land. Doch dieses Erbe hat auch eine dunkle Seite: Die Konquistadoren merzten die einheimische Bevölkerung so erfolgreich aus, dass es hier heute keine indigenen Gemeinschaften mehr gibt; außerdem ist eine der Provinzen, Los Santos, die am meisten entwaldete ganz Panamas. Doch mehrere Organisationen sind inzwischen damit befasst, das zu ändern – große Teile der Halbinsel werden jetzt wieder aufgeforstet.

Im Süden räumen die panamaischen Traditionen das Feld für angesagte internationale Strandresorts, die zu den nobelsten Enklaven in Panama zählen und Surf-, Yoga- und Partyvolk gleichermaßen anlocken. Nirgends geht die Erschließung so rasant vonstatten wie in Playa Venao mit seiner fantastischen Palette an Hotels und Restaurants sowie legendären Raves, die DJs aus aller Welt anziehen. Das nahe Cambutal ist jünger und grüner, mit gleichermaßen ansprechenden Hotels und einem grauen, von Palmen gesäumten Sandstrand. Die Hügel dahinter beherbergen Schutzgebiete voller Wasserfälle, Badelöcher und seltener Nebelwälder; an den Stränden dort ist die Zahl der Meeresschildkröten größer als die der Menschen.

DIE WICHTIGSTEN ZIELE

CHITRÉ
Kunsthandwerk und Traditionen.
S. 102

PLAYA VENAO
Feierfreudiges Partymekka.
S. 107

CAMBUTAL
Ruhiger Badeort am Meer.
S. 113

Erste Orientierung

Auf der Halbinsel in Panamas *arco seco* (trockenem Bogen) regnet es weniger als anderswo, doch die kurvigen Straßen können in der Regenzeit mit Schlaglöchern übersät sein. Zwischen den Orten landeinwärts sind die Busverbindungen gut, zu den Strandresorts weniger.

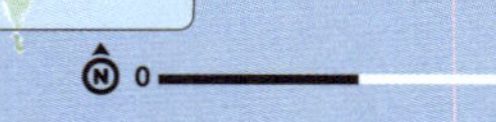

Chitré, S. 102
Das Herz der Halbinsel und das Tor zu bunten Kunsthandwerksdörfern, Volkskundemuseen und überraschend wüstenartigen Parks.

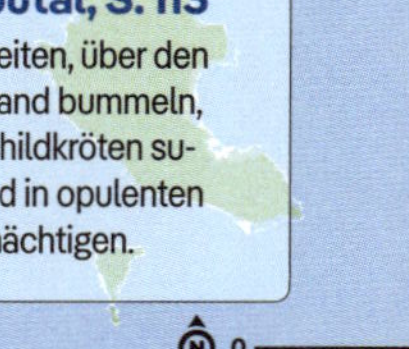

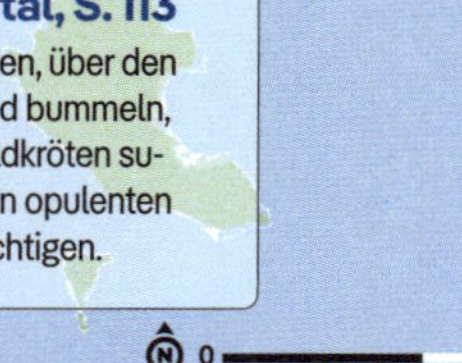

Cambutal, S. 113
Wellenreiten, über den Sandstrand bummeln, nach Schildkröten suchen und in opulenten Hotels nächtigen.

BUS

Die wichtigsten Verkehrsdrehkreuze sind Chitré, Las Tablas und Tonosí. Meist muss man erst eine dieser Städte ansteuern, bevor es weitergeht zu den Stränden im Süden. Praktischer, aber teuer sind Shuttles ab Panama-Stadt.

AUTO

Zu kleinen Kunsthandwerksdörfern und abgelegenen Surfspots oder Wanderwegen kommt man am besten mit einem eigenen Fahrzeug. In Touristenzentren lassen sich oft Gruppentouren arrangieren.

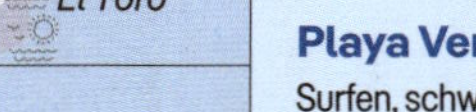

Playa Venao, S. 107
Surfen, schwimmen, sonnenbaden, dann in innovativen Restaurants speisen oder zu DJ-Beats tanzen.

Las Tablas (S. 105)

Perfekte Tage

Für die meisten Besucher:innen bedeutet die Península de Azuero nur eins: die Strände im Süden. Doch zum Mix sollten auch ein paar Museen und Kunsthandwerk bei Chitré oder Las Tablas gehören.

Vier Tage

Zwischen den Strandtagen lohnen sich Stopps im alten **Parita** (S. 106), quirligen **Chitré** (S. 102; Proviant!) oder dem Festmekka **Las Tablas** (S. 105), bevor du im verschlafenen kleinen **Pedasí** (S. 111) mit seinen tollen Hotels und Restaurants nächtigst. Am nächsten Tag geht's zum Schnorcheln zur **Isla Iguana** (S. 111), dann weiter nach **Playa Venao** (S. 107) zum Surfen, Baden und Yoga.

Eine Woche

Nach Playa Venao erkundest du die Mangrovenwälder und wilden Strände der **Isla Cañas** (S. 111). In der Schildkrötensaison schaust du ihnen abends beim Ausbrüten der Eier zu. Den Rest der Woche verbringst du in **Cambutal** (S. 113) und nutzt den Badeort zum Baden, aber auch als Stützpunkt für Surfspots in der Nähe oder Wanderungen im **Parque Nacional Cerro Hoya** (S. 115).

BESTE REISEZEIT

FEBRUAR
Der **Karneval** (S. 105) von Las Tablas ist der größte Panamas.

MÄRZ
Das elftägige **Reactor Venao** (S. 109) ist das größte Festival mit elektronischer Musik in Playa Venao.

SEPTEMBER
Panamas größtes Volksfest, das **Festival de la Mejorana** (S. 105), ergreift Besitz vom kleinen Ort Guararé.

DEZEMBER
Am Ende der Regenzeit ist die Halbinsel üppig und grün und zur Hauptreisezeit bis April steigen die Hotelpreise.

CHITRÉ

Chitré ist die größte Stadt und das kulturelle und historische Herz der Península de Azuero sowie einer der ältesten europäischen Außenposten Panamas. Dokumenten zufolge gab es hier schon 1558 ein Dorf. An die Zeit der Spanier erinnern ein paar reich verzierte Reihenhäuser sowie der Hauptplatz und die hübsche Kathedrale. Viele Reisende kommen hier auf dem Weg zu den beliebten Strandresorts wie Cambutal und Playa Venao vorbei. Zwar ist die Stadt nicht wirklich auf Reisende eingestellt, doch ist sie ein angenehmer Zwischenstopp, wo man sich mit Proviant eindecken kann, bevor man sich in den ländlichen Süden aufmacht. Außerdem bietet sich die Stadt, wenn sie auch etwas mit Attraktionen geizt, für einen netten Bummel an und hat ein paar schöne Restaurants und Hotels. Wer mit dem Bus unterwegs ist, muss hier wahrscheinlich für die Weiterreise umsteigen.

TOP TIPP

Wer vor allem auf der Península de Azuero unterwegs ist, kann von Panama-Stadt direkt zum Aeropuerto Capitán Alonso Valderrama von Chitré fliegen und dort ein Auto mieten oder einen Bus nehmen. Air Panama hat an sechs Tagen der Woche Flüge sowie drei wöchentlich nach Pedasí weiter im Süden.

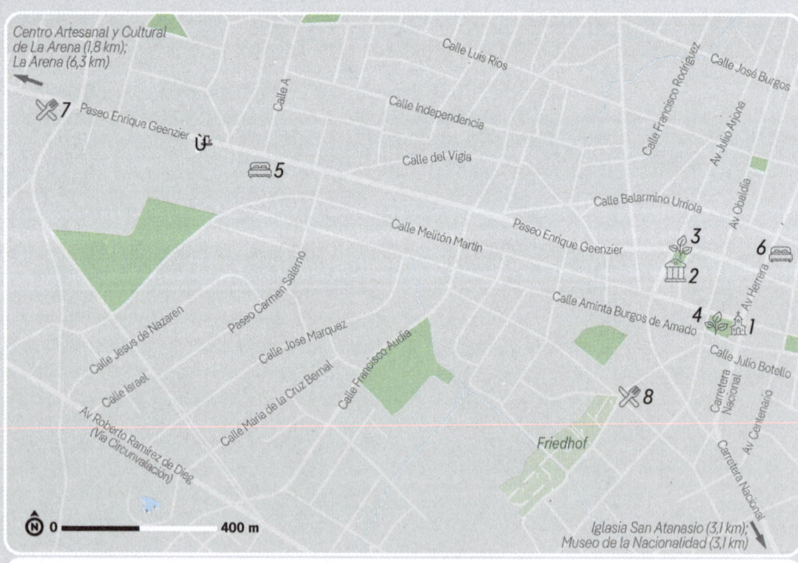

SEHENSWERTES
1 Catedral San Juan Bautista
2 Museo de Herrera
3 Parque La Bandera
4 Parque Union

SCHLAFEN
5 Gran Hotel Azuero
6 Hospedaje Los Lirios

ESSEN
7 El Arabe
8 Restaurante Salsa y Carbón

EDDIE GERALD/GETTY IMAGES ©

Altar, Iglesia San Atanasio

Kunstgewerbe, Geschichte & Tradition

EINE KULTURTOUR DURCH CHITRÉ

Zwar mag es Chitré an Attraktionen mangeln, doch es strotzt vor Kultur – man muss nur wissen, wo man schauen muss. Los geht's im **Parque Union** im Schatten der weiß-goldenen **Catedral San Juan Bautista**. Die eindrucksvolle Kathedrale von 1897 bietet schöne Buntglasfenster. Von hier ist es nicht weit zum **Parque La Bandera** mit einem Kunstgewerbemarkt und dem **Museo de Herrera**. Das kleine Geschichtsmuseum in einem hübschen zweistöckigen Kolonialgebäude beherbergt zahlreiche gut erhaltene Keramiken von rund 5000 v. Chr. bis zur spanischen Eroberung; einige wurden an Grabungsstätten bei Parita gefunden.

Das Viertel **La Arena** im Westen der Stadt ist von modernen Keramikwerkstätten gesäumt, die mit die qualitativ beste Keramik des Landes produzieren. Das meiste sind bunte, tropische Sachen für den Garten, doch es gibt auch Becher mit folkloristischen Motiven und robuste Hängematten. Hier gibt's Dutzende Läden; einen guten Einstieg bietet das **Centro Artesanal y Cultural de La Arena**, das vom Kulturministerium betrieben wird und auch anderes regionales Kunsthandwerk zeigt wie Masken, Schmuck und Lederwaren.

Jenseits der Provinzgrenze liegt keine zehn Autominuten entfernt die Schwesterstadt **La Villa de los Santos**, wo am 10. November 1821 die Bewegung zur Loslösung von Spanien ihren Ausgang nahm. Davon berichtet das kleine, aber gute Museum zur panamaischen Unabhängigkeit, das **Museo de la Nacionalidad**. Die benachbarte Barockkirche, die **Iglesia San Atanasio** (1569), gilt als Nationalschatz.

ESSEN & ÜBERNACHTEN IN CHITRÉ

El Arabe
Eine Abwechslung vom panamaischen Essen: In dem beliebten Laden gibt's Schawarma, Falafeln und Kebabs. $

Restaurante Salsa y Carbón
Die Massen strömen in dieses Freiluftrestaurant mit großen Fleischplatten, tollem Service und manchmal auch Musik. $$

Gran Hotel Azuero
Chitrés Hotel mit dem besten Preis-Leistungs-Verhältnis hat einen einladenden Pool sowie in der Nähe ein Restaurant und Fitnesszentrum. $$

Hospedaje Los Lirios
In dieser freundlichen, sauberen und zentralen Pension kosten die Zimmer so viel wie anderswo oft die Dormbetten. $

UNTERWEGS VOR ORT

Chitré ist kompakt und leicht zu Fuß zu erkunden; nach La Arena fahren Busse und Taxis. Der ordentliche Busbahnhof Terminal de Transporte de Herrera ist weit und breit das größte Verkehrsdrehkreuz von Azuero. Nach Pedasí oder Playa Venao muss man in Las Tablas umsteigen, nach Cambutal in Tonosí.

Rund um Chitré

Chitré ist das Tor zur Península de Azuero. Der größte Reiz liegt in den ländlichen Gebieten gleich außerhalb.

Den meisten Reisenden dient Chitré als Sprungbrett für Attraktionen in der Nähe wie die wüstenartigen Landschaften des Parque Nacional Sarigua, den Vogelreichtum des Refugio de Vida Silvestre Cenegón del Mangle, die *seco*-Brennerei (*seco* ist ein alkoholisches Getränk aus Zuckerrohr) in Pesé oder urige alte Dörfer wie Parita. Auf dem Weg Richtung Süden nach Las Tablas führt die Straße auf rund 30 km vorbei an kleinen Bauernhöfen und Viehranches – Wald ist fast gar nicht mehr zu sehen. Doch die Fahrt ist trotzdem reizvoll, mit jeder Menge Cowboys zu Pferd und traditionsreichen Orten. Hier in der Gegend sind die Leute mehr als anderswo in Panama auf Feste versessen und etwas zu feiern gibt's zu jeder Jahreszeit.

TOP TIPP

Bei einem der Feste in der Region kann man authentische panamaische Traditionen erleben.

El Grito de La Villa, Los Santos

Desfile De Las Mill Polleras, Karneval

Karneval in Las Tablas

PANAMAS GRÖSSTES FEST

Las Tablas 30 km südöstlich von Chitré ist das Mekka für Straßentänze, feuchtfröhliche Feiern und all das für die Feste der Península de Azuero typische Chaos. Und am berühmtesten ist der **Karneval**, Panamas größter: Er findet an den vier Tagen vor Aschermittwoch statt. In der Abenddämmerung ziehen Festwagen und Musiker:innen die parallelen Straßen hinunter und abends funkelt Feuerwerk am Himmel. Die Königinnen haben ihren Auftritt am Samstagabend; am Sonntag werden sie gekrönt. Montag ist der Tag der Masken, dienstags ziehen die Frauen ihre *polleras* an, bunte bestickte Kleider.

Die Feiernden teilen sich in zwei Gruppen: *calle arriba* (obere Straße) und *calle abajo* (untere Straße). Jede Straße hat ihre eigene Königin und ihre eigenen Festwagen und Lieder; sie ziehen in Straßenkleidung umher und singen Spottlieder auf Kosten der Rivalen. Außerdem bewerfen sie sie mit blauer Farbe und Rasiercreme. Da wird niemand verschont!

TOLLE FESTE IN AZUERO

Die Península de Azuero hat einen prall gefüllten Festkalender. Los geht's im Januar in Macaracas mit der **Fiesta de los Reyes Magos**, u. a. mit einer aufwendigen Theateraufführung der Geschichte der Heiligen Drei Könige. Am 22. Juli steht Las Tablas ganz im Zeichen des **Festival Nacional de la Pollera**, bei dem Frauen die Nationaltracht tragen. Im September findet in Guararé das **Festival de la Mejorana** statt, das größte Folklorefest Panamas. Dabei treten Tanzgruppen aus dem ganzen Land auf und es gibt Musik- und Schönheitswettbewerbe. Am 10. November kommt der Präsident Panamas nach Los Santos zu **El Grito de La Villa**, bei dem der erste Ruf nach Unabhängigkeit gefeiert wird, mit Umzügen, Musik, Tanz und Gelagen.

KUNSTHANDWERK AUS AZUERO

Ocú
Der *sombrero ocueño* ist ein Panamahut, der im Ort Ocú für bis zu 100 US$ zu haben ist.

La Enea
Der winzige Ort genießt einen guten Ruf für die Produktion von Panamas schönsten *polleras*.

Guararé
Die Casa Museo Manuel F. Zárate in Guararé bietet eine tolle Einführung ins Kunsthandwerk und die Feste von Azuero.

RUM & SECO IN PESÉ

Fans der berühmtesten Rummarke Panamas, Ron Abuelo, zieht es zu Führungen und Verkostungen auf der **Hacienda San Isidro** in den kleinen Ort Pesé. 2023 wurde die Brennerei komplett umgebaut und war zur Zeit der Recherche geschlossen. Jedoch bietet sie gewöhnlich Führungen an, vielleicht inklusive Begrüßungscocktail, Brennereiführung, Ochsenkarrenfahrt, Rumverkostung und Mittagessen. Auf der Hacienda San Isidro erfährt man auch etwas über die Geschichte und das Destillieren von *seco*, einer klaren, wodkaähnlichen Spirituose aus Zuckerrohr. Hier wird die weit verbreitete Marke Seco Herrerano hergestellt. Wer den *seco* wie die Einheimischen trinken möchte, mischt ihn mit Milch!

Ansonsten kommen Besucher:innen wegen der Azuero-Traditionen hierher und besuchen das **Museo Belisario Porras**, das sich dem namengebenden dreimaligen Präsidenten des Landes widmet – in seiner Amtszeit wurde der Panamakanal eröffnet. Außerdem kann man z. B. bei **Artesanias Arte Belleza** handbestickte *polleras* kaufen. Mit seinem Pool und Kunst an den Wänden ist das **Hotel Presidente** bei Weitem das beste Hotel der Stadt. Eine gute Wahl für Leute mit schmalerem Geldbeutel ist das **Hotel Piamonte**. Beide haben gute Restaurants – aber vielleicht möchte man lieber ein Craft-Bier und einen Snack bei der **Las Tablas Brewing Co.**

Panamas trockenste Ecke

PARITA UND SEINE PARKS

Das Örtchen **Parita** rund 13 km nordwestlich des Zentrums von Chitré ist einer jener Orte, über die man als Reisende gern stolpert. Der 1556 gegründete und nach einem Ngöbe-Buglé-Häuptling benannte Ort strotzt vor Kolonialbauten des 18. Jhs. Darunter ist die im barocken churrigueresken Stil erbaute **Iglesia de Santo Domingo de Guzmán** mit feinen Schnitzarbeiten neben der Kanzel. Einer der wichtigsten Künstler Panamas, Dario López, hat ein Atelier in Parita. Seit den 1960er-Jahren fertigt er bunte Masken für Volkstänzer:innen an; heute exportiert er seine Kunst größtenteils in die USA und nach Europa. Im **Taller Dario López** kann man den Meister vielleicht treffen.

Parita ist der Ausgangspunkt für Ausflüge in den **Parque Nacional Sarigua**, der einen starken Kontrast zu den anderen Nationalparks Panamas darstellt. Einst wuchs hier ein tropischer Trockenwald, doch heute ist dies dank Rodung und Erosion größtenteils nur noch eine orangefarbene Wüste. Beim Eingang steht ein Aussichtsturm, außerdem gibt's vier 300 bis 600 m lange Wege. Der **Sendero Las Dunas** führt zu einer der bedeutendsten präkolumbischen archäologischen Stätte Panamas, den 11 000 Jahre alten Überresten eines Dorfs. Das Ganze ist schwer zu entschlüsseln (es gibt keine Schilder), doch der Pfad dorthin führt durch interessanten Trockenwald mit *pitahaya*-Kakteen und Mesquitesträuchern auf dem Weg zu wilden Dünen und kargen Ebenen.

Der Plankenweg dort ist zwar zerbröselt und nur über holprige Staubpisten zu erreichen, doch robuste Vogelfans steuern vielleicht lieber in der Nähe das Tierschutzgebiet **Refugio de Vida Silvestre Cenegón del Mangle** an. Dessen Mangrovenwälder liegen an der Mündung des Río Santa Maria; hier fühlen sich Vögel wie z. B. Reiher zu Hause.

UNTERWEGS VOR ORT

Parita ist von Chitré aus leicht mit dem Bus zu erreichen, doch zu den Schutzgebieten braucht man ein Taxi (ca. 15 $) oder einen Mietwagen. Die Straße zum Sarigua ist geteert, die zum Cenegón del Mangle nicht. Zwischen Chitré und Las Tablas verkehren Busse.

PLAYA VENAO

PANAMA-STADT
Playa Venao

Playa Venao, *der* Ort zum Sehen und Gesehenwerden auf der Península de Azuero, ist ein echtes Instagram-Produkt. Die weite Sichel mit goldenem Sand, die zum beliebten Surfbreak führt, säumte nur ein verschlafenes Dorf, bis israelische Investoren Surflodges, Yoga-*shalas* und Saftbars errichteten und das Dorf in ein angesagtes Ziel für die Jungen und Schönen von Panama-Stadt bis Tel Aviv verwandelten. Leider sieht der Ort jetzt wie eine staubige Großbaustelle aus, mit wenig Grün und leeren Grundstücken, während weiter kräftig gebaut wird. Und doch gibt's in Panama kaum einen Strandort mit einer so angesagten Ansammlung von Hotels, Restaurants und Läden. Erst kamen die Surfer:innen, dann die Yogis. Mittlerweile fällt hier für große Festivals mit elektronischer Musik die globale Partymeute ein. Der Sonne huldigen, surfen und die Nacht durchtanzen: Das ist das Leben in Venao.

TOP TIPP

Venao Guide (venaoguide.com) ist eine tolle Infoquelle für den Ort, mit Infos über Yoga- und DJ-Sessions, Partys, Kunstunterricht und mehr. An der Hauptstraße des Orts gibt's auch ein Informationsbüro.

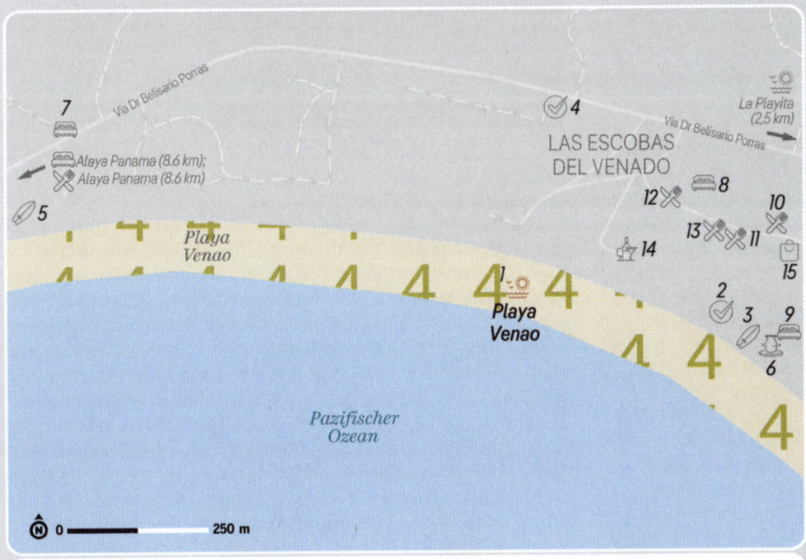

HIGHLIGHTS
1 Playa Venao

KURSE & TOUREN
2 Beach Break Surf Camp
3 Safari Surf School
4 Selina Venao River
5 Surf Dojo
6 Terra Cotta

SCHLAFEN
7 Eco Venao
8 Hostal La Choza
9 Selina Playa Venao

ESSEN
10 Cantina
11 Coleos
12 La Quincha
13 PAN AR Panaderia Artesanal Argentina

AUSGEHEN & FEIERN
14 El Sitio
siehe 9 Selina Playa Venao

SHOPPEN
15 Caravana Venao

ESSEN IN PLAYA VENAO

Alaya Panama
Das Resortrestaurant bietet die kreativsten Gerichte an der Azuero-Küste – köstlich! $$$

La Quincha
Panamaische Küche mit gehobenem Einschlag in diesem Fusion-Restaurant mit funkigen Bodenfliesen und spannenden Aromen. $$

Cantina
Starke Cocktails und global inspirierte Tapas aus frischen einheimischen Zutaten. $$

Coleos
Israelisches Lokal mit frischem mediterranem Essen sowie einigen asiatischen Curry- und Nudelgerichten. $

FLYSTOCK/SHUTTERSTOCK ©

Surfer, Playa Venao

Surfen & die Sonne anbeten

DIE VENAO-VIBES SPÜREN

Ein typischer Playa-Venao-Tag beginnt mit dem Sonnengruß in einer der Yoga-*shalas* des Orts; Unterricht gibt's in Hotels wie dem **Alaya Panama**, **Eco Venao**, **Beach Break Surf Camp** und den beiden **Selina**-Hotels. Dann ist es Zeit für Kaffee und Gebäck im **Pan AR Panadería Artesanal Argentina**, dem besten Café des Orts, um sich schließlich vor der Küste auf die Wellen zu begeben. Hier gibt's einen Beachbreak mit sandigem Untergrund, toll für Surf-Neulinge. Die Hauptwelle bricht sowohl nach links als auch nach rechts und ist recht beständig, am besten ist sie jedoch bei mittlerer Tide.

In Surfschulen wie **Safari Surf** und **Surf Dojo** kannst du Bretter leihen, Unterricht buchen und dir Tipps geben lassen.

ÜBERNACHTEN IN PLAYA VENAO

Selina Playa Venao
Das allererste Selina: Die lebhafte Unterkunft am Strand ist nach wie vor *der* Ort für die Surf-Work-Party-Balance. **$$**

Alaya Panama
Luxuriöses Wellnessresort mit opulenten Zimmern auf einem schönen Hügel mit Blick auf die Isla Cañas. **$$$**

Hostal La Choza
Billig, zentral und das einzige echte Hostel in Playa Venao (jedoch haben auch einige Hotels Dorms). **$**

Letztere Schule bietet alles von 90-minütigem Unterricht in Surftheorie bis zu halbstündiger Videoanalyse und Carver-Training mit Surf-Skateboards. Erstere Schule bietet zudem verschiedene Aktivitäten wie Wanderungen zu Wasserfällen in der Nähe und Stehpaddeln oder Kajaken rüber zum Strand **La Playita**. Wer nur baden möchte, kann auch mit dem Auto oder Taxi nach La Playita kommen – das Gelände des La Playita Resort zu durchqueren kostet 5 US$.

Am späten Nachmittag ist es dann Zeit für einen kurzen Abstecher zu den Shops wie dem **Caravana Venao**, einem Conceptstore mit wallenden Strandkleidern, panamaischem Kunstgewerbe und Schmuck. Oder man versucht sich im Atelier **Terra Cotta** im Töpfern, Makramee oder der Seifenherstellung; hier werden auch von Profis gefertigte Dinge verkauft.

Wenn sich der Tag langsam dem Ende zuneigt, beginnt in Strandbars wie dem **El Sitio** die Happy Hour – hier legen DJs bis in die Nacht hinein elektronische Tanzmusik auf. Auch im **Selina Playa Venao** und anderen Unterkünften an der Küste stehen oft DJs an den Plattentellern. Beide Hotels veranstalten zudem mehrtägige Festivals mit elektronischer Musik; die größten finden in der Trockenzeit (Mitte Dez.–Mitte April) statt, wie z. B. das riesige **Reactor Venao**.

Wandern mit Brüllaffen

SPAZIERGANG DURCHS ECO VENAO

Zwar sieht Playa Venao meist karg und staubig aus, doch ein Teil ist umwerfend grün: **Eco Venao**. Der Resortkomplex in nordamerikanischem Besitz ist Teil eines 140 ha großen Wiederaufforstungsprojekts am westlichen Ende des Strands. Hier verteilen sich überall Unterkünfte für jeden Geldbeutel wie Strandhütten, Hügelhäuschen und ein gemütlicher Dorm; außerdem gibt's ein Restaurant, ein Café, eine Yoga-*shala* und eine schiffsförmige Strandbar. Doch am schönsten ist es, das Gelände auf dem **Cascada Trail** zu erkunden.

Der kurze Weg folgt einem Fluss durch einen tropischen Trockenwald voller Brüllaffen zu einem kleinen Wasserfall. In der Regenzeit kann man hier baden. Dann geht's weiter hügelaufwärts zu einem Aussichtspunkt mit Blick auf den gesamten Strand und die Bucht. Von hier geht's zurück und dann weiter, bis der Pfad auf eine Zufahrtsstraße trifft, die zu den *casitas* (Häuschen) oben im Eco Venao führt. Die gesamte Schleife ist etwa 3 km lang, gut beschildert und dauert eine gute Stunde. Nicht-Gäste zahlen 4 US$. Wie meist auf der Halbinsel sieht der Wald hier im März und April recht trocken aus, wird aber danach dank dem Regen wieder grüner.

SURFEN AN DER PLAYA GUÁNICO

Das rumpelige kleine Playa Guánico, 50 km südwestlich von Playa Venao Richtung Cambutal, hat sich in den letzten Jahren zu einer Surferalternative zu den umliegenden Strandorten entwickelt, mit billigen Unterkünften, guten Wellen und wenig mehr – bis jetzt. Inzwischen wird vermehrt gebaut, vornehmlich durch europäische Investoren (daher sieht's zurzeit leider recht baumlos und chaotisch aus). Die beste Unterkunft am Meer hier ist das Surfcamp Guanico; hier gibt's auch Infos zum Beachbreak und den beiden Pointbreaks gleich vor der Küste. Saft, Kaffee, Croissants und Smoothie-Bowls gibt's im **Break**, herzhaftere Speisen im **Guanicos Café** (nach den Tagesgerichten fragen!). Hier wird sich in naher Zukunft viel verändern!

UNTERWEGS VOR ORT

Von Panama-Stadt kommt man am einfachsten und direktesten mit dem Playa-Venao-Shuttle nach Venao – er ist allerdings nicht billig. Los geht's am Selina Hotel im Casco Viejo (meist gegen 8 Uhr); Ziel ist neben Venao auch Pedasí. Mit dem Bus muss man von Chitré oder Panama-Stadt in Las Tablas umsteigen. Venao ist weitläufig, aber gut zu Fuß zu erkunden.

Rund um Playa Venao

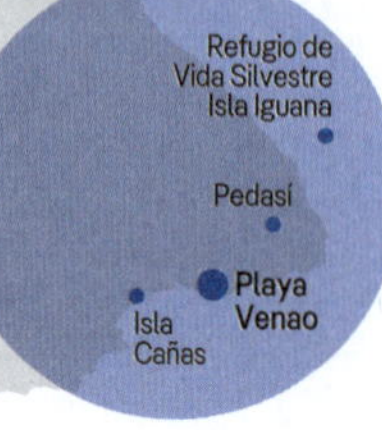

Wilde geschützte Inseln, verlassene Surfstrände und nette Landörtchen warten an der Azuero-Küste bei Playa Venao.

Zwar ist die Playa Venao der berühmteste Azuero-Strand, doch ist sie nicht der einzige, der einen Besuch lohnt. Gen Osten Richtung Pedasí säumt eine Reihe weiterer goldener Strände die Küste. Das eine halbe Stunde entfernte, einst verschlafene Pedasí ist so niedlich, dass sich hier inzwischen zahlreiche Expats aus Nordamerika und Europa tummeln. Beliebte Tagesausflüge ab Venao und Pedasí führen zu zwei Inseln vor der Küste: der Isla Iguana und Isla Cañas. Erstere ist unbewohnt und hat einen malerischen Sandstrand. Auf Letzterer gibt's ein kleines Dorf sowie geschützte Mangrovenwälder und einen Strand, der für seine Meeresschildkröten berühmt ist.

TOP TIPP

Pedasí ist für Leute, die lieber Stille als Partys und Szeneattitüden mögen, eine tolle Alternative zu Playa Venao.

Leguan, Refugio de Vida Silvestre Isla Iguana

Kleiner Ort, große Magie

PEDASÍ UND DIE ISLA IGUANA

Wer sein Kleinstadt-Panama gern mit Boutiquehotels, internationalen Restaurants und hippen Geundheitskostcafés voller digitaler Nomad:innen mag, der ist in Pedasí genau richtig. Das verschlafene kleine Dorf 33 km nordöstlich von Playa Venao spricht ein ruhigeres und älteres Publikum an. In den letzten zehn Jahren hat sich die Einwohnerzahl verdoppelt: Ausländer:innen, oft verrentet, sind in die Kolonialhäuser an den schmalen schattigen Straßen eingezogen. Einige haben Läden wie das **Artemania** mit authentischem panamaischem Kunstgewerbe eröffnet, andere etwa das **Coucou Crazy**, das tagsüber als Café mit Kaffee aus selbst gerösteten Bohnen fungiert und abends als Craft-Bierkneipe.

Im Ort selbst gibt's nicht viel zu tun – im derzeitigen Besucherzentrum wird 2025 ein **Biomuseo** eröffnen. Vom Dorf sollen außerdem neue Radwege zu nahen Stränden führen wie der felsigen **Playa Toro** und der sandigen **Playa El Arenal**, beide in einer knappen halben Stunde zu Fuß zu erreichen. Der hübscheste Strand der Gegend ist die etwas weiter entfernte **Playa Los Destiladeros**, die immer mehr erschlossen wird – das fabelhafte **Restaurante Terry Desti Beach** lohnt schon allein den Abstecher hierher.

Beim Fischerhafen **Puerto de Pedasí** hinter der Playa El Arenal können Vogelfreaks Sonnenuntergangstouren in die dichten Mangrovenwälder unternehmen (einen Tag vorher arrangieren). Sportangler:innen wiederum nutzen Pedasí als Stützpunkt für die Erkundung der berühmten **Tuna Coast**.

Die größte Attraktion der Gegend, der **Refugio de Vida Silvestre Isla Iguana**, ist ab der Playa El Arenal in 40 Minuten mit dem Boot zu erreichen. Das 53 ha große Schutzgebiet auf einer verlassenen Insel ist von Korallen gesäumt. Das Wasser ist seicht genug zum Schnorcheln und wie auch anderswo im Pazifik sind die Rifffische sehr groß. Aber auf jeden Fall auf dem ausgetretenen Pfad zwischen den beiden weißen Sandstränden bleiben, da hier gelegentlich Blindgänger gefunden werden, hinterlassen bei Übungen der US-Marine im Zweiten Weltkrieg. Von Juni bis Oktober sind hier vielleicht Buckelwale zu sehen. Wasser und Proviant mitnehmen – auf der Insel gibt's nichts!

Schildkrötenzeit auf der Isla Cañas

DIE KÜSTE VON AZUERO VON IHRER WILDESTEN SEITE

Von Juli bis November kommen am 14 km langen Strand der Isla Cañas gleich westlich von Playa Venao abends Tausende

ESSEN GEHEN IN PEDASÍ

Bohemia
Pizza, Pasta und Bohemiens machen das winzige italienische Restaurant mit funkiger Kunst zu einem charmanten Ziel. $$

Bistrot Pedasí
Schnuckeliges Restaurant mit französischer Küche aus regionalen Zutaten und mit ausgezeichneten Weinen. $$

Le Panier Panadería
Keine normale Dorfbäckerei: Hier gibt's alles von Schoko-Mandel-Croissants bis zu Apfel-Empanadas. $

Mama Fefa
Billige und unglaublich beliebte kreolische *fonda*, in der nachmittags das Essen ausgeht. $

ÜBERNACHTEN IN PEDASÍ

Casa Wabi Sabi
Gute Mittelklassebleibe mit superstylischen, jedoch kleinen Zimmern und Gemeinschaftsküche in zentraler Lage. $$

Hotel Casa de Campo
Reizendes Boutiquehotel mit jeder Menge Landflair, geräumigen Zimmern und einladendem Pool. $$

Hotel Carey
Elf Zimmer für jeden Geldbeutel voller Kunst sowie Pool, Restaurant und Tourschalter. $

DIE HALBINSEL AUFFORSTEN

Auf der Península de Azuero, der am stärksten entwaldeten Region Panamas, ist über Generationen hinweg der tropische Trockenwald der Viehwirtschaft zum Opfer gefallen. Damit sind auch die Hellroten Aras und Klammeraffen verschwunden. Doch inzwischen arbeiten NGOs wie Pro Eco Azuero (proecoazuero.org) hart daran, den Lauf der Geschichte umzudrehen, indem sie einen 80 km langen, fast 25 000 ha großen Korridor wieder aufforsten und dabei mit den Anwohner:innen zusammenarbeiten, um ihnen die Vorteile des Umweltschutzes nahezubringen. Freiwillige können sich beteiligen: Sie kampieren hinter dem Büro in Pedasí und helfen etwa bei der Anzucht von Setzlingen (Jan.–Mai), der Aufforstung (Juni–Sept.) und bei der Community-Arbeit (Okt.–Dez.).

DAVDEKA/SHUTTERSTOCK ©

Oliv-Bastardschildkröte (S. 111)

Meeresschildkröten, meist Oliv-Bastardschildkröten, an Land, um hier ihre Eier abzulegen. Die Hauptmonate sind September und Oktober. Wer in der Saison auf die Insel kommt, wird oft von Guides angesprochen. Für ihre Dienste zu zahlen ist eine gute Alternative dazu, dass Einheimische Schildkröteneier auf dem Schwarzmarkt verkaufen. Immer daran denken, dass Schildkröten sehr schreckhaft sind, also kein helles Licht wie Blitzlicht von Kameras und Handys benutzen!

Auch außerhalb der Schildkrötensaison lohnt die Isla Cañas einen Besuch. Schon die Fahrt vom Festland durch die Küstenmangroven ist spektakulär. Die Insel selbst bietet eine Art Zeitreise. Es gibt ein kleines Dorf mit einem Minimarkt und einer Handvoll *fondas* und Hostels; das netteste, das **Hostal Pachamama**, liegt etwas abseits an einem einsamen Strandabschnitt und verleiht Kajaks und SUP-Bretter. Über die Insel führen mehrere Pfade und am Ortsstrand gibt's sogar eine einfache Bar, die **Cantina Rosa**.

UNTERWEGS VOR ORT

Von Playa Venao fahren dreimal täglich Busse nach Pedasí, von wo aus du mit dem Taxi oder Leihrad zu den Stränden kommst. Boote zur Isla Iguana fahren von der Playa El Arenal, kosten 70 US$ und bieten Platz für fünf Personen.

Boote zur Isla Cañas kosten 1 $ pro Person und fahren regelmäßig außer bei Ebbe vom Hafen 17 km westlich von Venao. Gruppentouren zu beiden Inseln werden in Playa Venao und Pedasí angeboten.

CAMBUTAL

Cambutal hat sich in den letzten zehn Jahren kontinuierlich entwickelt, sich dabei jedoch sein Ende-der-Welt-Flair bewahrt. Zwar gibt's gepflegte, meist gehobene Hotels und *cabañas* (Hütten), doch direkt davor treiben die Rancher noch immer ihre Rinder über den grausandigen Strand. Hier ist's grüner und wilder als in Playa Venao, doch der Ort lockt ein ähnliches Publikum zum Surfen und Baden, zu Yoga und Drinks am Nachmittag an, Letztere in einer lockeren *cantina* (für *cerveza* oder *seco*) oder in einer trendigeren Hotelbar. Auch immer mehr Abenteuerlustige kommen her, um durch einige der letzten Wälder der Halbinsel voller tosender Wasserfälle und klumpiger Hügel zu wandern. Angeblich soll ein Jachthafen entstehen, der zusammen mit einer Tankstelle, einem Supermarkt und Handyempfang den Weg für die Kompletterschließung des Orts ebnen würde. Bisher jedoch ist dies ein stilles Refugium.

TOP TIPP

Die meisten Leute kommen in der Trockenzeit (Jan.–April) hierher, doch die Einheimischen meinen, dass es in der Regenzeit (Mai–Dez.) noch schöner ist – nur selten regnet es länger und die Nächte sind kühler; der Wald ist grüner und man kann Meeresschildkröten und Buckelwale sehen.

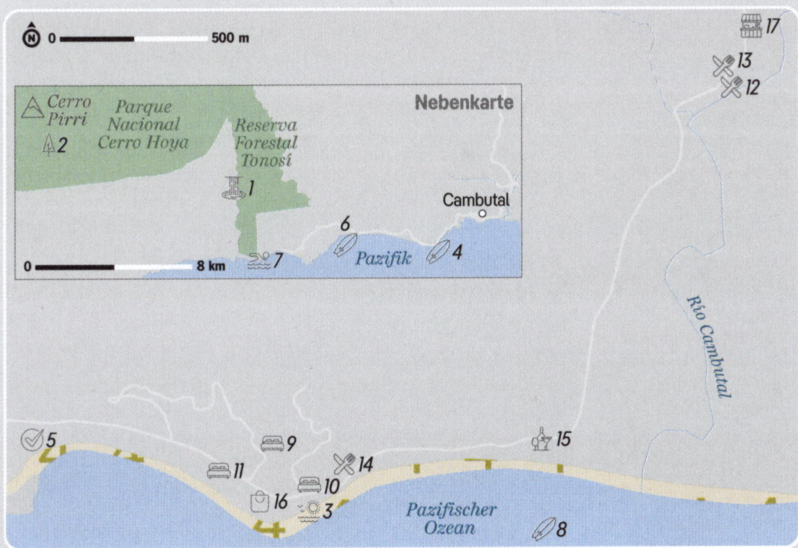

SEHENSWERTES
1 Cascada la Diabla
2 Parque Nacional Cerro Hoya
3 Playa Cambutal

KURSE & TOUREN
4 411
5 Breathe Healing and Wellness
6 Corto Circuito
7 La Piscinas
8 Haupt-Beachbreak

SCHLAFEN
9 Hill Panama
10 La Finca
11 Sansara Resort

ESSEN
12 Fonda Norely's
13 Kambute
14 Restaurante Cambutal Beach

AUSGEHEN & FEIERN
15 Hotel Playa Cambutal

SHOPPEN
16 Cambutique
17 Mercado Cambutal

TIPPS VON EINHEIMISCHEN

Abby McDonald, Miteigentümerin von La Finca und Cambutique, gibt Tipps für Erlebnisse vor Ort.

Mercado Cambutal
Die Markt hat sich zu einem Event entwickelt: Man kann essen, trinken und einkaufen, alles bei 100 % einheimischen Händler:innen. Er findet von Dezember bis April jeden dritten Samstag im Park des Orts statt.

Fonda Norely's
Hier gibt's klassisches panamaisches Essen. Zum Frühstück empfehlen sich *hojaldras* (frittierter Teig) mit Eiern und geschmortem Rindfleisch.

Beachbreak
Ausgestattet mit Bier und Handtuch kannst du am Beachbreak beim Hotel Playa Cambutal mit Einheimischen den Sonnenuntergang genießen und über Wellen, Wetter und Tagesevents plaudern.

Sonne, Brandung & Schildkröten

CAMBUTALS STILLE REIZE

Surfer:innen verhalfen Cambutal als Erste zu Bekanntheit und sie sind nach wie vor die größten Fans des Orts. Der **Haupt-Beachbreak** befindet sich vor dem Hotel Playa Cambutal und ist bei mittlerem Tidenstand am besten. Der **411** (Quatro Once) ist ein rechtsbrechender Pointbreak (am besten bei Flut), der **Corto Circuito** ein Flussmündungs-Pointbreak (ideal bei Ebbe). Surfausrüstung sowie gute Weine, wallende Strandkleider und panamaisches Kunstgewerbe gibt's in der **Cambutique**.

Wer Surfen mit Yoga kombinieren möchte, für den gibt's Unterricht im **Sansara Resort** und bei **Breathe Healing and Wellness**; Letzteres bietet auch Meditation und Aerial Yoga. Ansonsten wartet die **Playa Cambutal** im Gegensatz zu vielen anderen Azuero-Stränden auch mit ruhigen Abschnitten zum Schwimmen auf, u. a. vor La Finca.

Mehrere legere *cantinas* säumen den Strand, falls man tagsüber Durst hat. Bei Sonnenuntergang wartet das **Hotel Playa Cambutal** mit der besten Happy-Hour-Strandbar auf. Ansonsten sind die Abende hier sehr viel stiller als in Playa Venao – außer in der Meeresschildkrötensaison.

Von Juli bis Dezember unterhält die gemeinnützige **Fundación Tortuguías** (tortuguias.org) drei Brutstätten am Strand; dorthin werden Eier verlegt, um sie vor tierischen und menschlichen Räubern zu schützen. Regelmäßig werden abendliche Touren zu nistenden Schildkröten angeboten und oft wird morgens Schildkrötennachwuchs freigelassen – dabei sieht man, wie die Kleinen zum ersten Mal den Weg zum Meer nehmen. Die Schildkrötensaison ist auch die beste Zeit fürs Beobachten von Buckelwalen vor der Küste.

Wasserfälle, Gezeitentümpel & Nebelwälder

WILDNISWANDERN

Die meisten kommen zum Baden und Surfen nach Cambutal, doch es ist auch ein toller Abenteuer-Stützpunkt, denn es liegt am Rand einiger der größten verbleibenden Waldgebiete der Halbinsel. In der Umgebung gibt's Wasserfälle, Badelöcher, warme Quellen und sogar dichten Dschungel, der erst seit Kurzem für Tourist:innen zugänglich ist. Einer der beliebtesten Ausflüge führt zum Baden in den Gezeitentümpeln **Las Piscinas**; am besten sind sie gleich nach der Ebbe bei einlaufender Flut. Von hier führt die Straße landeinwärts Richtung **Cascada la Diabla** (auch Charcola Diabla genannt),

ESSEN IN CAMBUTAL

Sansara Resort
Frische Tagesmenüs, toller Service und romantisches Ambiente machen dies zu Cambutals Top-Restaurant. **$$$**

Kambute
Café mit Frühstücksburritos, Smoothiebowls zum Brunch und zu jeder Zeit Kaffee in Gartenambiente. **$**

Restaurante Cambutal Beach
Bratfisch, saftige Garnelen oder gegrillter Oktopus mit Reis, *patacones* und Meerblick. **$**

MATT STIRN/PHOTOGRAPHERS WITHOUT BORDERS/CAVAN IMAGES/GETTY IMAGES ©

Klammeraffe

einem zweistufigen Wasserfall mit Waldwegen und tollen Bademöglichkeiten in den tiefen Becken unter den Fällen.

Wer auf eigene Faust herkommen möchte, braucht ein Allradfahrzeug und einen ausgeprägten Sinn für Abenteuer, da auf der in der Regenzeit unbefahrbaren Holperpiste zahlreiche seichte Bäche zu durchqueren sind. Besser nimmt man Guides z. B. von **Azuero Adventures** in Anspruch, die außerdem Ausritte am Strand entlang und zu versteckten Petroglyphen gleich oberhalb anbieten. Azuero Adventures war auch entscheidend an der Einrichtung von Wegen im nahen **Parque Nacional Cerro Hoya** beteiligt, zu erreichen per Boot ab dem Fischerhafen von Cambutal. Die panamaisch-US-amerikanischen Eigentümer:innen bieten neben Tagestrips hierher auch eine mehrtägige Expedition durch dichten Dschungel und Nebelwälder auf den 1600 m hohen **Cerro Pirri**. Der Cerro Hoya ist einer der entlegensten Nationalparks Panamas, mit zahlreichen endemischen Pflanzen und einigen der letzten Jaguare und Klammeraffen der Halbinsel.

HOTELS IN CAMBUTAL

La Finca
Stilvolle Zimmer, Gemeinschaftsküche, üppige Vegetation und Zugang zum besten Badestrand – eine Top-Mittelklassebleibe. $$

Sansara Resort
Das Surf- und Yoga-Resort ist die luxuriöseste Adresse der Azuero-Halbinsel, voller Stil und Stille. In der Trockenzeit leider oft für Retreats ausgebucht. $$$

Hill Panama
Kunst- und Designfans sind von den vier makellos eingerichteten Zimmern dieser Hügelunterkunft im Industrieschick mit weitem Buchtblick schier verzückt. $$

UNTERWEGS VOR ORT

Um mit dem Bus nach Chitré und zu weiter entfernten Zielen zu kommen, muss man in Tonosí umsteigen. Zwischen Cambutal und Las Tablas verkehrt täglich ein Minibus. Die Hotels können Taxis nach Playa Venao und Playa Guánico arrangieren. Der Ort selbst mit seiner Hauptstraße ist leicht zu Fuß zu bewältigen.

PROVINZ VERAGUAS

UNGEZÜGELTE NATUR VON KÜSTE ZU KÜSTE

Einer der atemberaubendsten Naturparks Zentralamerikas ist der Star einer Provinz, die bei Surfern, Wanderern, Abenteurern, Tauchern und anderen Naturfreunden gleichermaßen beliebt ist.

Der Name der Provinz Veraguas (wörtlich „Gewässer sehen") ist wirklich sehr treffend – diese Provinz und *comarca* (indigener Bezirk) ist die einzige in Panama, die sowohl an den Pazifik als auch an die Karibische See grenzt.

Doch die Provinz hat Besucher:innen viel mehr zu bieten als endlose Küste. Die UNESCO-Weltnaturerbestätte Isla Coiba, das Galápagos Zentralamerikas, zieht Taucher:innen, Vogelbeobachter:innen und alle auf der Suche nach dem Paradies an. In diesem urwüchsigen Inselpark können sie Hellrote Aras, riesige Fischschwärme, Buckelwale und Mantarochen sehen.

Ausgangspunkt für Exkursionen, Schnorchelausflüge und Tauchabenteuer nach Coiba ist das beliebte Dorf Santa Catalina, das auch selbst einen Besuch wert ist. Santa Catalina bietet das ganze Jahr über erstklassige Wellen, doch am besten sind sie im Februar und März. Der Ort ist ein Mix aus Fischerdorf, Surfertreff, Backpackerparadies und Expat-Refugium.

Im Hochland kannst du abseits der ausgetretenen Pfade durch die Nebelwälder rund ums Dorf Santa Fé wandern. Schmetterlinge, Badelöcher und gewaltige Wasserfälle zeichnen den bescheidenen Bergort aus. Außerdem kannst du auf Regenwaldpfaden inmitten der berühmten Vogelwelt der Region auf den Cerro Tuto wandern. Durch eine neue Straße ist die unberührte Karibikküste nur 90 Autominuten entfernt.

Abseits der Hauptattraktionen locken an der Sunset Coast auf der Westseite der Península de Azuero entlegene Strände, tolle Surfspots und Schildkröten-Schutzgebiete.

DIE WICHTIGSTEN ZIELE

SANTA CATALINA
Lockerer Strandort mit gutem Surfrevier.
S. 120

PARQUE NACIONAL COIBA
Unberührte Natur im Pazifik.
S. 124

SANTA FÉ
Wasserfälle und Wanderwege im Hochland.
S. 130

SUNSET COAST
Einsame Strände, glückliche Schildkröten.
S. 134

DIESE SEITE: LARS LEEMANN/GETTY IMAGES ©, GEGENÜBER: IAN WOOLCOCK/SHUTTERSTOCK ©

Links: Parque Nacional Coiba (S. 124); oben: Parque Nacional Coiba (S. 124)

Erste Orientierung

Von der Karibikküste ist man mit dem Auto in weniger als fünf Stunden am Pazifik. Auf der Interamericana von Ost nach West dauert es nur ein bisschen länger. Die Nebenstraßen sind unterschiedlich gut.

Santa Catalina, S. 120
Panamas beste Breaks beeindrucken mit tollen Wellen; dann hängst du an Palmenstränden ab, von voll bis verlassen.

Parque Nacional Coiba, S. 124
Der Nationalpark, ein UNESCO-Welterbe, überwältigt mit seiner natürlichen Schönheit, sowohl über als auch im unendlich blauen Wasser.

Santa Fé, S. 130
Das Hochlanddorf ist berühmt für seine Wasserfälle, steilen Hügel, dichten Wälder, seinen guten Kaffee und seine Bodenständigkeit.

Sunset Coast, S. 134
Die herrlich wenig besuchte Region bietet einsame, leere Strände, tolle Surfspots, eigenwillige Pensionen und Schildkrötentouren.

AUTO
Veraguas hat gute Straßen und Busverbindungen. Mit einem eigenen Fahrzeug kannst du die ausgetretenen Pfade verlassen, besonders zur Erkundung der Sunset Coast oder der Umgebung von Santa Fé und weiter zur Karibik.

SCHIFF/FÄHRE
Der herrliche Coiba-Nationalpark ist nur per Schiff zu erreichen, meist ab Santa Catalina. Ob auf Charter- oder normaler Tour, als Tagestrip oder länger – unterwegs sind oft Delfine und Wale zu sehen.

Karibisches Meer
BOCAS DEL TORO
COLÓN
COCLÉ
HERRERA
Golfo de Panamá
Calovébora
Parque Nacional Santa Fé
Río Calovébora
Río Tabasará
Santa Fé
Lago El Flor
Río Chico
Cañazas
San Francisco
Las Palmas
La Mesa
Santiago de Veraguas
Soná
Montijo
Atalaya
Río de Jesús
Puerto Mutis
Humedal Golfo de Montijo
Isla Uvas
Santa Catalina
Playa Estero
Mariato
Playa Torio
Parque Nacional Coiba
Isla Gobernadora
Isla de Coiba
Isla Cébaco
Playa Morrillo
Arenas
Isla Jicarón
Parque Nacional Coiba
Pazifischer Ozean
Parque Nacional Cerro Hoya
Pazifischer Ozean

KRISTINA VACKOVA/SHUTTERSTOCK ©

Gefleckter Riesenzackenbarsch, Parque Nacional Coiba (S. 124)

Perfekte Tage

In nur zwei Stunden bist du vom Strand im Nebelwald – mehr Zeit, um deine Reise durch Veraguas auszukosten.

Drei Tage

Fahr direkt nach **Santa Catalina** (S. 120) und lass dich an einem der Strände nieder. Surfer:innen stürzen sich gleich aufs Meer. Am zweiten Tag geht's zum **Parque Nacional Coiba** (S. 124), z. B. zum Schnorcheln. Am dritten Tag fährst du hoch nach **Santa Fé** (S. 130) und genießt die dunstige Luft. Unterwegs die außergewöhnliche Kirche in **San Francisco** (S. 133) nicht verpassen!

Eine Woche

Du ergänzt die Dreitagestour: In **Santa Catalina** lernst du surfen oder tauchen. Zusätzlich zum **Coiba** charterst du ein Boot zum ultimativen Strandrefugium **Isla Cébaco** (S. 129). Oben in **Santa Fé** wanderst du zu Wasserfällen und Vögeln. Außerdem fährst du über die neue Straße zur **Karibik** (S. 131), schipperst zu einem einsamen Strand oder machst eine Tour zur **Sunset Coast** (S. 134).

BESTE REISEZEIT

FEBRUAR BIS APRIL
Die besten Monate für die Weltklasse-Surfbreaks in Santa Catalina. In der Trockenzeit sind die Wege am besten.

MAI BIS AUGUST
In der Regenzeit ist es besonders dampfig. Diese drei Monate sind die besten für den Strand.

SEPTEMBER BIS NOVEMBER
In der Regenzeit sind die Wasserfälle eindrucksvoll, doch Wege können matschig sein.

DEZEMBER UND JANUAR
Die Trockenzeit ist Hauptreisezeit. Um **Malena** (S. 135) nisten Schildkröten am Strand.

SANTA CATALINA

Der Hauptzugangsort zum spektakulären Parque Nacional Coiba ist auch selbst unbedingt eine Reise wert. Er ist ein superentspannter Badeort, der sich gerade vom stillen Fischerdorf, in dem Besucher:innen und Kinder mitten auf der Hauptstraße barfuß gehen, in einen erschlossenen Touristenort mit kleinen Hotels und gehobenen Wohnanlagen für Expats verwandelt. Immer mehr Cafés und kleine Restaurants bieten Besucher:innen gutes Essen und gute Getränke.

Santa Catalina zählt zu den Top-Surfspots Zentralamerikas, mit an guten Tagen wirklich erstklassigen Right und Left Breaks. Diese anspruchsvollen Breaks sind über die Strände erreichbar, die sich östlich und westlich des Orts erstrecken. Wer nicht surft, kann diese von Palmen gesäumten Sandstrände tagelang erforschen, bevor er sich für ein grandioses Schnorchel- oder Taucherlebnis schließlich z. B. zum Coiba begibt.

TOP TIPP

Für Ausflüge ab Santa Catalina solltest du dir das Wetter anschauen. Für Unterwasseraktivitäten im Coiba sind helle Tage am besten. Zwar mögen alle gern Sonnentage für den Strand, doch auch an Wolken- oder Regentagen kannst du wandern und die Küste erkunden, da es immer warm ist.

SEHENSWERTES
1 Isla Santa Catalina
2 Playa El Estero
3 Playa Santa Catalina

SCHLAFEN
4 Hostel Familiar Rolo
5 Hotel Santa Catalina
6 Oasis Surf Camp
7 Rancho Estero
8 Sol y Mar
9 Surfers Paradise

ESSEN
10 Café Panachocolat
11 Chano's Place Seafood Restaurant
12 Pizzeria Jammin'
13 Restaurante Mamá Nivia

Surfen, Santa Catalina

Strände für jede Stimmung

SONNE, SAND UND AUSBLICKE

Santa Catalinas Palette an Stränden beginnt gleich am Ende der Hauptstraße mit der dunklen **Playa Santa Catalina**, einem beliebten Treffpunkt für Einheimische und Besucher:innen. Oft wird hier Volleyball gespielt oder man begibt sich zu einem Bad gleich ins milde Wasser. Von einem Café blickt man auf die tropische Schönheit der Küste.

Eine Viertelstunde ist es zu Fuß, vorbei an einer stets wachsenden Zahl von Ferienbehausungen, Richtung Westen zur **Playa El Estero**, einem langen grauen Sandstrand mit meist sanften Wellen. Es gibt Parkplätze und ein paar rustikale Unterkünfte sowie zwei Cafés mit Ausblick. Bei einem langen Spaziergang kann man sich die Beine vertreten.

Die abgeschiedene **Playa Arrimadero** liegt 6 km nordwestlich die Küste entlang und ist gut für Menschen, die ein Strandrefugium ohne Tour zum Coiba-Nationalpark wollen. Es gibt ein paar Unterkünfte und Speiselokale, doch zumeist finden sich hier nur Sand, Lavagestein und Palmen. Hierher kommt man per Kajak oder Leihboot oder über eine lange kurvige Straße.

VERGESSENE KULTUREN

Als die Spanier im frühen 16. Jh. an der Pazifikküste Panamas landeten, trafen sie auf eine Bevölkerung, die recht abgeschieden lebte. Sie war in zahlreiche, oft nur durch wenige Kilometer entfernte Gruppen zersplittert, jede mit eigener Sprache und Kultur.

Mit der Ankunft spanischer Missionare begann deren Ausmerzung. Die reichen Kulturen wurden unterdrückt, Menschen versklavt und mehr als die Häfte der Indigenen fiel Krankheiten zum Opfer. Die Überlebenden flohen ins Hochland, doch nur die Ngöbe-Buglé (S. 149) überlebten in größerer Zahl.

Im 17. und 18. Jh. litt die Küste unter Piratenangriffen. Später wurden große Teile der Provinzen Veraguas und Chiriquí unter europäischen Kolonisten aufgeteilt, die Farmen und Plantagen anlegten und oft Nachfahren der ursprünglichen indigenen Bevölkerung für sich arbeiten ließen.

ÜBERNACHTEN IN SANTA CATALINA

Hostel Familiar Rolo
Das Hostel (eine von vielen Budgetbleiben) nicht weit von der Playa Santa Catalina bietet verschiedene Aktivitäten. **$**

Oasis Surf Camp
Zu dieser Surferbleibe watest du durch einen kleinen Bach – das gehört zum Charme an der Playa El Estero dazu. **$**

Rancho Estero
Bambus-Reet-Flair mit Hängematten auf einem Hügel mit weitem Ausblick aufs Meer. **$$**

TIPPS FÜR SCHNORCHEL-AUSFLÜGE

Der Markt für Schnorcheltrips zum Parque Nacional Coiba und zu anderen Zielen ist hart umkämpft. Nimm dir Zeit und vergleiche ein paar Anbieter. Darauf solltest du achten:

Wie sieht die Ausrüstung aus? Haben sie passende Größen für dich?

Hast du einen Guide, der fließend Englisch spricht und sich in der heimischen Tierwelt auskennt?

Was ist inbegriffen? Ist das Mittagessen mehr als Dosenthunfisch mit Nudeln?

Auf jeden Fall selbst Wasser mitnehmen, außerdem Insektenspray, Sonnencreme, ein Handtuch und robuste Sandalen für Wanderungen nach dem Essen.

KRISTINA VACKOVA/SHUTTERSTOCK ©

Surfen, Santa Catalina

Panamas bestes Surfrevier

JEDEN TAG EIN ANDERER BREAK

Echte Surfer:innen lieben Santa Catalina: Hier gibt's einige der größten Breaks in ganz Zentralamerika.

Echt toll ist die **Playa Santa Catalina** direkt im Ort. Sie bietet einen scharfen Right- und Lefthander mit Felsuntergrund, Wellentunneln und langen Fahrten mit viel Power.

Die **Playa El Estero** liegt lohnende 15 Fußminuten von Santa Catalina. Sie wartet mit Left- und Righthandern über sandigem Untergrund auf – bei Ebbe beliebt bei Anfänger:innen.

Die **Punta Brava** gleich westlich von El Estero beschert bei Ebbe Pointbreaks über einem Felsuntergrund. Am besten sind die sehr kräftigen Lefthander.

Die besten Wellen gibt's von Dezember bis April, doch ist das ganze Jahr gut geeignet. Im Gegensatz zur Karibischen See bietet der Pazifik recht beständige Bedingungen, doch dank einer guten Dünung wird das Surfen noch interessanter. Viele der Breaks hier liegen über Felsen, wer sich nicht auskennt, beschädigt schnell sein Brett.

Die Surfshops im Ort und viele Unterkünfte verleihen Boards, verkaufen Ausrüstung, bieten Unterricht und arrangieren Guides und Bootstrips zu entlegeneren Breaks.

PANAMAS NATURWUNDER

Der **Parque Nacional Coiba** (S. 124), die Inseln vor der Küste südwestlich von Santa Catalina, bietet erstklassige Schnorchel-, Tauch-, Wander- und Tierbeobachtungsmöglichkeiten.

ÜBERNACHTEN IN SANTA CATALINA

Sol y Mar
Unterkunft am Ortseingang mit Hügellage, üppigen Gärten und gutem Restaurant. **$$**

Surfers Paradise
An einer Landspitze mit Meerblick – man weiß immer, wie die Wellen sind. Komfortable Zimmer. **$$**

Hotel Santa Catalina
Relaxtes Hotel, fast ein Resort, mit Pool direkt an der Küste. Die Familienzimmer haben eine Küche. **$$**

Mit dem Kajak an der Küste entlang

DIE NATUR AUF MEERESHÖHE ERLEBEN

An der Küste von Santa Catalina mit ihren Stränden, wilden Landspitzen und dichten Mangroven entlangzupaddeln ist eine tolle Art, einen halben oder ganzen Tag zu verbringen. Mit Picknickzutaten ausgestattet kann's losgehen!

Außerdem kannst du von der Playa Santa Catalina hinüber zur nur 1,8 km entfernten **Isla Santa Catalina** paddeln. Der lange helle Sandstrand sieht nur selten eine Menschenseele – organisierte Touren steuern die herrlichen Strände im Parque Nacional Coiba an – hier kannst du also schön einen Tag vertrödeln. Nimm alles mit, was du brauchst, u. a. viel Wasser und Schnorchelausrüstung. Bei Flut wird der Strand schmal.

Kajaks kannst du im Ort leihen. Vor jeder Tour, egal wohin, immer das Wetter checken: Wenn's windig ist, wird die See rau und das Paddeln wird anstrengend.

Erstklassiges Tauchen & Schnorcheln

BESSER GEHT'S NICHT

Tauchen und Schnorcheln sind tolle Möglichkeiten, das spektakuläre Meeresleben an der Santa-Catalina-Küste und im Parque Nacional Coiba zu erleben. Schnorchelausflüge sind hier die beliebteste Aktivität, und wenn man ein paar Dinge berücksichtigt, können sie ein Highlight jeder Reise sein.

Es stehen zahlreiche Ausrüster zur Auswahl, und egal wo man in der Stadt verweilt, es taucht fast sicher jemand auf, der Werbung macht für den einen oder anderen Anbieter.

Die Isla Gobernadora entdecken

ENTLEGENE STRÄNDE UND KUNSTHANDWERK

Auf der 8 km² großen Isla Gobernadora im Golfo de Montijo finden sich ein stilles Fischerdorf, Waldwege und ein paar weiße Sandstrände. Wer schon immer mal von einer Reethütte aus den Mondaufgang sehen wollte: Die **Art Lodge Panama**, das von einer gastfreundlichen französischen Künstlerin betriebene Refugium, macht's möglich.

Für eine Tagestour kann man in Santa Catalina ein Boot chartern (hin und zurück etwa 60 US$) oder über die Lodge eine Fahrt arrangieren. Neben einem Inselpfad gibt's auch einsame Strände zum Baden und Schnorcheln. Die Lodge serviert Essen mit heimischen Meeresfrüchten, Obst und Gemüse.

Die Dorfbewohner:innen gehören einer Kunsthandwerkskooperative an; wer möchte, kann hier neue Fertigkeiten erlernen.

ESSEN & AUSGEHEN IN SANTA CATALINA

Die Hauptstraße von Santa Catalina säumen einige gute Speiselokale und Bars, doch auch an der Straße zur Playa El Estero und in einigen Nebensträßchen gibt's ein paar tolle Restaurants. Man kann problemlos herumbummeln und sich etwas aussuchen.

Auf den Karten stehen die frisch von heimischen Fischern gefangenen Meeresfrüchte – gut ist etwa das sehr einfache **Chano's Place**. Eine weitere Möglichkeit ist das einfache und (wie alle anderen) komplett offene **Restaurante Mamá Nivia**, das nur Frisches serviert. Angeboten wird auch viel Italienisches, darunter ausgezeichnete Pizza in der **Pizzeria Jammin'**.

Frühstück inklusive Avocadotoast gibt's im zentral gelegenen **Café Panachocolat**, dazu guten Kaffee und Backwaren.

UNTERWEGS VOR ORT

Santa Catalina bietet gute Touristenbusverbindungen in andere Teile Panamas wie etwa nach Boquete. Mit normalen Bussen muss man in Soná (S. 129) umsteigen, rund eine Stunde nördlich. Bis etwa 20 km nördlich vom Dorf sind die Straßen gut – dann werden sie holprig, aber befahrbar. In der Umgebung von Santa Catalina ist alles in etwa 15 bis 20 Minuten zu Fuß erreichbar. Zu entfernteren Stränden und zu Inseln geht's per Boot.

ASTRONAUTAS TROPICALES/SHUTTERSTOCK ©

INFORMATIONEN
Der QR-Code führt zu Infos über den Nationalpark.

TOP-SEHENSWÜRDIGKEIT

Parque Nacional Coiba

Das oft mit den Galápagos-Inseln verglichene UNESCO-Weltnaturerbe ist ein eigener Kosmos mit unberührten Ökosystemen und einzigartiger Fauna: mit Horden Hellroter Aras, gewaltigen Fischschwärmen, Buckelwalen mit ihren Kälbern und Mantarochen am Meeresgrund. Taucher:innen bekommen vielleicht einen Hammer- oder Walhai zu Gesicht. Schnorchler:innen entdecken eine außerordentlich vielfältige Meereswelt. Und dennoch ist der Park weiterhin nicht überlaufen.

NICHT VERSÄUMEN

- Wirbelnde Kaleidoskope tropischer Fische
- Brüllende Affen im tröpfelnden Regenwald
- Leere Strände
- Warmes und sehr klares Wasser
- Riesige lauernde Krokodile
- Mit Schnorchlern schwimmende Schildkröten
- Hellrote Aras

Panamas Galápagos

Mit Ausnahme der Galápagos-Inseln sowie der Isla de Coco in Costa Rica ist kaum ein Reiseziel vor der Pazifikküste Amerikas so exotisch wie dieser Nationalpark. Zwar liegt Coiba nur 20 km vor der Küste im Golfo de Chiriquí, doch wirkt die Insel sehr abgeschieden – und lockt damit Besucher:innen an.

Da die Insel im 20. Jahrhundert eine berüchtigte Strafkolonie war, war sie sehr isoliert. Heute haben Reisende hier die Möglichkeit, durch primären Regenwald zu wandern und im Meerespark mit immer seltener werdenden Arten zu schnorcheln und zu tauchen. Allerdings findet sich so gut wie keine touristische Infrastruktur, daher muss man vorausplanen, um den Nationalpark aus der Nähe zu erleben.

KRISTINA VACKOVA/SHUTTERSTOCK ©

Links: Isla Coiba; Oben: Stachelrochen

Ein riesiges Schutzgebiet

Die fast völlig unerschlossene Isla Coiba ist ein ökologisches Juwel. Die 503 km² große Insel ist die größte einer Gruppe rund 20 km vor der Pazifikküste von Veraguas. Hier waren präkolumbische Kulturen ansässig, in der Kolonialzeit wurden Perlen gezüchtet und 1912 wurde Coiba zur Strafkolonie, was die Zerstörung des Regenwalds verhinderte, wie sie im restlichen Panama stattfand. Fast die gesamte Insel ist mit Urwald (80 %) und Sekundärwald (20 %) voller Tiere bedeckt, darunter mehrere endemische Arten, die noch nicht komplett erforscht wurden. Ebenso spektakulär ist die Unterwasserwelt mit Riffen, Abgründen, Inselchen u. v. m.

1991 richtete Panama den Parque Nacional Coiba ein. 2004 wurde die Größe des Parks verdoppelt: Heute beherbergt er über drei Dutzend unterschiedlich große Inseln sowie die Gewässer drumherum. Die kleineren Inseln sehen aus wie plüschige grüne Kugeln in einem Meer aus Blau.

Die Herausforderungen durch den Drogenhandel an der Pazifikküste, Überfischung und Artenschwund hat der Coiba bisher gemeistert. In der jüngeren Vergangenheit gab es auch positive Entwicklungen. Alle Eintrittsgelder fließen nun in die Unterhaltung des Parks und die Zahl der Übernachtungsgäste wurde begrenzt.

Natürliche Vielfalt

Der Coiba-Nationalpark beherbergt das zweitgrößte ostpazifische Korallenriff und einige der besten Tauch- und Schnorchelspots an der gesamten Küste von Kolumbien bis Mexiko. Die ganze Insel ist mit dichtem Wald überzogen, Primär- und Sekundärwald, außer auf dem Gebiet der Strafkolonie und am Unterlauf der größeren Bäche, wo sumpfiger Wald

WARUM EINE TOUR?

Für den Parque Nacional Coiba empfehlen sich organisierte Touren; die meisten beginnen in Santa Catalina. Mit dem Boot sind es zur Rangerstation des Parks etwa 75 Minuten. Beliebt sind Schnorcheltrips (S. 122). Spezialtouren gibt's z. B. zum Tauchen, Vögelbeobachten, Wandern und Kajaken. Einige Touren sind mehrtägig – so lassen sich die Inseln am besten erleben.

TOP TIPPS

- Angebote vergleichen lohnt sich.
- Geldbeutel steckenlassen, die Touranbieter zahlen den Parkeintritt.
- Fernglas für Vögel und andere Tiere mitnehmen.
- Deine Sachen in wasserdichten Taschen mitnehmen, da sie leicht nass werden können.
- Ein wasserfestes Case fürs Handy mitnehmen, damit du unter Wasser Fotos schießen kannst.
- Kein Handyempfang – kein Problem!
- Festes Schuhwerk für schlammige Wege mitnehmen.
- Auf Schnorcheltrips gibt's meist drei Stopps fürs Schnorcheln, ein Mittagessen bei der Rangerstation wie auch Zeit für kurze Wanderungen und fürs Abhängen an Stränden.

TOP-SEHENSWÜRDIGKEIT

Parque Nacional Coiba (Fortsetzung)

TOURENANBIETER

Spezialisierte Tourenanbieter für einen unvergesslichen Coiba-Trip:

- **Dive Base Coiba** (divebasecoiba.com) Tauchexpert:innen mit viel Erfahrung.
- **Tanager Ecotours** (tanagertourism.com) Sehr persönliche Naturtouren zu Land und Wasser.
- **Fluid Adventures Panama** (fluidadventurespanama.com) Mehrtägige Kajak- und Wandertouren mit Camping.

gedeiht. Die Küste ist von felsigen Landspitzen gesäumt und die Sandstrände sind an den Flussmündungen von Mangroven unterbrochen. Neben der Isla Coiba gehören weitere 37 Inseln wie die Isla Jicarón weiter südlich zum Nationalpark.

Über 170 Vogelarten wurden im Nationalpark gesichtet. Zwar haben es die Vogelfans besonders auf den Coiba-Spinetail abgesehen, einen kleinen rötlich-braunen Vogel, der nur auf Coiba vorkommt, doch beeindruckend sind vor allem die Hellroten Aras, die es in Panama nur hier gibt. Sie nisten am Barco Quebrado an der Südspitze der Isla Coiba, aber oft sind sie im Flug zu sehen, leicht zu erkennen auch an ihrem markanten Geschrei.

Außerdem wurden über 1450 Pflanzenarten identifiziert – es gibt acht Ökosysteme auf der Insel. Umfassende Tierzählungen gab es noch nicht, aber man schätzt, dass es auf der Insel rund 40 verschiedene Säugetierarten gibt. Zwei sind auf der Insel endemisch: Coiba-Aguti und Coiba-Brüllaffe. Beide sind nur schwer zu erspähen, dafür sind am Strand oft die Weißgesicht-Kapuzineraffen zu sehen.

Siebzehn Krokodil-, Schildkröten- und Echsenarten sowie 15 Schlangenarten sind hier zu Hause – gefährlich sind die Terciopelo-Lanzenotter, Korallenotter und Königsboa. Riesige Krokodile sind auf der Isla Ranchería (oder Isla Coibita) zu sehen, einem beliebten Nachmittagsziel für Schnorchler:innen. Schlangen sind in der Regel zwar extrem scheu, man sollte aber immer langsam und vorsichtig durch den Dschungel

Echte Karettschildkröte

gehen und hin und wieder fest auftreten.

Das Meeresleben im Nationalpark ist einfach umwerfend. Die warme indopazifische Strömung im Golfo de Chiriquí schafft ein einzigartiges, für diese Region untypisches Meeresökosystem mit Fischen in gewaltiger Menge. Etwa zwei Dutzend Delfin- und Walarten sind hier gesichtet worden und auf ihrem Weg nach Santa Catalina sind auch oft Buckelwale und Fleckendelfine zu sehen. Pott- und Schwertwale leben hier auch, aber deutlich weniger. Die Walbeobachtungssaison dauert von Juli bis Oktober.

Im Meer rund um Coiba tummeln sich 33 Haiarten. Am häufigsten lassen sich Weißspitzen-Riff- und Bullenhaie sehen, gelegentlich aber auch Schwarzspitzen- und Hammerhaie. Mit etwas Glück bekommen Taucher:innen manchmal auch einen Tiger- oder einen Walhai zu Gesicht, vor allem von Dezember bis Februar.

In den Gewässern rund um Coiba begegnen Schnorchler:innen recht häufig Meeresschildkröten (Oliv-Bastard-, Echten Karett- und den immer selteneren Grünen Meeresschildkröten). Zudem treffen sie fast garantiert Schnapper- und Stachelmakrelenschwärme sowie große Zackenbarsche und Barrakudas.

Aktivitäten an Land & im Meer

Wer nach Coiba kommt, will meistens die faszinierende Unterwasserwelt erkunden. Aber auch die Möglichkeiten zur Vogelbeobachtung sind großartig auf dieser Insel, auf der man auch gut wandern kann. Ein weiteres Highlight ist das Schwimmen im leuchtend türkisen Wasser mit seiner sanften Brandung und einladenden Temperaturen.

Coiba wartet mit einem halben Dutzend Wanderwegen auf; vier davon sind von der Rangerstation leicht zugänglich. Dazu zählt der auf den **Cerro Gambute** (ca. 30 Min.): Er führt durch einen Wald voller Brüllaffen hinauf zu einem Aussichtspunkt. Ein kurzer Weg führt zur hübschen **Playa Tito**. Der 5 km lange **Sendero de Santa Cruz** (hin und zurück ca. 4 Std.) gewährt einen guten Einblick in die vielfältige Landschaft der Insel. Der rund 45 Bootsminuten entfernte **Sendero de los Pozos** führt zu Thermalbädern. Da die Wege nicht markiert sind, brauchst du für längere Wanderungen einen Guide.

In der Bucht bei der Rangerstation ist eine kleine Insel, um die man bei Flut herumschnorcheln kann. Andere beliebte Schwimm- und Schnorchelspots sind die **Isla Granito de Oro**, die **Isla Ranchería** und die Mangrovenwälder bei der **Punta Hermosa**. Sie sind allesamt nur mit dem Boot zu erreichen.

Schlafen & Essen

Die einzige Unterkunft auf Coiba sind die einfachen Mehrbettzimmer bei der Rangerstation, aber man kann auch zelten. Auf einigen Touren mit Übernachtung wird in bereitgestellten Zelten genächtigt. Speisen und Guides sind bei Touren gewöhnlich inbegriffen, besonders bei den spezielleren wie z. B. zur Vogelbeobachtung. Auf der Insel ist kein Essen erhältlich. Es gibt eine sehr einfache Küche, aber ohne Brennstoff und Kochutensilien.

BERÜCHTIGTES GEFÄNGNIS

In der Südostecke der Isla de Coiba befinden sich die Überreste eines Gefängnisses, das der panamaische Staat von 1919 bis 2004 nutzte. Die kargen Betonbauten auf der oft „Teufelsinsel" genannten Insel beherbergten für abscheuliche Verbrechen verurteilte Straftäter. Verschiedene Regierungen nutzten sie aber auch für politische Gefangene, die „Los Desaparecidos" (die Verschwundenen) genannt wurden. Sich einem Diktator wie Manuel Noriega entgegenzustellen konnte einem die Verbannung hierher einbringen, was einem Todesurteil gleichkam.

Rund um Santa Catalina

Auf der Fahrt über stille und hübsche Straßen Richtung Norden zur Interamericana verklingt der eher sanfte Trubel von Santa Catalina.

Santa Catalina liegt an der Südspitze der Península de las Palmas, die sich von der Interamericana hinabzieht. Durch die sanft gewellten Hügel mit ihren Farmen und Wäldern winden sich Straßen. Neben dem Geschäftszentrum Soná gibt's auf dem Weg in andere Teile Panamas ein paar lohnende natürliche Highlights.

In der Nähe von Las Palmas, einem Örtchen 10 km südlich der Interamericana und 32 km nordwestlich von Soná, gibt's mehrere Wasserfälle. Einer der besten, der 45 m hohe Salto de Las Palmas de Veraguas, ist gleich östlich des Orts und mit dem Auto erreichbar. Er ergießt sich in ein perfektes Badebecken. Wie auch auf der restlichen Halbinsel ist hier nie etwas los.

TOP TIPP

Für die Hauptstraßen ist ein normaler Pkw okay, für die unerschlossene Küste und die Wasserfälle landeinwärts braucht man jedoch ein Geländefahrzeug.

RAINER LESNIEWSKI/SHUTTERSTOCK ©

Isla Cébaco

Angeln, Isla Cébaco

RAINER LESNIEWSKI/SHUTTERSTOCK ©

Pause in Soná

CHARMANTES LANDSTÄDTCHEN

Zwar gibt's in Santa Catalina einen kleinen Lebensmittelladen und einen Geldautomaten, doch sonst nicht viel. Wer Proviant für den Aufenthalt in einem Ferienhaus benötigt oder einen Ausflug zum Parque Nacional Coiba oder anderen entlegenen Inseln plant, landet unweigerlich im geschäftigen Marktflecken Soná.

Im kompakten Zentrum ist an Marktständen und in Läden und Supermärkten immer viel los. Auch ohne Einkauf lohnt sich ein Stopp hier für einen Bummel durch das typisch panamaische, untouristische Städtchen mit 11 000 Einwohner:innen. Hier gibt's das bei Weitem beste Angebot an Lebensmitteln südlich der Interamericana. In einer der Arkaden kann man schön den Duft von Bananen, Mangos, Papayas und Kokosnüssen einatmen.

Für eine Stärkung bietet sich die **Panadería y Refresquería La Princesita** gleich abseits der Hauptstraße an. Die von einer reizenden Familie geführte Bäckerei bietet köstliche Obstkuchen, Backwaren und Cupcakes sowie Sandwiches und Pizza.

DIE EINSAME ISLA CÉBACO

Die Isla Cébaco im Golf von Montijo, die mit einer Fläche von 80 km² drittgrößte Insel Panamas, ist wegen des schwierigen Zugangs sehr abgeschieden. Hierher verkehren keine normalen Fähren, sodass man nur per Privatcharter herkommt. Daher ist die Insel auch kaum touristisch erschlossen, außer der einfachen Cébaco Sunrise Lodge an der Ostküste. Die wenigen Einwohner:innen, meist Bauern und Fischer, konzentrieren sich in der Hauptsiedlung El Jobo im Norden.

Doch die schönen Strände und die atemberaubende Küste von Cébaco bieten furchtlosen Reisenden verschiedene Aktivitäten: Wanderungen über unterschiedlich schwierige Wege, Angeln, Tauchen, Schnorcheln und Surfen. Die Playa Grande auf der Südseite der Insel ist ein zukünftiges Surfmekka.

UNTERWEGS VOR ORT

Zwischen Santa Catalina und Soná, einem regionalen Busdrehkreuz, verkehren regelmäßig Busse (ca. 1 Std.). Die Straße zwischen den beiden Orten wird Richtung Soná immer besser.

Zur Isla Cébaco kann man in Santa Catalina oder Puerto Mutis 30 km südwestlich von Santiago Boote chartern (in Santa Catalina gibt's Guides zu den Surfbreaks). Die nächste Ablegestelle ist Playa Reina etwa 5 km über eine geteerte Straße westlich von Mariato, das von Santiago mit dem Bus erreichbar ist. Diese Fahrt dauert etwa 30 Minuten.

SANTA FÉ

Das bisher gänzlich untouristische Santa Fé bietet frische Luft und eine idyllische Umgebung zum Wandern. Da die üppigen Berghänge, vielen Wasserfälle, tosenden Bäche und leicht zugänglichen Badestellen des Parque Nacional Santa Fé gleich vor der Haustür liegen, ist der Ort ein tolles Ziel für Wandernde, Vogelfreund:innen und Menschen, die einfach die Schönheit des Hochlands genießen möchten. Nach dem Outdoorabenteuer lässt du dir den köstlichen hiesigen Kaffee schmecken, der überall zu wachsen scheint, oder suchst dir für ein Nickerchen eine Hängematte.

Das 500 m hoch gelegene Bergörtchen 53 km nördlich von Santiago und der Interamericana liegt im Schatten der Kontinentalscheide. Hier ist es kühler als im Tiefland und ein Großteil des umliegenden Waldes ist noch genauso wie 1557, als die Spanier den Ort gründeten. Eine neue Straße zur karibischen Küste gewährt Zugang zu einigen der entlegensten Außenposten Panamas.

TOP TIPP

Santa Fé ist kompakt; enge Gassen winden sich um Hügel und kleine Familienfarmen. Für Abenteurer:innen gibt's im Ort kleine Pensionen sowie eine Handvoll Cafés und einfache Restaurants. Touranbieter organisieren in der Umgebung Aktivitäten wie Wandern, Reiten und Kajaken.

HIGHLIGHT
1 Parque Nacional Santa Fé

SEHENSWERTES
2 Alto de Piedra
3 Cascada de Bermejo
4 Cerro Tute
5 El Salto

AUSGEHEN & FEIERN
6 Cafe El Tute

Abgeschiedener Park & Vogelberg

GREIFVÖGEL UND REGENWALD

Der 726 km² große, bergige **Parque Nacional Santa Fe** umfasst unberührte Wildnis zwischen dem Nordrand von Santa Fé und der Cordillera Central, u. a. das zerklüftete Gebiet Alto de Piedra. Durch den Primär- und Sekundärwald des Parks winden sich zahlreiche Wege. Anbieter im Ort eröffnen Reisenden viele Möglichkeiten, den dichten Wald zu Fuß oder Pferd zu erkunden.

Nicht weit vom Park liegt der **Cerro Tute** mit ausgezeichnetem offenem Ausblick aufs Tal und einer extrem vielfältigen Vogelwelt. Fast sicher hört man das Gurren einer der zehn Taubenarten des Parks oder den typischen Ruf einer der fünf Kuckucksarten. Zu den Dutzenden verschiedenen Greifvögeln zählen Fischadler und verschiedene Habichte. Und auch der beliebte Tukan mit seinem bunten Schnabel ist hier vertreten.

Die Gischt der Wasserfälle

UNZÄHLBAR VIELE

Anscheinend gibt's hier für jeden Tag des Jahres einen Wasserfall. Das Ziel einer schönen halbtägigen Wanderung ist die **Cascada de Bermejo**. Im **Alto de Piedra** nordwestlich des Orts locken drei Wasserfälle. Zwar kann man in Eigenregie dorthin gelangen, aber der Zugang ist schwierig, besonders nach Regen – daher empfiehlt sich ein Guide. Der eindrucksvolle Wasserfall **El Salto** befindet sich rund drei Stunden südöstlich von Santa Fé. Auch diese Tour unternimmst du am besten mit einem Guide.

Die Kaffeeröster von Santa Fé

ZUR FREUDE ALLER KAFFEEGOURMETS

Die beliebte, 50 Jahre alte Kaffeekooperative von Santa Fé, die **Cooperativa Santa Fé**, umfasst über 350 Familien, die auf winzigen Grundstücken Kaffee anbauen. Die Kooperative wurde gegründet, um den örtlichen Kaffeebaronen an Einfluss zu nehmen und die Profite aus dem Kaffeeanbau wieder zurück in die Hände der Erzeuger:innen zu legen. Der gesamte Anbau-, Ernte- und Röstprozess ist zu 100 % bio. Es werden Führungen angeboten und im **Cafe El Tute** der Kooperative kann man den Kaffee verkosten.

EINE SCHÖNE FAHRT ZUR KARIBISCHEN SEE

Nach jahrelangem Bau windet sich nun eine Straße durch unberührten Regenwald und vorbei an kleinen Indigenendörfern rund 53 km weit Richtung Norden zur karibischen Küste.

Der Asphalt endet in **Calovébora**, einem winzigen Fischerdorf an einem wilden Abschnitt der Karibikküste. Bis zum Horizont erstreckt sich Richtung Westen und Osten ein breiter grauer Strand. Auf dem findest du mehr durchweichte Kokosnüsse als Fußstapfen. Es gibt einen kleinen Lebensmittelstand, eine simple Pension und nur unzuverlässig Strom. Zu noch entlegeneren Stränden und zu Inseln kannst du Fischerboote chartern.

Die Fahrt ist langsam, aber problemlos. Auf der Straße auf entlangreitende Dorfbewohner:innen achten! Über die Straße beugen sich Bäume und auf den Pässen sorgen tiefhängende Wolken für Kühle.

UNTERWEGS VOR ORT

In Santa Fé ist fast alles in unter 20 Minuten zu Fuß zu erreichen. Nach Santiago und zur Interamericana verkehren regelmäßig Busse (ca. 1 Std.). Busverbindungen auf der neuen Straße zur Karibikküste sind noch in Planung.

Rund um Santa Fé

Genieße die alte Schönheit einer außergewöhnlichen Kirche und entspanne auf dem Hauptplatz eines regionalen Zentrums.

Das Dorf San Francisco auf dem Weg nach Santa Fé beeindruckt mit einem der außergewöhnlichsten und ältesten Beispiele barocker sakraler Kunst und Architektur in Amerika. Selbst wer über die Interamericana braust, ist am Ende froh, diesen Abstecher gemacht zu haben.

Santiagos altes Zentrum, auf halber Strecke zwischen Panama-Stadt und der Grenze zu Costa Rica sowie etwas nördlich der Sunset Coast auf der Península de Azuero, ist ein tolles Fleckchen für einen Zwischenstopp.

Vor dem Weg Richtung Norden nach Santa Fé oder zum Abenteuer auf der neuen Karibikküstenstraße bietet Santiago sämtliche Geschäfte, die man benötigt.

TOP TIPP

Am Rand des Parque Juan Demóstenes Arosemena im Zentrum von Santiago bieten Stände frische Säfte und Früchte an.

JAMES BRUNKER/ALAMY STOCK PHOTO ©

Catedral Santiago Apóstol

JORGE TUTOR/ALAMY STOCK PHOTO ©

Altar, Iglesia de San Francisco de la Montaña

Panamas überraschendste Landkirche

EIN ARCHITEKTONISCHES JUWEL

Die **Iglesia de San Francisco de la Montaña**, eine 1727 erbaute einfache Steinkirche, beherbergt neun reich verzierte Altaraufsätze; darunter den kunstvoll mit Goldblatt geschmückten Hauptaltar. Zwar stammten in der Kolonialzeit die meisten Altäre aus Europa, doch dieser wurde von hiesigen Indigenen geschaffen, die ihre Arbeit unglaublich detailliert ausführten. Die acht Seitenaltäre zeigen Darstellungen der Kreuzigung und der Jungfrau Maria mit Heiligen sowie Porträts der Künstler selbst und prominenter Indigener. Ihre Gesichter wurden in religiöse Szenen eingefügt und auf die Körper von Putten aufgesetzt.

Der Retablo de la Pasión de Cristo (Altar der Passion Christi) umfasst Symbole mit religiöser Bedeutung – einen Kelch, einen Weinkrug, einen Pelikan, der sich selbst in die Brust sticht, um seine Jungen zu nähren, einen Schädel. Aber auch Gegenstände mit Bedeutung für die Einheimischen wie drei Würfel, ein spanisches Schwert, eine Laterne und ein Stundenglas.

Der ursprüngliche Glockenturm der Kirche, von dem die Spanier Indigene und Versklavte überwachten, stürzte 1942 ohne Vorwarnung ein. Der neue ähnelt dem alten überhaupt nicht. Die Kirche ist von einer hübschen Grünanlage umgeben, knorrige alte Bäume spenden Schatten.

SANTIAGOS INTERESSANTES ZENTRUM

Santiagos alte Mitte mit dem fast quadratischen Parque Juan Demóstenes vereint alle Elemente eines lateinamerikanischen Zentrums: große alte Bäume, jede Menge Bänke, ein paar Statuten vergessener Größen und eine große Kirche, die **Catedral Santiago Apóstol**. Die dem Stadtheiligen Jakobus geweihte Kirche hat einen schönen bemalten Altar.

Das verschlafene **Museo Regional de Veraguas** gegenüber vom Platz umfasst ein paar Räume mit örtlichen archäologischen Funden wie Keramik und Knochen. Die ausgezeichneten Informationen lassen sich per Übersetzungs-App entschlüsseln. Das Gebäude stammt von 1855 und diente zunächst als Santiagos Gefängnis.

Die umliegenden Straßen bieten eine bunte Mischung aus Märkten, altmodischen Läden, Cafés und Bäckereien. Bei zahlreichen Händlern gibt's Eis.

UNTERWEGS VOR ORT

Je nach Verkehr auf der Interamericana liegt Santiago etwa vier Stunden westlich von Panama-Stadt und drei Stunden östlich von David. Es verkehren regelmäßig Busse. Die Fernstraße durch die Stadt ist mit Motels, Imbissen, Restaurants und Supermärkten gesäumt. In Santiago selbst kann der Verkehr recht dicht sein, doch das alte Zentrum südlich der Fernstraße ist fußläufig. San Francisco liegt 18 km nördlich an der Straße nach Santa Fé.

DIE SUNSET COAST

Sunset Coast heißt die Westseite der Península de Azuero am Golfo de Montijo und Pazifik. Der Name ist eine Erfindung von Tourismus-Werbestrategen und durchaus treffend, denn dies ist die einzige Gegend Panamas, wo man vom Strand aus die Sonne im Pazifik untergehen sehen kann.

Die Sunset Coast erstreckt sich rund 50 km von Mariato im Norden bis zum Parque Nacional Cerro Hoya im Süden und ist für die meisten Reisenden Terra incognita. Wer den Abstecher macht, entdeckt eine Region der Ruhe und Stille.

An den langen Sandstränden tummeln sich keine Urlauber:innen und man kann herrlich surfen. Drei Schildkrötenarten brüten hier. Durch die Mangroven führen Wege und gleich um die Ecke ist der Parque Nacional Cerro Hoya. Vielerorts wurde die Hauptstraße ausgebaut. Es gibt erste Anzeichen dafür, dass Immobilienhaie hier das nächste Playa Coronado schaffen wollen.

TOP TIPP

An den meisten Stränden der Sunset Coast gibt's keinerlei kommerzielle Einrichtungen und nur kleine Lebensmittelläden. Weit verstreut liegen kleine Pensionen und Ökolodges und jeder Ort verfügt meist über zumindst ein passables Speiselokal. Am besten deckt man sich in Santiago mit Proviant ein.

NFKENYON/SHUTTERSTOCK ©

Playa Torio

Menschenleere Strände

WIE EINE PERLENKETTE

Die Küste säumen graue, meist verlassene Sandstrände, an denen sich gemächlich der Tag vertrödeln lässt. Das Meer kann jedoch rau sein – Achtung beim Baden!

Zu den schönsten der Strände zählt z. B. die **Playa Malena** mit Volleyballnetz, kleinem Spielplatz, Fischerbooten und schönem Blick auf die Isla Cébaco. Die **Playa Torio** wird als Domizil für Ferienhäuser für Expats beworben. Bisher ist hier jedoch kaum etwas los; Richtung Süden gibt's einen Wasserfall.

Meeresschildkröten

EIN REFUGIUM FÜR BEDROHTE ARTEN

Zwei Freiwilligenorganisationen, das Centro AAPEQ und die Malena Beach Conservation Association, widmen sich dem Schutz der drei Meeresschildkrötenarten, die die meist verlassenen Strände ansteuern. Beide bieten Touren. Die Hauptsaison ist von Juli bis Januar; Grüne Meeresschildkröten können bei Morillo und Mata Oscura jedoch bis Mitte April auftauchen.

Surfen bei Sonnenuntergang

ANSPRUCHSVOLLE BREAKS

Die **Playa Reina** bei Mariato und die **Playa Morrillo** südlich von Torio sind zwei tolle Spots für erfahrere Surfer:innen. Die Bedingungen können hier recht rau sein, und da es nur wenige Surflustige gibt, sind die Informationen spärlich.

PARQUE NACIONAL CERRO HOYA

Der 325 km² große Park in der Südwestecke der Península de Azuero in den Provinzen Veraguas und Los Santos schützt die Oberläufe der Ríos Tonosí, Portobelo und Pavo sowie 30 endemische Pflanzenarten und seltene Tiere wie den scheuen Carato-Sittich, den Azuero-Klammeraffen sowie Pumas und Jaguare. Der am seltensten besuchte Nationalpark des Landes umfasst außerdem einige der letzten auf der sonst vorwiegend landwirtschaftlich genutzten Halbinsel verbleibenden Trockenland-Regenwälder.

Das Terrain des Parks ist schwierig und steil und die Wege sind schlecht auszumachen. Hierher kommen nur Leute auf der Suche nach echter Wildnis. Auf jeden Fall sollte man den Besuch über Anbieter wie Tanager Ecotours (S. 126) oder das Morrillo Beach Eco Resort (morrillo beachresort.com) arrangieren.

UNTERWEGS VOR ORT

Das Tor zur Sunset Coast ist Santiago rund 60 km nördlich von Mariato. Andere wichtige Orte sind Malena und Torio, 11 bzw. 15 km südlich von Mariato. Über die geteerte Hauptstraße verkehren Busse. Die meisten Strände sind über kurze, aber sehr holprige Zufahrtsstraßen zu erreichen.

Der Parque Nacional Cerro Hoya ist mit dem Auto erreichbar. Doch selbst mit einem Geländewagen (nur in der Trockenzeit) muss man südlich von Arenas auf Holperpisten eingestellt sein. Nach Restingue am Rand des Parks durchqueren man dabei dreimal den Río Varadero.

Oben: Wandern in einem Wolkenwald, Boquete (S. 140); rechts: Volcán Barú (S. 145)

PROVINZ CHIRIQUÍ

SPASS IN DEN BERGEN

Tagelange Wanderungen durch eine der denkbar üppigsten Berglandschaften mit zahllosen Wasserfällen, die scheinbar hinter jeder Kurve liegen.

Chiriquí reklamiert Panamas Superlative für sich: die höchsten Berge, die längsten Flüsse und die fruchtbarsten Täler. Zudem beherbergt die Provinz spektakuläre Regenwälder im Hochland und die produktivsten Land- und Viehwirtschaftsregionen des Landes. Aus diesem Grund sind *los chiricanos* (die Bevölkerung von Chiriquí) besonders stolz auf ihre Heimat und hissen die Flagge ihrer Provinz bei jeder sich bietenden Gelegenheit.

Die Region ist beeindruckend schön. Die Regenwälder im Hochland sind das Herz der Provinz Chiriquí. Ob in den nebelverhangenen Hügeln Boquetes, in den zerklüfteten Bergen des Volcán Barú (3474 m) und des Parque Internacional La Amistad oder an der kontinentalen Wasserscheide der *cordillera* (Bergkette): Die Region ist die wohl einzige in Panama, für die man einen Pullover im Gepäck haben sollte. Zum Glück gibt's in Boquete weltberühmten Kaffee zum Aufwärmen und eine große Auswahl an Gerichten.

Aber die Region bietet auch Aktivitäten: Im Hochland gibt's Trails an Flüssen, die von Gipfeln beschattet und mit Wasserfällen gespickt sind. Hunderte Vogelarten singen hier, darunter auch der berühmte prächtige Quetzal. Inmitten der Nebel von Wolkenwäldern liegen kleine Familienbetriebe, viele bauen die berühmten Erdbeeren der Region an.

Die Tiefebenen der Region beherbergen Panamas zweitgrößte Stadt David sowie weite Strecken der eindrucksvollen Pazifikküste, ruhige Strände und ein paar hübsche Inseln.

DIE WICHTIGSTEN ZIELE

BOQUETE
Kaffee zwischen Wanderungen genießen.
S. 140

VOLCÁN
Das Tor zu spektakulärer Natur.
S. 146

DAVID
Panamas zweitgrößte Stadt.
S. 152

Erste Orientierung

Die Südküste der Provinz Chiriquí wird vom Pazifik umspült. Richtung Norden ändern sich die Höhenlagen rasch. Dort geht das Tiefland an der Küste in das Hochland mit hohen, von Flüssen durchzogenen Gipfeln über, die von undurchdringlichem Nebelregenwald bedeckt sind.

Volcán, S. 146
Hier beginnt der Weg hinauf in das herrliche Cerro Punta Valley und in die Wildnis des Parque Internacional La Amistad.

Boquete, S. 140
Zwischen Wanderungen durch die Nebelwälder auf der Suche nach dem sagenumwobenen Quetzal kann man sich mit Kaffee aus den lokalen Bergen für die Abenteuer im Hochland stärken.

David, S. 152
Eine unauffällige Stadt, aber zugleich Verkehrsknotenpunkt und Dienstleistungszentrum mit interessantem historischem Ortskern.

AUTO

Die meiten Besucher werden feststellen, dass ein normales Auto aureicht, da die Straßen zu allen wichtigen Sehenswürdigkeiten gut ausgebaut sind. Ein Allradfahrzeug bietet allerdings Flexibilität, Potenzial und Seelenfrieden bei weitergehenden Erkundungen.

BUS

Die für Touristen interessantesten Ziele in Chiriquí sind leicht mit dem Bus zu erreichen. Von David aus, einer Stadt, in der man auf seiner Tour häufig umsteigen wird, gibt's zum Beispiel regelmäßige Verbindungen nach Boquete.

Wanderung entlang des Río Caldera (S. 145), Parque Nacional Volcán Barú

Perfekte Tage

Man sollte so viel Zeit wie möglich für Wanderungen durch die spektakuläre, wilde Natur im Hochland von Boquete bis nach Volcán einplanen.

Drei Tage

Mit Zeitlimit geht's direkt zur Abenteuersportbasis und Bergzuflucht **Boquete** (S. 140). Vogelbegeisterte erhaschen einen Blick auf den prächtigen Quetzal, Abenteuerlustige besteigen einen Berg, wandern oder betreiben Wildwasserrafting. **Der Lost Waterfalls Trail** (S. 142) zeigt die Schönheiten der Natur. Danach lernt man auf einer Farmtour Panamas beliebte Kaffeesorten kennen.

Fünf Tage

Zusätzlich ist das wunderschöne Hochland über der Stadt **Volcán** (S. 146) zu erkunden, die als Basis für Ausflüge dient. Im Tal Cerro Punta gibt's jede Menge Farmen und bezaubernde Dörfer wie **Guadalupe** (S. 151). Mutige besteigen den **Volcán Barú** (S. 145) oder fahren in den **Parque Internacional La Amistad** (S. 149). Von hier bis Boquete führt der **Sendero Los Quetzales** (S. 145) durch herrlichen Nebelwald.

BESTE REISEZEIT

MÄRZ BIS MAI
Die beste Zeit, um nistende Quetzale im **Parque Internacional La Amistad** und **im Parque Nacional Volcán Barú** zu sehen.

JUNI BIS AUGUST
Regenzeit mit zuverlässig einem Regenguss oder mehr pro Tag. Die Wege im Hochland können sehr rutschig sein.

SEPTEMBER BIS NOVEMBER
Bis Oktober lässt der Regen ein wenig nach. Die Trails locken auch außerhalb der Saison.

DEZEMBER BIS FEBRUAR
Hochsaison mit wenig Niederschlag und damit die beste Zeit für Wanderungen im Hochland.

BOQUETE

Als eines der Top-Ziele Panamas ist Boquete für sein frisches Klima und das unberührte Umland bekannt. Blumen, Kaffee, Gemüse und Zitrusfrüchte gedeihen bestens in dem fruchtbaren Boden. Auch viele Kaffeefarmen habe sich hier angesiedelt, deren Bohnensorten in Panama und darüber hinaus berühmt sind.

Dieser Reichtum liegt inmitten einer wunderschönen Natur und Boquete ist wegen seines milden Klimas ein beliebtes Ziel für Outdoor-Aktivitäten: Wandern, Klettern, Rafting, Kaffeefarmen besuchen, in heißen Quellen entspannen, Spanischunterricht oder Baumwipfelpfade bezwingen. Und natürlich geht nichts über eine Tasse Kaffee aus hiesigem Anbau in verschiedenen Cafés im schönen Stadtzentrum mit einer Mischung aus Geschäften, Märkten, exzellenten Restaurants und Bäckereien.

In der Region lebt eine große Zahl nordamerikanischer Expats im Ruhestand, viele in geschlossenen Wohnanlagen, die generationenalte Kaffeefarmen in den umliegenden Hügeln verdrängen.

GARY PEARCY/GETTY IMAGES ©

Kaffeebeeren

TOP TIPP

Nach dem schwülen Tiefland des tropischen Panamas sind die milden Temperaturen im Hochland von Boquete eine Wohltat. Aber es kann recht kühl werden, auch in der Trockenzeit. Häufiger Regen und dichter Nebel erfordern mehrere Kleiderschichten und die schlammigen Straßen und Wege festes Schuhwerk.

DIE GEISHA-BOHNE

Chiriquís kühles Klima und fruchtbare Vulkanerde sind ideal für den Kaffeeanbau, und Panamas Kaffee wird für seinen hohen Koffeingehalt und säuerlichen, komplexen Geschmack gerühmt.

Nach gewonnenen internationalen Wettbewerben wurde die Geisha-Bohne zu einer gesuchten Sorte. Aus Äthiopien kommend, werden ihr leichter Körper, ihre Zitrus- und Honignoten sowie ein jasminähnliches Aroma gelobt.

Geisha-Kaffee (oder Geisa) wird für 70 US$ pro Pfund oder mehr auf dem Weltmarkt gehandelt. Auf Farmen in Boquete ist er für unter 30 US$ pro Pfund und in Cafés für 10 US$ pro Becher zu kaufen. Kaffeeführungen umfassen in der Regel Verkostungen.

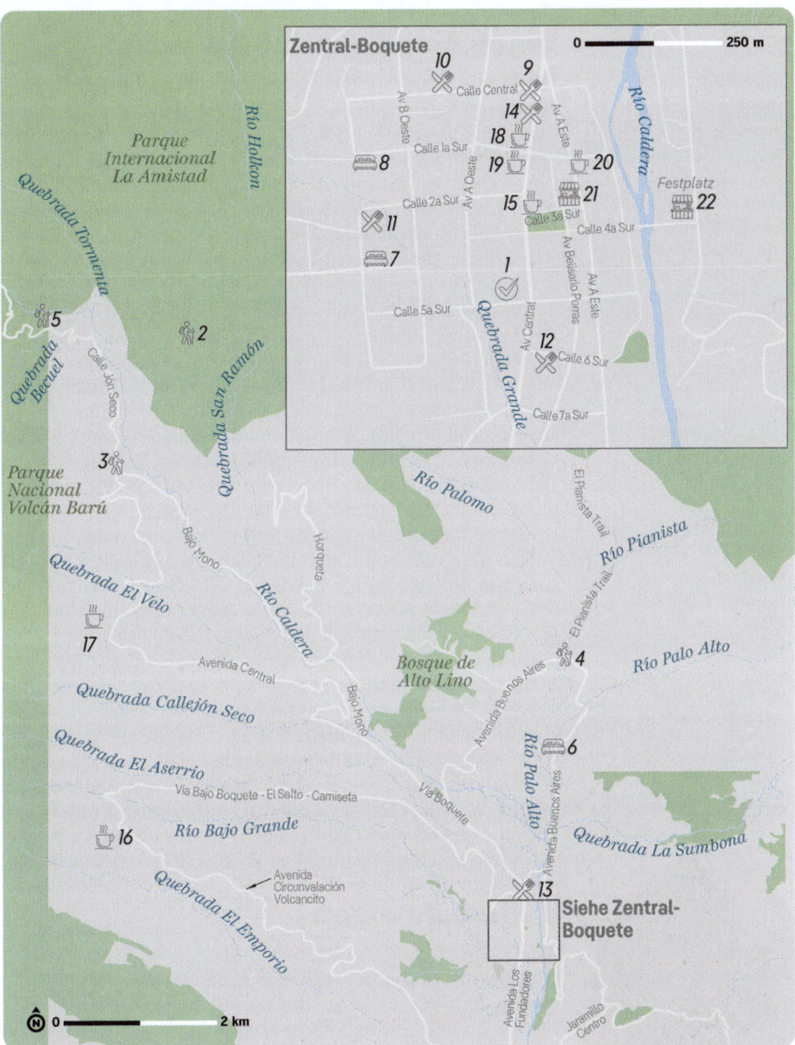

KURSE & TOUREN
1 Boquete Outdoor Adventures
2 Lost Waterfalls Trail
3 Pipeline Trail
4 Sendero El Pianista
5 Sendero Los Quetzales

SCHLAFEN
6 Boquete Garden Inn
7 Hotel Isla Verde
8 Villa Alejandro

ESSEN
9 La Ghiotta
10 Morton's Bakehouse Panaderia
11 Ngädri Gastronomía Panameña
12 Olga's
13 Restaurante de Mariscos La Cueva del Pitufo
14 Restaurante Meye Bounore

AUSGEHEN & FEIERN
15 Buckle Tip Coffee Studio
16 Don Pepe Estate Coffee
17 Finca Lerida
18 Iwanna Boquete
19 Perfect Pair
20 Vintage Cafe

SHOPPEN
21 Mercado Público
22 Dienstagsmarkt

Durch Boquetes Natur wandern

TRAILS ZU WASSERFÄLLEN UND SCHÖNER NATUR

Mit atemberaubenden Blicken auf nebelverhangene Berge und zahllose Wasserfälle ist Boquete eine idyllische Region zum Wandern. Trails in den umliegenden Hügeln passieren Kaffeefarmen, Felder, Gärten, unberührten Regenwald und Flüsse.

Der **Lost Waterfalls Trail** (auch „Die drei Wasserfälle") ist eine tolle erste Wanderung. Der private Wanderweg zu drei hohen Wasserfällen kostet Eintritt, der für die Instandhaltung verwendet wird. Ein lohnendes Abenteuer für ein paar Stunden.

Der **Pipeline Trail** ist ein weiterer privat betriebener Weg. Die Tour durch dichten Wald zu einem spektakulären Wasserfall dauert etwa zwei bis drei Stunden hin & zurück.

Durch dichten Nebelwald steigt der **Sendero El Pianista** auf. Die spektakuläre Tageswanderung ist knapp 9 km lang (hin & zurück) und umfasst 700 Höhenmeter. Es warten jede Menge Wildtiere und eine grandiose Aussicht (je nach Wolkendichte). Der Trail führt danach weiter durch den Wald, doch es ist nicht ungefährlich; die Gegend ist berüchtigt, weil 2014 zwei niederländische Touristinnen unter ungeklärten Umständen starben.

Viele Reisende geben sich mit einem malerischen Spaziergang um Boquete herum zufrieden, Ambitioniertere nehmen sich den Volcán Barú vor. Es gibt mehrere Eingänge zum Parque Nacional Volcán Barú (S. 145), auch nahe Boquete.

Auf den Sendero Los Quetzales (S. 145) gelangt man von Boquete aus, allerdings geht's dann bergauf. Mit Cerro Punta über Volcán als Ausgangspunkt hat man's leichter.

Außer für den Lost Waterfalls und den Pipeline Trail ist ein guter hiesiger Guide zu empfehlen. Auch sind die Wege oft schlecht beschildert und in der Regenzeit matschig. Wetterbedingungen mit Regen, Nebel und kalten Winden können sich schnell ändern. Wasser, festes Schuhwerk und mehrere Kleiderschichten sind mitzubringen und die Unterkunft ist über die Pläne zu informieren.

TODESOPFER AUF DEM WANDERWEG

Der Tod zweier junger Niederländerinnen im Jahr 2014 erschüttert Boquete noch immer. Die Frauen starben bei einer Wanderung auf dem Sendero El Pianista. Offiziell war es ein Unfall, aber Mord-Gerüchte kursieren weiterhin.

Der Podcast *Lost in Panama (2022)* berichtete über die Todesfälle und eine dunkle Welt des Drogenhandels und gefährlichen Nachtlebens, die für normale Reisende unsichtbar ist. Die Medien deckten das Verschwinden und die Ermordung von Dutzenden Frauen in derselben Region in den letzten Jahren auf.

Daher sollte man sich nur mit einem vertrauenswürdigen Guide auf den Weg machen.

Kaffeeführungen

VON DER BOHNE BIS ZUR TASSE

Ein bis zwei Stunden auf einer Kaffeefarm in Boquete die Feinheiten der Kaffeeproduktion kennenzulernen ist eine wahre Freude. Kaffeebohnen beginnen als zarte weiße Blüten mit einem lieblichen Duft. Ein Spaziergang zwischen blühenden Pflanzen kann berauschen. Bei den Führungen werden verschiedene Bohnensorten, die hier angebaut werden, und die Unterschiede bezüglich der Höhenlagen erklärt.

Drei Schalen schützen die geschmackvolle Bohne, und die Komplexitäten der Ernte geben einen Eindruck von der vielen

Geisha-Kaffeebohnen

ÜBERNACHTEN IN BOQUETE

Villa Alejandro
Recht neu und mitten in der Stadt. Sehr komfortable und moderne Zimmer, einige mit Küchen und Balkons. **$$**

Hotel Isla Verde
Das Hotel in einer Gartenanlage liegt im Stadtzentrum und verfügt über schöne Zimmer. **$$**

Boquete Garden Inn
Anlage am Ufer des Río Palo Alto. Zimmer mit Himmelbetten, Blumenbeete und Vögel. **$$**

Arbeit, die für den Genuss einer morgendlichen Tasse Kaffee erforderlich sind. Nach den duftenden Sortier- und Röstbereichen kommt der Höhepunkt der Besichtigung: der Verkostungsraum. Mehrere hiesige Sorten werden probiert, von der feinen Geisha-Bohne bis zu vollmundigen dunklen Röstungen.

Zu den besten Farmtouren zählen die der familiengeführten Kaffeefarm **Don Pepe Estate Coffee**, die es schon seit 1898 gibt, und die **Finca Lerida**, wo man auch übernachten kann. **Iwanna Boquete** bietet ausgezeichnete, informative Führungen an.

Kaffee probieren & trinken

NUR EINE TASSE GEHT NICHT

Bei all dem Gerede über Kaffee in Boquete möchte man natürlich auch einen trinken. Er wird zwar fast überall verkauft, doch es gibt nur wenige Orte, die den lokalen Sorten gerecht werden, einschließlich des begehrten Geisha-Kaffees (S. 140).

Im Zentrum der Stadt, dem Parque Domingo Medica, bieten die Kaffeezauberer des **Buckle Tip Coffee Studio** die gesamte Palette hiesiger Sorten in einer einladenden und unprätentiösen Umgebung an und erklären den Brauprozess.

In der Nähe des Markts liegt das **Vintage Café**, in dem ebenfalls hiesige Sorten in entspannter Atmosphäre serviert werden. Und nördlich der Stadt hat die Kaffeefarm **Finca Lerida** ein schickes Café und Resort.

Wildwasserrafting

STURZ IN DIE STROMSCHNELLEN

Die Wildwasserflüsse **Río Chiriquí** und **Río Chiriquí Viejo** entspringen beide in den Hügeln des Volcán Barú und werden über weite Strecken von Wald gesäumt. An manchen Orten gibt's Wasserfälle an den Flussseiten und beide Flüsse passieren schmale Schluchten mit eindrucksvollen Felswänden. **Boquete Outdoor Adventures** veranstaltet tageweise Raftingtouren.

Die Stadt erkunden

SHOPPEN, ERDBEEREN UND SCHOKOLADE

Ein Bummel durchs Zentrum von Boquete kann ein paar Stunden dauern. Auf dem **Mercado Público** oder dem **Dienstagsmarkt** gibt's exquisites Kunsthandwerk der Ngöbe-Buglé (S. 149) und Shops verkaufen lokale Kaffee-, Schokoladen- und Kunstprodukte. Im **Perfect Pair** lernt man die Schokoladenherstellung kennen und probiert eine Tasse des lokalen Kaffees. Abkühlung gibt's bei **La Ghiotta** mit einem Eis aus hiesigen Erdbeeren.

ESSEN IN BOQUETE

Restaurante Meye Bounore
Ambitionierte Küche, panamaische Gerichte mit Akzenten wie Trüffelöl! $

Morton's Bakehouse Panaderia
Die Backwaren und Sandwiches nach europäischer Art werden in einem großen Garten serviert. $

Restaurante de Mariscos La Cueva del Pitufo
Nicht auf die Fassade achten. Das peruanische Meeresfrüchte-Bistro empfängt seine Gäste herzlich und mit fabelhaftem Essen. $$

Olga's
Beliebtes Open-Air-Frühstückslokal (auch Café de Punto Encuentro genannt). Die Besitzerin heißt ihre Gäste herzlich willkommen. Längere Wartezeiten. $$

Ngädri Gastronomía Panameña
In der Nähe eines fließenden Baches werden in einem ruhigen Garten kreative, lokale Gerichte serviert. $$

UNTERWEGS VOR ORT

Busse fahren regelmäßig auf der Schnellstraße 41, die Boquete mit David verbindet, der großen Regionalhauptstadt an der Panamericana im Süden. Die Stadt ist auch eine wichtige Haltestelle für touristische Shuttlebusse. Busse fahren auch nach Santa Catalina. Boquete kann meist gut zu Fuß erkundet werden. Zu den Trails nimmt man am besten ein Taxi, die engen Straßen eigenen sich nicht zum Laufen. Organisierte Touren sind meist inklusive Transport.

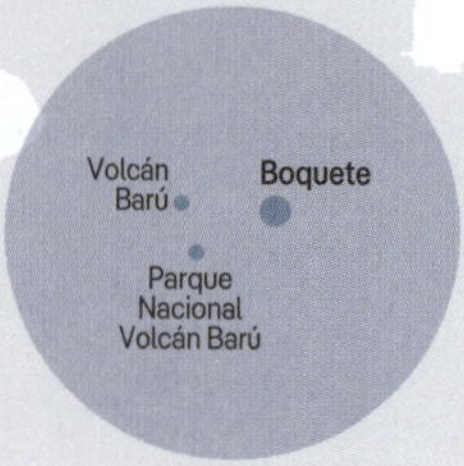

Volcán Barú
Boquete
Parque Nacional Volcán Barú

Rund um Boquete

In der Gegend rund um Boquete gibt's spektakuläre Wanderwege, Panamas einzigen Vulkan, heiße Quellen und vieles mehr.

Im 143 km² großen Parque Nacional Volcán Barú liegt der Volcán Barú, Panamas einziger Vulkan und die dominante Naturattraktion der Provinz Chiriquí. Die Region ist von sagenhaften Fernwanderwegen durchzogen. Der Vulkan ist nicht mehr aktiv, hat aber noch sieben Krater. Auf 3474 m Höhe bietet Panamas höchster Punkt bei klarem Wetter Ausblicke auf die pazifische und die karibische Küste.

Auf der Fahrt von David nach Boquete kann man im Dorf Caldera eine Pause einlegen und La Piedra Pintada de Caldera besichtigen, eine Stätte mit einigen der besten Felszeichnungen Panamas. Die natürlichen heißen Quellen Los Pozos de Caldera und Los Pozos de Abuela (Großmutters Heiße Quellen) sind ganz in der Nähe.

TOP TIPP

Der Zustand der Wege auf und rund um den Vulkan kann sich jederzeit ändern, besonders nach Regen. Nur mit einem Guide losziehen. Es gibt praktisch keine Rettungsmöglichkeit.

Parque Nacional Volcán Barú

WIRESTOCK CREATORS/SHUTTERSTOCK ©

Aussicht vom Volcán Barú

Erforschung des Parque Nacional Volcán Barú

AUF DER SUCHE NACH EINEM SELTENEN VOGEL

Im Nationalpark kann man hervorragend wandern, klettern und campen. Der **Sendero Los Quetzales** ist einer der malerischsten Trails in Panama. Sein Name verrät: Wer in Mittelamerika den prächtigen Quetzal sichten will, hat auf dieser Route die besten Chancen, besonders in der Trockenzeit von Februar bis Mai. Und über 250 Vogelarten sowie Pumas, Tapire und Pakas, große gepunktete Nager (auch *conejo pintado,* „bemalter Hase", genannt) sind im Park heimisch.

Der Weg verläuft zwischen Cerro Punta und Boquete und kreuzt immer wieder den Río Caldera. Von West nach Ost geht's mehr bergauf; die Stadt Cerro Punta liegt fast 1000 m höher als Boquete. Die 8 km lange Route dauert vier bis sechs Stunden. Zum Ausgangspunkt und zurück sind jeweils zwei zusätzliche Stunden zu planen (insgesamt ca. 23 km). Ein Guide ist unabdingbar.

Aufstieg auf den Volcán Barú

AUSSICHT AUF ZWEI OZEANE

Die spektakuläre Aussicht vom Gipfel motiviert viele zum Aufstieg, der bei bewölktem Himmel jedoch nicht lohnt. In den Nationalpark geht's über die westliche (Volcán-)Seite; der Zugang von der Boquete-Seite ist einfacher, aber entlang einer 13,5 km langen Straße bergauf trotzdem anstrengend. Wie bei anderen Landtouren ist ein Guide zu empfehlen. Einige Anbieter vermitteln Touren mit einem Geländewagen.

DER PRACHTVOLLE QUETZAL

Die Sage des prächtigen Quetzal geht auf die Maya und Azteken zurück, die eine Gottheit namens Quetzalcoatl (Gefiederte Schlange) verehrten. Diese wurde oft mit einer Krone aus Schwanzfedern eines Quetzalmännchens dargestellt und soll für reiche Maisernten gesorgt haben.

Heute gelten Quetzale in Mittelamerika als Symbol der Freiheit. Dem Volksglauben zufolge können sie in Gefangenschaft nicht überleben. Vogelinteressierte kommen nach Panama, um den berühmtesten Vogel Mittelamerikas zu sehen.

Quetzale sichtet man am besten im April und Mai, wenn sie im Chiriquí-Hochland nisten und auf ihren Nachwuchs warten. Die Nester sind oft in verrotteten Baumstümpfen.

UNTERWEGS VOR ORT

Die Route, die Boquete über Palma Real und Paraíso mit dem Volcán verbindet, führt am Fuße des Vulkans durch grüne Felder und Wälder. Wer den Bus zwischen Boquete und dem Volcán Barú nimmt, muss einen langen Fußweg über David einplanen.

VOLCÁN

Das freundliche Städtchen schmiegt sich an den Südwesthang des aufragenden Volcán Barú. Volcán eignet sich gut für eine Stärkung, eine Übernachtung und als Ausgangsbasis für Ausflüge in die wunderschöne Gegend um Cerro Punta und Guadalupe. Etwa so muss wohl Boquete ausgesehen haben, als es noch einfach ein weiterer Ort im Chiriquí-Hochland war.

Die Hauptstraße durch Volcán, der Highway 43, wurde umgebaut und verfügt jetzt über Geh- und Radwege. Hier sind alle Dienste für die Region zu finden. Volcán ist jedoch sehr weitläufig, es gibt kein wirkliches Zentrum.

Die Liebenswürdigkeit der Gegend zeigt sich gleich an der Straße zur Panamericana: Im Atelier Arte Cruz fertigt und verkauft der Schnitzmeister und Künstler José de la Cruz González exquisite Schilder, Skulpturen und Möbel aus Mahagoni und anderen Hölzern und bereitet einen geselligen Empfang.

TOP TIPP

Volcán ist der Brennpunkt der Region, am besten pausiert man auf einen Kaffee oder zwei auf dem Weg ins Tal Cerro Punta. An der Hauptstraße bieten sich einige Stopps an. Die unzähligen Obststände der hiesigen Landwirte mit meist köstlichen Erdbeeren aus der Region sind nicht zu übersehen.

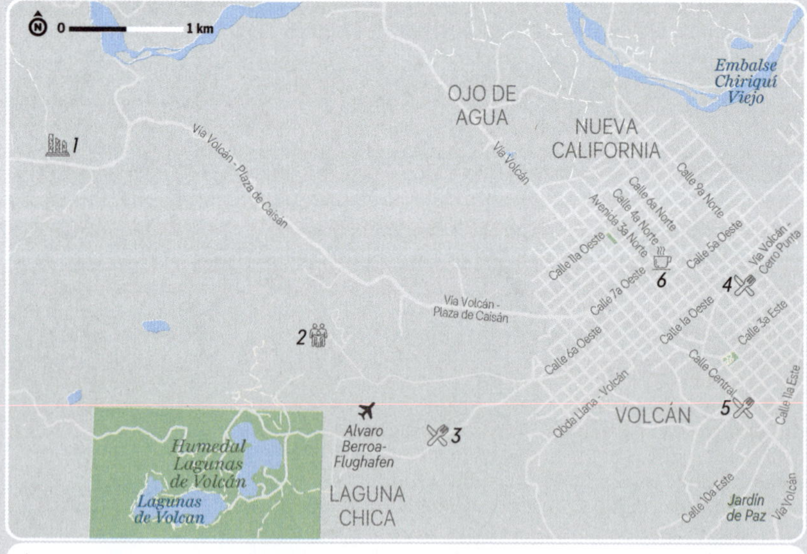

SEHENSWERTES
1 Sitio Barriles

KURSE & TOUREN
2 Janson Coffee Farm

ESSEN
3 Ceriana Café
4 La Carbonera
5 Panadería Tierras Altas

AUSGEHEN
6 Black Mountain Coffee Roasters

Statue, Sitio Barriles

Alte Artefakte in der Sitio Barriles

GEHEIMNISVOLLE ARTEFAKTE IN EINEM GARTEN

Die präkolumbischen Ruinen dieser archäologischen Stätte in einem privaten botanischen Garten gehen auf 300 bis 900 n. Chr. zurück, als in der Siedlung bis zu 1000 Menschen lebten. Die Besitzer zeigen verschiedene Artefakte im Garten und in einer kleinen Schlucht mit einem Bach. Nicht alle Exponate stammen von hier. Die Stätte liegt westlich von Volcán; die Abzweigung wird leicht übersehen, dann landet man auf der Zufahrt zu einem Milchbauernhof.

Kaffeetouren & Ausgehen

TOLLE AUSSICHTEN UND KOFFEIN

Die Führungen auf **Janson Coffee Farm** rund 3 km westlich von Volcán reichen von einem kurzen Überblick über den Herstellungsprozess bis zu einer umfassenden Führung mit einer Kostprobe des teuren Geisha-Kaffees (S. 140). Zum herrlichen Anwesen gelangt man über eine malerische Straße. Darüber hinaus gibt's Vogelbeobachtungen, Angeltrips und Ausritte in der Trockenzeit (Dezember bis Mai).

Wer keine Führung mitmacht, genießt von Jansons Café die Aussicht auf die Farm. Die Shakes mit frischen regionalen Erdbeeren schmecken an heißen Tagen besonders gut, und es gibt auch hausgemachte Kuchen.

Das nahe **Ceriana Café** befindet sich in einem modernen Gebäude aus Stahl und Glas inmitten von fruchtbaren Feldern. Es gibt eine große Auswahl an Kaffeegetränken aus frisch gerösteten Bohnen sowie ein herzhaftes Mittagsmenü.

ESSEN IN VOLCÁN

Black Mountain Coffee Roasters
Das spanische Restaurant und Kaffeehaus serviert Tapas, Gebäck, frisch gerösteten Kaffee und Wein. $

La Carbonera
Toskanagelbes Lokal an der Straße nach Cerro Punta mit authentischer italienischer Pizza und Pasta. Gäste kommen aus der ganzen Region hierher. $$

Panadería Tierras Altas
Die beliebte Bäckerei direkt an der Hauptstraße bietet köstliche warme und kalte Leckereien an. Gut für einen Snack oder ein Picknick. $

UNTERWEGS VOR ORT

Volcán ist mit dem Bus Richtung Süden über den Highway 43 bis zur Kreuzung mit der Panamericana und weiter nach David gut angebunden.

Rund um Volcán

Ein Chiriquí-Highlight ist ein idyllisches Tal, umgeben von familiengeführten Farmen, unberührter Natur und durchzogen von Wanderwegen.

Panamas Shangri-La ist das idyllische grüne Tal Cerro Punta nördlich von Volcán. Die Straße passiert eine immer enger werdende Flussschlucht und öffnet sich dann einem Wunderland, das mit seinen landwirtschaftlichen Parzellen an steilen Hängen wie aus einem Bilderbuch entsprungen scheint. Die prachtvolle Landschaft lädt zu Spaziergängen durch penibel gepflegte Farmen und Gärten ein.

Die Farmen gehen in Wald über und die Berge bewohnt eine reiche Tierwelt. Der wunderschöne Parque Internacional La Amistad schützt wilde Landschaften, die sich über die Grenze nach Costa Rica erstrecken. Kurze Trails am Parkeingang geben einen Geschmack von diesem Garten Eden.

In einer Pause gönnt man sich regionalen Kaffee und Erdbeeren.

TOP TIPP

Eine von Tamandua Photo organisierte Vogelbeobachtungstour informiert über Hunderte lokale Vogelarten in Guadalupe.

Das Tal Cerro Punta

ALFREDO MAIQUEZ/SHUTTERSTOCK ©

Wasserfall, Parque Internacional La Amistad

Wanderung durch den Parque Internacional La Amistad

TRAILS IN ALLEN LÄNGEN

Der 4000 km² große **Parque Internacional La Amistad** (Internationaler Freundschaftspark) liegt im Westen Panamas und in Costa Rica. Er erstreckt sich über die Provinzen Chiriquí und Bocas del Toro. Über Chiriquí ist der Park dank des Eingangs bei Las Nubes 6 km nordwestlich von Cerro Punta (15 km Richtung Nordosten von Volcán) besser zugänglich.

Der Park ist eine UNESCO-Welterbestätte, weil er weitgehend unberührt ist und eine Vielfalt an Flora und Fauna beheimatet. Es gibt über 600 Vogelarten, darunter der prächtige Quetzal (S. 145). Zu den Säugetieren hier gehören Jaguare, Pumas, Faultiere, Affen und der seltene Tapir.

Ein- oder mehrtägige Wanderungen sind die Hauptaktivitäten. Sie starten an der Rangerstation, die 600 m vom Parkplatz am Las-Nubes-Eingang auf einer steilen Zufahrtsstraße zum Fluss liegt. Informationen erhält man hier nur, wenn man Glück hat, aber definitiv findet man hier den **Sendero Panamá Verde**. Der 500 m lange Rundweg bietet einen Vorgeschmack auf

PANAMAS NGÖBE-BUGLÉ-VOLK

Das Volk der Ngöbe-Buglé im Hochland von Chiriquí ist Panamas größte indigene Gemeinschaft. Es setzt sich aus zwei ethnolinguistischen Gruppen zusammen: den Ngöbe und den Buglé, daher auch der Name. Die Unterschiede sind allerdings minimal, meist wird die eine Gruppe in Verbindung mit der anderen gesehen.

Mit rund 200 000 Angehörigen verwalten sie ihre eigene *comarca* (autonome Region) mit eigenem Regierungs- und Wirtschaftssystem und bewahren ihre Sprache, ihre Grundrechte in der panamaischen Verfassung und ihr Wahlrecht.

Wie andere indigene Gruppen in Panama kämpfen die Ngöbe-Buglé um den Erhalt ihrer kulturellen Identität, vor allem, weil der Druck von außen auf ihr Land, unter anderem durch neue Straßen in der Wildnis, weiter zunimmt.

ÜBERNACHTEN RUND UM VOLCÁN

Hotel Casa Grande
Wunderschöne Lage neben einem Fluss in der Nähe von Bambito. Malerisches Gelände mit gutem Restaurant. **$$**

Los Quetzales Ecolodge & Spa
Große Anlage in Guadalupe mit einer Auswahl komfortabler Zimmer; tolle Tipps für Aktivitäten in der Gegend. **$$**

Los Quetzales Cabins
Im Regenwald unter herumschwirrenden Kolibris. Die komfortablen Hütten verfügen über Aussichtsbalkons. **$$**

DAS LEBEN DER NGÖBE-BUGLÉ

Chiriquís Ngöbe-Buglé leben wie ihre präkolonialen Vorfahren in erster Linie von Subsistenzwirtschaft. Ihre Sozialstruktur beruht auf einem Netzwerk kleiner Dörfer mit *chozas* (strohgedeckte Hütte). Die Dörfer sind weit über die dichten Wälder des Hochlands verstreut und durch kaum erkennbare, jahrhundertealte Pfade verbunden.

In kleinen Familienparzellen wachsen Kochbananen, Bananen, Mais, Maniok und Reis. Während der Kaffee-Ernte arbeiten die jüngeren Männer auf den Feldern rund um Boquete und verdienen damit das notwendige Geld für ihre Familien zu Hause.

Viele Frauen fertigen hochwertiges Kunsthandwerk, darunter die *chacara* (aus Pflanzenfasern geflochtene Tasche) und *naguas* (traditionelles Gewand mit handgenähten Applikationen für Frauen und Mädchen). Beide werden in der Provinz Chiriquí verkauft.

Ngöbe-Buglé auf dem Feld

die Attraktionen des Parks. Am gepflegten Weg gibt's Informationstafeln, die einige der Naturschönheiten beschreiben. Ringsum ertönt Wasserrauschen und Vogelgesang.

Zwei weitere Trails beginnen an der Rangerstation: Der **Sendero La Cascada** (Wasserfallweg) ist ein spektakulärer Wanderweg, wenn er nicht wegen Überschwemmungsschäden geschlossen ist. Der 3,7 km lange Rundweg führt zu drei *miradores* (Aussichtspunkte) und einem 45 m hohen Wasserfall. Zur Zeit der Recherche war die Treppe zum Badebecken wegen Hochwasserschäden gesperrt. Der schwierige **Sendero El Retoño** (Sprossweg) schlängelt sich mehrere Kilometer durch Sekundärwald, über ein paar rustikale Brücken und durch Bambushaine.

Mehrere Schichten Kleidung sowie Wasser mitbringen. Auf über 2300 m Höhe über dem Meeresspiegel herrscht kühles Klima; tagsüber ist es meist mild, nachts kann es sehr kalt werden.

Pflanzenfülle in der Finca Dracula

ÜPPIGE UND FASZINIERENDE SCHÖNHEIT

Die Finca Dracula ist ein privater botanischer Garten inmitten üppiger Gemüsefelder oberhalb von Guadalupe, etwa 45 Minuten nordöstlich von Volcán. Sie umfasst neun verschiedene Gärten und ist so schön wie interessant. Bei der Ankunft lädt man eine App mit Dutzenden Audiokommentaren zu den verschiedenen Pflanzen aufs Handy. Die Geschichten beleuchten das überraschende Drama der Pflanzenwelt.

Einzelne Bereiche stellen den hiesigen Nebelwald und andere markante Lebensräume vor. Riesige Farne ragen in den Himmel

ÜBERNACHTEN RUND UM VOLCÁN

Cielito Sur Bed & Breakfast Inn
Nördlich von Bambito in einem Garten; geräumige Zimmer, einige mit Kochnische. $

Finca Galan
Gemütliche Farm mit Zimmern und Campingplätzen am Eingang zum Parque Internacional La Amistad. $

Parque Internacional La Amistad
In der Rangerstation Las Nubes bekommt man Genehmigungen für das ultimative Campingabenteuer. $

und schützen empfindliche Blumen. Eine natürliche Quelle speist einen kleinen Bach durch Bambusgräser. Andere Bereiche widmen sich Bromelien, Sukkulenten, einheimischen und Bäumen.

Man kann leicht über eine Stunde damit verbringen, durch die Gärten zu wandern und den Erzählungen zu lauschen. Ein Highlight ist das Gewächshaus mit über 2000 Orchideenarten, darunter viele aus dem nahen Parque Internacional La Amistad. (Der Garten ist nach der endemischen Dracula-Orchidee mit dramatischen malvenfarbenen Flecken auf weißen Blüten benannt.) In einem kleinen Café gibt's Kaffee und Snacks.

Köstliche Erdbeeren in Guadalupe

DAS SCHMACKHAFTESTE DORF IM TAL

Auf 2200 m Höhe markiert Guadalupe das Ende der 18 km langen Straße von Volcán. Es ist das schönste Dorf im Tal Cerro Punta und liegt inmitten eines grünen Schachbretts mit Familienfarmen, die alle möglichen Früchte und Gemüse anbauen. Blumen wachsen wild an der Straße und in fast jedem Garten.

An der kurzen Hauptstraße gibt's eine Reihe von kleinen Cafés und Lebensmittelläden. Frische Würstchen werden gegrillt und Cafés servieren hiesigen Kaffee. Überall locken Shakes, Eisbecher, Gebäck, Eis und mehr mit den omnipräsenten Erdbeeren (*fresa*), die in der ganzen Region angebaut und verkauft werden. Riesige Erdbeerbilder sind auf die Felsen über dem Dorf gemalt.

Vor **La Fresa del Pariente**, bekannt für sein Eis mit frischem Erdbeerkompott, bilden sich immer lange Warteschlangen. Einige Stände verkaufen Sukkulenten, die hier reichhaltig wachsen. Oft kommen sie in schönen handbemalten Keramiktöpfen.

Vogelbeobachtung an der Straße nach Costa Rica

EIN PARADIES FÜR VÖGEL

Von Volcán schlängelt sich der Highway 42 durch dichte Regenwälder auf sanften Hügeln bis zum Río Sereno, dem wenig benutzten Grenzübergang nach Costa Rica. In der ruhigen Gegend leben viele Tiere. Nahe Santa Clara ist die **Finca Hartmann** eine aktive Farm, die Kaffee im Baumschatten anbaut und Übernachtungen anbietet. Sie liegt etwa 27 km nordwestlich von Volcán.

Vogelbeobachtungen sind hier einfach großartig: Es gibt über 280 Arten, die nur hier vorkommen. Die Hartmanns sind leidenschaftliche Umweltschützer und beherbergen seit Jahren zahlreiche Smithsonian-nahe Wissenschaftler:innen. Die Trails auf dem Gelände führen durch verschiedene Habitate und Gäste können an Vogelbeobachtungs- und Kaffeetouren teilnehmen. Die Unterkünfte sind in rustikalen, aber komfortablen Hütten.

ESSEN RUND UM VOLCÁN

Rund um Volcán gibt's überall frische Produkte. Wer eine Kochgelegenheit hat, kauft die Zutaten an den Straßenständen oder in Guadalupe.

Restaurante La Canelita
Das tagsüber geöffnete Open-Air-Café in Guadalupe ist für Burger und Parfaits mit frischen Früchten bekannt. $

Los Quetzales Ecolodge
In der Hochsaison serviert die Küche Pizza, Pasta, frischen Fisch und vieles mehr in einem Speisesaal mit viel Holz. $$

Heladería Dulcería Alina
Die Eisdiele im Hotel Casa Grande in Bambito verkauft köstliche frische Erdbeerkreationen und Gebäck. $

Café Gourmet La Huerta
Perfekter Zwischenstopp westlich von Cerro Punta, um guten Kaffee und die Aussicht auf das Tal zu genießen. $

UNTERWEGS VOR ORT

Der Highway 41 gabelt sich im Stadtzentrum: Ein Abzweig führt links in Richtung Río Sereno an der Grenze (35 km), der andere nach rechts Richtung Cerro Punta (16 km). Von David verkehren regelmäßig Busse über Volcán, Bambito und Cerro Punta nach Guadalupe.

DAVID

David ist Panamas zweitgrößte Stadt und die Hauptstadt der Provinz Chiriquí. Riesige neue Einkaufszentren am Stadtrand zeugen von wachsendem Wohlstand. Die Panamericana führt an Davids Stadtzentrum vorbei, das einen kurzen Halt oder eine Übernachtung lohnt (es gibt einige gute mittelpreisige Unterkünfte). Es liegt auf halbem Weg zwischen Panama-Stadt und San José (Costa Rica). Bevor es ins Hochland und zu den Attraktionen von Boquete und Volcán geht, kann man in David gut einen Zwischenstopp einlegen.

Wer zum David-Besuch eine Erfrischungspause hinzufügen möchte, macht einen Abstecher zum langen dunklen Sandstrand Playa Barqueta, 25 km südwestlich der Stadt. Er ist ein beliebtes Wochenendziel, aber unter der Woche ruhig. Rund 14 km des östlichen Strandabschnitts dürfen zum Schutz von vier Schildkrötenarten nicht bebaut werden.

TOP TIPP

Der Verkehr in David staut sich häufig. Ein guter Grund für eine Pause in Davids Zentrum ist, den Abgasen der Trucks zu entkommen, die über die Panamericana und die Straße nach Boquete rollen. In den Cafés, Bäckereien und an den Marktständen ist das Essen weitaus besser als an den vielen Fast-Food-Läden entlang des Highways.

SEHENSWERTES
1 Iglesia de la Sagrada Familia
2 Museo de Historia y de Arte José de Obaldía
3 Parque Miguel de Cervantes Saavedra

ESSEN
4 Gelato Café David
5 Panadería La Castellana
6 Restaurante Vegetariano Grace

Playa Barqueta

Davids Stadtzentrum erkunden

TRADITIONELLER CHARME INMITTEN DES TRUBELS

Im zentralen **Parque Miguel de Cervantes Saavedra** in David kann man in aller Ruhe einen *jugo de caña* (Zuckerrohrsaft) genießen und sich auf einer der vielen von Palmen beschatteten Bänke niederlassen. Danach folgt ein Abstecher in die **Iglesia de la Sagrada Familia** (Herz-Jesu-Kirche) aus dem 19. Jh. Man flaniert an Marktständen entlang und genießt einen gerösteten Maiskolben oder frischen Kokosnusssaft und geht danach ins kleine **Museo de Historia y de Arte José de Obaldía** in einem zweistöckigen Kolonialbau von 1880 mit originalem Dekor und Kunst. Die Öffnungszeiten sind allerdings unregelmäßig.

Leckere Köstlichkeiten

BÄCKEREIEN, EISDIELEN UND ÜBERRASCHUNGEN

In Davids Zentrum gibt's eine riesige Auswahl an Lokalen, von einfachen bis zu recht guten (es gibt keine „gehobene" Gastronomie). Unter vielen ist die **Panadería La Castellana** die beste Bäckerei. Sie bietet ansonsten schwer zu findende Vollkornbrote, die auf jeden Fall lohnen, bevor man ins Hochland fährt. Tolles Eis gibt's im **Gelato Café David**. Zum Mittagessen geht's mit vielen anderen ins beliebte vegetarische **Restaurante Vegetariano Grace**.

DIE STRASSE NACH VERAGUAS

Es gibt drei lohnende Abstecher von der Panamericana bei David Richtung Osten über Chiriquí.
Im Golfo de Chiriquí liegt der **Parque Nacional Marino Golfo de Chiriquí.** Der Meeresnationalpark schützt auf gut 147 km² Fläche 25 Inseln und eine reiche Tierwelt. Der Park ist eine ruhigere Alternative zu dem vollen Parque Nacional Coiba in Veraguas.

Die 12 km lange, von Palmen gesäumte Playa Las Lajas ist einer der längsten Strände Panamas und scheint endlos zu sein. Außer jeder Menge Meer, Sand und Sonne gibt's hier nicht viel.

Im kleinen Parque Arqueológico Petroglifo El Nancito, 3,5 km von der Panamericana entfernt, erhält man einen Eindruck vom präkolumbischen Panama. Schautafeln erläutern die mysteriösen Felszeichnungen im Park.

UNTERWEGS VOR ORT

Wer es eilig hat, umgeht die siebenstündige Fahrt von Panama-Stadt nach David mit einem Flug (regelmäßig zwischen der Hauptstadt und Davids internationalem Flughafen Enrique Malek in weniger als einer Stunde).

David ist ansonsten der Verkehrsknotenpunkt für den Busverkehr in alle größeren Städte in der Provinz Chiriquí und darüber hinaus.

BOCAS DEL TORO

PANAMAS FESSELNDSTE INSELGRUPPE

Eine fesselnde Ansammlung von Karibikinseln mit faszinierenden Tieren, wilden Nächten, Leben am Wasser, dramatischer Brandung und Tiefseeabenteuern.

Die teils auf dem Festland, teils auf Inseln liegende Provinz Bocas del Toro umfasst über 300 Inseln und Inselchen sowie zwei Nationalparks: den Parque Internacional La Amistad und den Parque Nacional Marino Isla Bastimentos. Mit ihren üppigen Regenwäldern, blendend weißen Stränden und wilden Stränden mit spektakulärer Brandung scheinen die Inseln der Provinz einem tropischen Märchenbuch entsprungen.

Von den neun Hauptinseln befördern Wassertaxis, die *lanchas*, glückliche Reisende von einem hinreißenden Ziel zum nächsten – einige der Inselchen sind nur groß genug für kleine tropische Bäume. Dschungelwanderungen, Besuche auf Wüsteninseln, Höhlenerkundungen und Kakaotouren sorgen für Abwechslung. Um Schiffswracks und an Korallenriffen lassen sich Unterwasserwelten erforschen. In Bocas kannst du nicht nur tief ins warme Wasser eintauchen, sondern auch in panamaische Kultur und Geschichte.

Die United Fruit Company, mit ihrem Hauptsitz auf der Isla Colón, der Hauptinsel des Archipels, sorgte mit der Bananenproduktion für die Erschließung der Region; im frühen 20. Jh. zogen Menschen zum Arbeiten hierher. Heute besteht die Bevölkerung von Bocas aus indigenen Ngöbe-Buglé, Afro-Antillianer:innen, Chinesisch-Panamaer:innen und Englisch-Sprachigen aus Europa und Nordamerika. Es ist ein Magnet für Ökotourismus, Surfurlaub und Inselhopping – und ein erstklassiges Zeugnis für die Großzügigleit von Mutter Natur.

DIE WICHTIGSTEN ZIELE

BOCAS-STADT
Das Tor zu den Inseln.
S. 158

ISLA CARENERO
Eine verschlafene Insel voller Palmen.
S. 168

ISLA BASTIMENTOS
Mit dem ersten Meeresschutzgebiet Panamas.
S. 172

DIESE SEITE: AMATEUR PHOTOGRAPHER/GETTY IMAGES ©, GEGENÜBER: CURIOSO.PHOTOGRAPHY/SHUTTERSTOCK ©

Lins: Erdbeerfröschchen (S. 174), Isla Bastimentos; oben: Isla Bastimentos (S. 172)

Erste Orientierung

Das Hauptverkehrsmittel zwischen den Inseln sind Wassertaxis. Egal, wo du dich niederlässt: Von und zu den Inseln zu kommen ist einfach. Bocas-Stadt ist sehr fußgänger- und fahrradfreundlich und du brauchst kein Auto zu mieten.

Isla Carenero, S. 168

Wild und unberührt: Carenero liegt der Isla Colón am nächsten. Die bildhübsche Insel lässt sich in knapp zwei Stunden durchqueren.

Isla Bastimentos, S. 172

Wo Meeresschildkröten nisten und Erdbeerfröschchen quaken: Bastimentos ist per Boot nur zehn Minuten von der Isla Colón entfernt, wirkt aber wie eine ganz andere Welt.

WASSERTAXIS

Die beliebtesten Verkehrsmittel, *lanchas* genannte Motorboote, sind an jedem Anleger zu mieten. Am besten vorher den Preis aushandeln! Je nach Tageszeit und Ziel zahlt man 1 bis 30 US$ pro Strecke.

BUS

Weiße Inselbusse fahren am Parque Simón Bolívar ab. Die Fahrt nach Boca del Drago ist windig und holprig und dauert etwa eine Stunde (2,50 US$). Von derselben Stelle fährt stündlich ein Bus zur Playa Bluff (3,50 US$).

Bocas-Stadt, S. 158

Der Hauptort des Archipels bietet Holzhäuser, karibisches Flair, verschiedene Sprachen und etwas für alle Reisenden.

Blick vom Azul Restaurant Oceano (S. 160), Bocas-Stadt

Perfekte Tage

Auf allen Bocas-Hauptinseln locken unvergessliche Erlebnisse. Am besten lässt du dir ein paar Tage Zeit und erkundest sie alle.

Drei Tage

Starte an einem Freitag, um den **Filthy Friday** (S. 161) zu erleben. Schnorchle um die **Isla Carenero** (S. 168) und entspann dich mit einem *ceviche* und Bier bei **Bibi's on the Beach** (S. 170). Einen Nachmittag verbringst du an der **Playa Estrella** (S. 166) mit den vielen Seesternen. Am Sonntag geht's zu den sandalenförmigen **Cayos Zapatillas** (S. 178), die angeblich durch Gottes Fußstapfen entstanden.

Sieben Tage

In der Dolphin Bay warten Delfine, im **Escudo de Veraguas** (S. 179) Zwergfaultiere. Auf der **Isla Bastimentos** (S. 172) locken Wanderungen und die **Palmar Beach Lodge** (S. 174). Auf der Isla Solarte bietet die **Bambuda Lodge** (1760) eine 45 m-Rutsche. Auf der **Isla Colón** (S. 158) geht's per Quad über die **Playa Bluff** (S. 163) oder du schaust an der **Playa Paunch** (S. 161) einfach auf die Brandung.

BESTE REISEZEIT

FEBRUAR
Beim fieberhaften **Carnaval** lassen die ***diablicos sucios*** (dreckigen Teufel) die Peitschen knallen.

SEPTEMBER
Mit ihrem Streetfood und ihren Kulturevents ist die einwöchige **Feria del Mar** (Seefest) ein Top-Highlight.

OKTOBER
Schnorchler, Taucher und Segler lieben den Oktober: Dann ist die See ruhiger, mit weniger Wind und Regen.

NOVEMBER
Die Bocas-Jubiläumsfeiern sind eine echte Sause und jede Menge Feierwütige strömen zu den ***fiestas patrias***.

BOCAS-STADT

Die Isla Colón ist die größte, am besten erschlossene und bevölkerungsreichste Insel des Bocas-del-Toro-Archipels. Bocas-Stadt (oft kurz Bocas genannt) an der Südspitze der Insel ist der Hauptort der Insel, mit den meisten Unterkünften und Lokalen sowie der einzigen Bank. Heute ist Bocas eines der Tourismuszentren Panamas; seine Existenz verdankt es den Bananen. Zu Beginn des 20. Jhs. von der United Fruit Company (heute Chiquita Brands International) erbaute Gebäude dienen der kulturell buntgemischten Einwohnerschaft heute als Wohnhäuser. Vorhanden sind zahlreiche Hotels und Hostels – an den neun Boulevards von Bocas liegen über 40 davon. Es gibt schöne Restaurants am Wasser mit besten Möglichkeiten zum Leutegucken sowie Nachtleben und Geschäfte, sodass für Kurzweil gesorgt ist. Das gleichermaßen lockere wie hektische Bocas-Stadt bietet einen guten Stützpunkt inmitten all der Action.

TOP TIPP

Die Menschen treffen sich in Bocas-Stadt in den quirligen Bars und Restaurants am Wasser, wo die umherschippernden Boote für Unterhaltung sorgen. Was dem Ort jedoch fehlt, ist ein schöner, sandmückenfreier Badestrand für heiße Tage. Wer ein Bad braucht, kann den Merén Pool Club im Tropical Suites Hotel aufsuchen.

ROSIE BELL/LONELY PLANET ©

Schilder, Bocas-Stadt

SHOPPEN IN BOCAS

Super Gourmet
Hier gibt's importierten Käse, feine Wurst, Kaffee aus Panama und herzhafte frisch zubereitete Sandwiches.

Duo2 Market
Luftiger zweistöckiger Supermarkt mit allem vom Putzzeug bis zu frischen Lebensmitteln.

Bella Bocas
Dieser Laden versteckt sich in einem Mehrzweck-Geschäftsareal mit der Mono Loco Surf School, dem vegetarischen Lokal Om Love und der Schokobar Cacao Blessings.

Indi Surf House
Buddhas und bunte Textilien zieren den Laden an der Calle Primera.

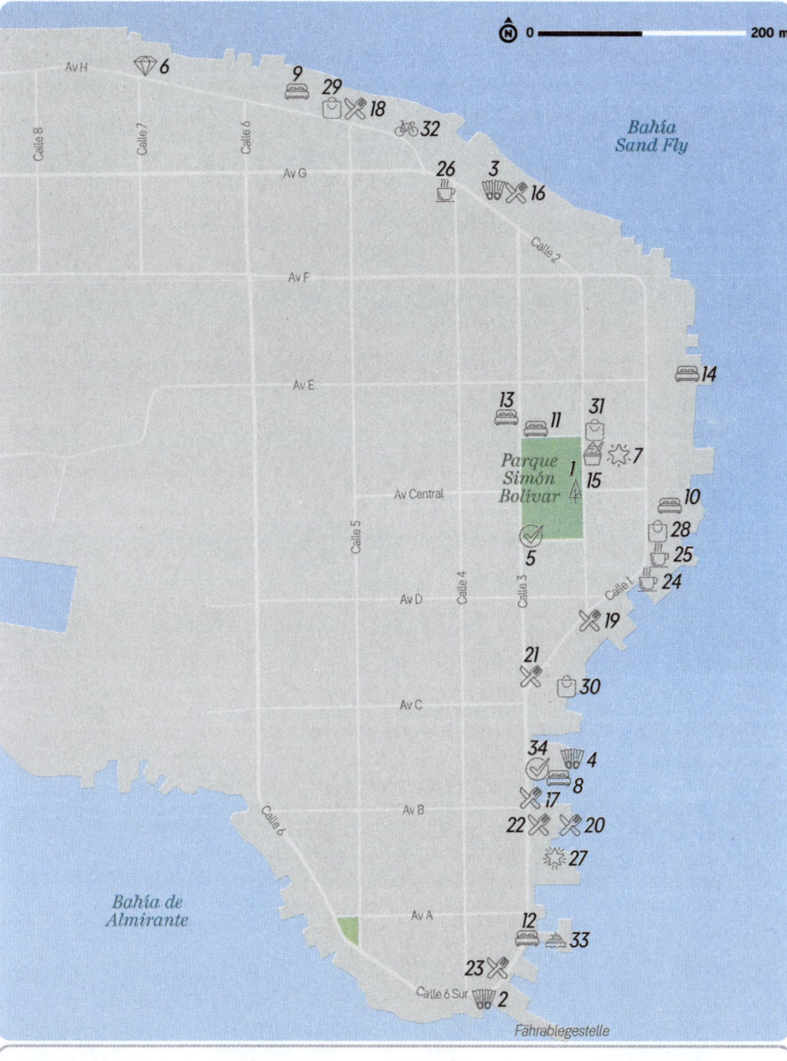

SEHENSWERTES
1 Parque Simón Bolivar

KURSE & TOUREN
2 Bocas Dive Center
3 Bocas Pirates
4 La Buga
5 LIFT Bocas
6 Lil' Spa Shop
7 Mono Loco Surf School

SCHLAFEN
8 Azul Paradise Bocas
9 Bambuda Bocas Town
10 Bocas Paradise Hotel
11 Calipso Hostel
12 Gran Hotel Bahía
13 Hotel Don Chicho
14 Selina Bocas del Toro

ESSEN
siehe 8 Azul Restaurant Oceano
15 Choco Bar Bocas
16 El Ultimo Refugio
17 Fincas y Estancias
18 JJ's at Bocas Blended
19 La Taqueria Bdt
20 OM Café
21 Rosa Blanca Pizza y Jardín
22 Space
23 Super Gourmet

AUSGEHEN & FEIERN
24 Amaranto
siehe 8 Buena Vista
25 Café del Mar
26 Panis
27 Rush

SHOPPEN
siehe 7 Bella Bocas
28 Duo2 Market
29 Essential Bocas
30 Indi Surf House
31 Shambala

VERKEHR
32 Bicicletas Ixa
33 Boteros Bocatoreños Unidos
34 Flying Pirates

Street-Art in der Calle Cuarta

Ausflug in die Calle Tercera

HIER SCHLÄGT DAS HERZ VON BOCAS-STADT

Auf der Suche nach Souvenirs? Du willst tauchen lernen? Eine Tour zu entlegenen Inseln buchen oder unter einer Decke voller Rosen eine Pizza vertilgen (**Rosa Blanca Pizza y Jardín**)? All das ist möglich in der Calle Tercera (Third Street), oft auch Main Street genannt. In dieser Schlagader zwischen Jachthafen und methodistischer Kirche häufen sich die meisten Einrichtungen. Die Getränke fließen reichlich in Lokalen am Wasser wie **La Buga** und **Buena Vista** und in den Unterkünften nächtigen Surfer:innen, Paare und Abenteuerlustige. Das in den 1910er-Jahren erbaute **Gran Hotel Bahía** mit 19 Zimmern und italienischem Restaurant ist das älteste Gebäude der Insel. Das **Azul Paradise Bocas** besitzt einen tollen Hydrokulturgarten: Hier wachsen das Gemüse und die Kräuter, die im Restaurant mit Meerblick in Cocktails und Speisen zum Einsatz kommen. Backpacker:innen und preisbewusste Reisende zieht es ins **Calipso Hostel** und **Hotel Don Chicho**. Anbieter wie **Boteros Unidos Bocatoreños** arrangieren Exkursionen zu entlegeneren Inseln; der Abend gehört dem Foodcourt **Space** für feuchtfröhliche Treffen und dem Club **Rush** fürs Abtanzen bis zum frühen Morgen. Ob morgens oder abends – halb Bocas trifft sich im **Parque Simón Bolivar**, dem Hauptpark des Orts, um auf den Bänken zu entspannen und die Welt an sich vorbeiziehen zu lassen.

DIE BESTEN TAUCHSHOPS IN BOCAS-STADT

La Buga
Der renommierte Laden in Bocas bietet Tauchtrips und Kurse, Surfunterricht bei mehrsprachigen Guides, Schnorchelausrüstung und GoPro-Verleih.

Bocas Dive Center
Im Boutiquehotel Divers Paradise, mit erstklassiger Ausrüstung und kleinen Gruppen. Ermäßigungen bei Kursen und Tauchtrips für Hotelgäste. Zieht eher ältere Taucher:innen an.

Bocas Pirates
Nicht zu verwechseln mit dem Quad-Verleih Flying Pirates – dieser Tauchshop bietet Tauchgänge tagsüber und abends sowie Open-Water-Zertifizierungen.

RESTAURANTS AM WASSER IN BOCAS-STADT

Azul Restaurant Oceano
Im Azul Paradise Bocas. Die Karte ist so eindrucksvoll wie die Glasfenster fürs Bestaunen des Korallenriffs. **$$**

La Buga Gastro Market
Karibisch, mexikanisch, italienisch, Sushi, Poke und Burger in stimmungsvoller Lage am Wasser. **$$**

El Ultimo Refugio
Reizendes Personal, exquisite Cocktails und makelloses Essen aus saisonalen Zutaten. Sonntags geschlossen. **$$**

Tauchen & Surfen

UNTERSEEWUNDER UND LEGENDÄRE WELLEN

Zwar befinden sich die besten Surf- und Tauchspots nicht in Bocas-Stadt, dafür jedoch die Schulen und Ausrüstungsverleihe. Anfänger:innen und passionierten Taucher:innen bieten renommierte Tauchshops Anfänger- und Auffrischungskurse sowie Abenteuertage und Tauchgänge mit z. B. Aalen, Mönchsfischen, Zackenbarschen und Rochen. Das Archipel verfügt über 15 tolle Spots zum Wrack-, Höhlen- und Rifftauchen, darunter das Wrack der **Pandora** vor der Isla Solarte und der **Hospital Point**, benannt nach einer Krankenstube für Arbeiter:innen der United Fruit Company. Zwei Tauchgänge gibt's ab etwa 80 US$, Gruppen erhalten eventuell Rabatt. Toll hier ist, dass einige spektakuläre Spots mit dem Boot nur zehn Minuten entfernt sind. Auch das ganzjährig warme Wasser und die Vielfalt an Korallen und Fischen sind Vorzüge.

Bocas del Toro ist auch in Surferkreisen bekannt – hier waren schon Profis wie Kelly Slater und Tom Curren zu Gast. Dennoch ist nicht allzu viel los und es ist für alle Könnensstufen etwas geboten. Eine große Auswahl von sanften sandigen Breaks, ideal für Anfänger:innen, bis zu nervenaufreibenden, anspruchsvollen Shorebreaks bietet die Isla Colón. Dort z. B. die **Playa Paunch**, der Bocas-Stadt am nächsten gelegene Spot, sowie **Dumpers** und die **Playa Bluff**, ein weiterer goldener Strand mit Wellen nur für erfahrene Surfer:innen. Wer möchte, kann vor dem Surfen bei der **Mono Loco Surf School** noch Unterricht nehmen.

9-METER-WELLEN

Das Top-Surfmekka Panamas ist Santa Catalina (S. 120). In der Provinz Veraguas sollten erfahrene Surfer:innen vielleicht La Punta ansteuern, wo die Wellen 9 m hoch sein können.

Ausgelassenes Nachtleben & Soirees

REGELMÄSSIGE PARTYS FÜR FEIERFREUDIGE

Wem der Sinn nach einer tropischen Sause steht, für den ist der **Filthy Friday** genau richtig. Die einzige Inselpartytour Zentralamerikas erstreckt sich über drei Inseln (Colón, Solarte und Carenero) und umfasst u. a. eine Feuershow und lange DJ-Sets. Das laute, mit Logo-Shirts ausstaffierte Partyvolk, das sich ab 11 Uhr im Ort versammelt, ist kaum zu übersehen. Die Tickets kosten 40 US$ und beeinhalten Merchandising-Artikel und den Transport zwischen den Inseln. Zwar ist die Meute meist jüngeren Alters, willkommen sind aber alle. Und auch Regen kann die Sause nicht stoppen.

Wer in Bocas-Stadt bleibt, kann sich selbst einen Partybummel zusammenstellen. Das ab mittags geöffnete **Toro Loco**

SCHWIMMENDE BARS IN BOCAS

Floating Bar
Mit dem Wassertaxi geht's zur Floating Bar, einer Kneipe für den Kundenwünschen angepasste Cocktails, eiskaltes Bier und faszinierende Ausblicke. Die Bar gleich vor der Bocas Yacht Marina ist täglich geöffnet; beliebt sind jedoch vor allem der Live Music Monday und der Taco Tuesday.

Boya de Vida
Das neuere Boya de Vida ist eine kurze *lancha*-Fahrt von der Floating Bar entfernt. Geöffnet ist es täglich von 12 bis 19 Uhr.

ÜBERNACHTEN IN BOCAS-STADT

Azul Paradise Bocas
Relativ neuer tropischer Traum in der Main Street. Gönn dir eine Massage auf deinem Zimmer! **$$$**

Bambuda Bocas Town
Sauberes, einladendes Hotel mit bunten Abenden, Sonnenuntergangsterrasse und Brettspielen. **$**

Bocas Paradise Hotel
Das pastellfarbene Hotel wurde kürzlich renoviert. Über Balkone mit Ausblick verfügen die Zimmer 205 und 206. **$$**

DIE BESTEN CAFÉS IN BOCAS-STADT

Panis
Das von oben bis unten weiße Panis setzt keine künstlichen Aromen und Konservierungsmittel ein und bietet Glutenfreies. Geöffnet ist es bis 15 Uhr oder bis alles verkauft ist. Bei Barzahlung gibt's einen Rabatt. $

Café del Mar
Essen, schlafen, surfen ist das Motto des beliebten kleinen Cafés gegenüber vom Hotel Bocas Town. $

Amaranto
Selbst Kaffeesnobs schwärmen von den Drinks im Amaranto. Außer mit Kaffee am Morgen lockt es mit fotogenen Buddha-Bowls, Waffeln und frischen Smoothies. $

bietet die Flasche Bier für nur 1,50 US$. Die Happy Hour beginnt in Bocas oft schon um 15 Uhr, sodass ein preiswerter Cocktail oder eine billige *cerveza* nie weit entfernt sind. Am Wasser liegen etwa das **Buena Vista**, **La Buga** und **Bambuda Bocas Town**. In Bocas tanzt man auch gern zu Livemusik. Rock, Reggae, Reggaeton und Salsa erschallen aus den unterschiedlichsten Restaurants und Bars wie auch an speziellen Abenden im Foodcourt **Space** in der Calle Tercera. Das Space ist auch eine tolle Adresse für Karaoke, Tequila und Empanadas. Gute Mucke und klassische Cocktails locken die Nachteulen scharenweise ins **Rush** und am Wochenende tanzt man sich im **Selina** alle Sorgen von der Seele. Hedonist:innen können sich in Bocas, das das beste Nachtleben außerhalb von Panama-Stadt bietet, von früh bis spät amüsieren.

Am eigenen Wohlbefinden arbeiten

ORTE ZUM AUSRUHEN UND ERHOLEN

Genauso bekannt wie den Genussmenschen ist Bocas auch einem ruhigeren Publikum, das sich mehr mit Spiritualität als mit Spirituosen befasst. Das von einer reizenden Südafrikanerin geführte **Shambala** bietet diesem Publikum Kristalle, Kerzen, Yogamatten und Salbei zum Kauf. Das **Essential Bocas** bei den **Bocas Docks** ist ein beliebter Wellnessladen mit hausgemachten Tinkturen, losen Tees, Kräutern und Gewürzen. Für größere Einkäufe bringen die Einheimischen ihre eigenen Behältnisse mit. Ganz in der Nähe lockt das **JJ's at Bocas Blended** (nach dem bemalten Bus Ausschau halten!) mit gesunden, leckeren Smoothies wie einem speziellen Hangover Elixir. Wer die Nacht zum Tage gemacht hat, dem hilft vielleicht eine Behandlung im **Lil' Spa Shop** wieder auf die Beine. Hier gibt's Massagen und Peelings – Eigentümerin Donna ist eine warmherzige New Yorkerin, die sich schon ihr ganzes Leben mit Beauty befasst. Yoga bietet das **Selina** mit regelmäßigen Morgen-Sessions im Wellnessraum. Wer ins Schwitzen kommen will, kann **LIFT Bocas** gegenüber vom Hauptpark ansteuern. Gewichte und Gruppenunterricht (Mo–Do) lassen sich tage- (10 US$), wochen- (25 US$) und monatsweise (50 US$) buchen. Auch Einzeltraining wird angeboten.

Mit dem Quad unterwegs

WINDIGE TOUREN ZU VERSTECKTEN AUSSICHTEN

Mit **Flying Pirates**, einem renommierten Verleih für zwei- oder vierrädrige Erkundungen der Isla Colón, kannst du über die Insel düsen. Zur Flotte gehören 27 Quads, zu leihen an drei Filialen in Bocas-Stadt. Eine befindet sich gegenüber

FAHRRÄDER MIETEN IN BOCAS-STADT

Bocas Ebikes
Genieße die Freiheit des Radeln auf der Isla Colón mit einem Rad von Bocas Ebikes.

Bicicletas Ixa
Räder für Erwachsene und Kinder gibt's hier pro Stunde (3 US$), Tag und Woche zu leihen.

Flying Pirates
Für Touren über die Insel gibt's hier E-Bikes, Motorräder, Motorroller und Quads.

MILOSZ MASLANKA/SHUTTERSTOCK ©

Selina

der **Banco Nacional** an der Avenida E, eine weitere an der Main Street gegenüber vom **La Buga**. Die dritte ist gegenüber vom **Barco Hundido** in der Calle Primera (First Street) stationiert. Der Hauptsitz befindet sich außerhalb von Bocas-Stadt im Hotel **Skully's** in Big Creek. Für das Quadabenteuer benötigt man einen gültigen Führerschein und eine Kopie des Reisepasses.

Ein Quad ist spannend, praktisch und man entdeckt damit Dinge, die Reisende mit wenig Zeit nicht zu sehen bekommen. Flying Pirates besitzt große Stücke Land exklusiv für die eigene Kundschaft. Richtung **Playa Bluff** kannst du dich auf Quadtrails austoben, in ständig wechselnder Landschaft und mit Pausen an wundervollen azurblauen Badestellen wie der **Blue Lagoon** und **La Piscina**. Das Personal weist dich vor deinem Abenteuer geduldig ein und klärt dich auf den Strecken über richtiges Verhalten auf. So muss stets ein Helm getragen werden; man darf niemals Schildkrötennester gefährden und keinesfalls einfach mal so über den Strand fahren. Als Leihdauer werden ein halber, ein ganzer und auch mehrere Tage angeboten. Reisende, die sich länger in Bocas-Stadt aufhalten, erhalten auch Wochen- und Monatsangebote.

LÄDEN FÜR LECKERMÄULER

Carolina Lescure ist eine panamaische Schokoladenherstellerin und Gründerin von Cacao Blessings und Choco Bar Bocas. *@CacaoBlessings*

Choco Bar Bocas
Hier gibt's Schokodrinks, Bonbons und Pralinen von Cacao Blessings, einer Gruppe von Frauen, die Regenwaldkakao verarbeiten.

Super Gourmet
Dieser Laden lockt mit Stileis von Bocas Lick It und unglaublichem Bonsai-Kuchen von Mama Panda, beides kleine, von Frauen geführte panamaische Firmen.

INTERNATIONALE KÜCHE IN BOCAS-STADT

La Taqueria Bdt
Hier werden die Bocatoreños dank bunten Farben und lauten Beats erfolgreich nach Mexiko versetzt. Nur Barzahlung. **$**

Fincas y Estancias
Wer keine Meeresfrüchte mehr sehen kann, kann in diesem argentinischen Grillrestaurant saftige Steaks genießen. **$$**

OM Café
In Bocas gibt's kein besseres Lokal für indische Gerichte oder ein Pad Thai als dieses. Mit Tischen am Wasser. **$$**

DIE BESTEN TOUREN AB BOCAS

Keara Mahoney schuf Bocas Buzz, um den Archipel nach der Pandemie für Reisende zugänglicher zu machen. Hier ihre Empfehlungen für Touren:

Bird Island
Das Bocas-Wahrzeichen bringt dich zurück in die Jurazeit. Die kleine Felsinsel ist nur von Vögeln bewohnt, u. a. der seltenen Steindohle. Einen Strand gibt's nicht, doch bei guten Bedingungen kann man schnorcheln.

Bioluminescence Tour
Diese Nachttour vergisst du nicht mehr: Sie führt dich zu drei Orten mit leuchtendem Plankton, darunter auch ein toller Schnorchelspot.

Rainforest Chemistry
Du erfährst etwas über die Ngöbe und deren Nutzung von Pflanzen als Heil-, Färbe- und Lebensmittel; inklusive Mittagessen und Regenwaldwanderung.

ALFREDO MAIQUEZ/SHUTTERSTOCK ©

Bird Island

Segelabenteuer

SCHÖNE KATAMARANTÖRNS

Such dir ein paar Leute zusammen und segle mit einem Katamaran von **Jager Knights** in den Sonnenuntergang! Dienstags und freitags kannst du auf einer zweistündigen Abendtour (25 US$ plus Steuern) ab 17 Uhr von einem 13 m-Katamaran aus die Sonne gemächlich im Meer untergehen sehen. Pro Person sind zwei Getränke inbegriffen. Außerdem hat der Anbieter eine Gruppentour zur Dolphin Bay oder zum Starfish Beach im Programm, die auch Schnorcheln an der fischreichen Coral Cay umfasst. Für diese sechsstündige Tour (59 US$ plus Steuern) sind mindestens vier Erwachsene erforderlich; Abfahrt ist um 10 Uhr. Auch mit **Panama Sailing & Adventours** kannst du einen herrlichen Tag auf dem Meer verleben: Geboten werden Touren mit Übernachtung und mehrtägige Chartertouren auf der *Naylamp*, einem Trimaran mit drei Kabinen. Für 35 US$ pro Stunde wird auch Segelunterricht für Erwachsene und Kinder angeboten. Eine Tour mit dem Luxuskatamaran *Aventura* von **SurfnSail** bietet allen Schnickschnack. Für einen Pauschalpreis können bis zu zehn Gäste verschiedene Paradiesziele erleben, inklusive SUP-Boards, Angel- und Schnorchelausrüstung und Dingis. Die Kabinen bieten WLAN und Klimaanlage, plus Sektbrunches und Mezze-Platten. Beim Essen wird auf Ernährungsbeschränkungen Rücksicht genommen. Bei Übernachtungstouren finden auf der *Aventura* sechs Erwachsene und zwei Kinder Platz. Eine Katamarantour ist eine wunderbare Art, Bocas zu erleben, mit herrlichem Rundumblick aufs Meer.

UNTERWEGS VOR ORT

Bocas-Stadt ist kompakt und sehr fußgängerfreundlich. Die Straßen sind asphaltiert und lassen sich prima zu Fuß oder per Rad erkunden. Auf den Hauptstraßen auf Autos achten – es gibt keine Bürgersteige!

Rund um Bocas-Stadt

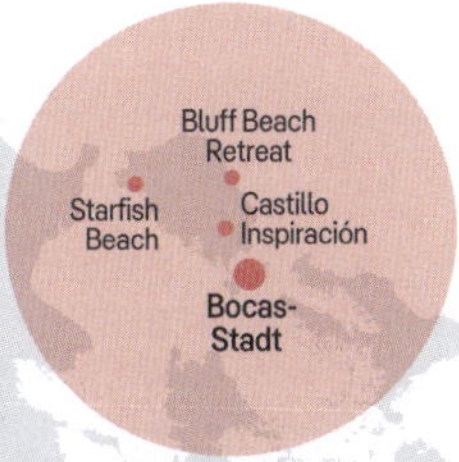

Bluff Beach Retreat
Starfish Beach
Castillo Inspiración
Bocas-Stadt

Ein bisschen abseits lassen sich die schönsten Surfstrände, spannenden Abenteuer und versteckten Badestellen entdecken.

Wer sich nur auf Bocas-Stadt beschränkt, verpasst die besten Strände und Badebuchten der Insel. Abseits der ausgetretenen Pfade findest du ein per Auto unerreichbares Hinterland, wo Schildkröten ihre Nester haben. An der Nordwestküste chillen Gäste beim Restaurant Yarisnori in Boca del Drago gern in Hängematten und in Strand-*cabañas*, bevor es weitergeht zur Playa Estrella, die mit Strandbars und einer Bucht voller Seesterne lockt. Außerhalb Bocas-Stadt kannst du in einem Pseudo-Gefängnis sogar hinter Gittern nächtigen. An der Nordostküste locken Surfertreffs wie die Playa Paunch und Playa Bluff, unberührte Strände nur rund 20 Minuten von Bocas-Stadt entfernt. Fährst du mit dem Rad hierher, kannst du unterwegs dem Gesang der Tropenvögel lauschen.

TOP TIPP

An der Playa Paunch und Playa Buff gibt's furchterregende Wellen – Baden ist hier nicht zu empfehlen. Nur erfahrene Surfer:innen sollten sich hier aufs Wasser begeben.

Boca del Drago

DIE BESTEN RESTAURANTS RUND UM BOCAS-STADT

Skully's
Im Skully's in Big Creek können die Gäste alles von *ceviche* bis zu Spareribs schlemmen. Mit einem Piratenpunch von der Tikibar kannst du es dir am Tisch im Pool gemütlich machen. Neulinge erhalten einen Willkommens-Shot. $$

Paki Point
Im Paki Point mit Strandliegen direkt auf dem Sand entspannst du dich beim Mittagsessen und Surfer-TV-Gucken. $

La Coralina
Beim Speisen im La Coralina, einem gehobenen balinesisch angehauchten Hotel direkt am Paunch Beach, darfst du dich auf geschmackliche und optische Erlebnisse einlassen. $$$

ROSIE BELL/LONELY PLANET ©

Playa Estrella

Schnorcheln am Starfish Beach

DIESE REISE LOHNT SICH IMMER

Am Wochenende wird die **Playa Estrella** (Starfish Beach) von Familien und Strandfans aus nah und fern nahezu überrannt. Sie alle wollen die karottenroten Seesterne am Meeresboden sehen. Der Strand ist quasi ein Muss im Archipel; wunderbar kann man hier einen Nachmittag im seichten Wasser schnorcheln und die farbenfrohen Stachelhäuter in Augenschein nehmen. Der wellenfreie Strand zählt für Familien mit Nachwuchs im Schlepptau zu den besten Badestränden auf Colón. Für Durstige oder Hungrige gibt's jede Menge Möglichkeiten. Einzelreisende finden rasch Anschluss in einer der vielen Fischbuden am Strand. Nur ein paar Schritte entfernt hängen Faultiere in den Bäumen. Im **Restaurante el Buen Sabor**, **Doña Mena** oder **Restaurante Doña Agnes** kannst du *pargo rojo* (Roter Schnapper) oder Hummer (saiso-

ÜBERNACHTEN RUND UM BOCAS-STADT

Skully's House
Unterkunft nur für Erwachsene am Strand in Big Creek mit Dorms, Zimmern und Notfallgenerator. $

Nowhere | Remote Work Escape
Digitalnomaden mögen die Dschungel-Ökokuppeln mit Affen als Nachbarn. $$

Hummingbird
Das solarbetriebene Hummingbird bietet in idyllisch tropischer Lage sechs Suiten am Bluff Beach. $$$

nal) speisen. Händler:innen bieten Kunstgewerbe an. Nicht zu übersehen sind die mahnenden Schilder, die Seesterne nicht zu berühren. In den letzten Jahren ist die Population wegen rücksichtsloser Touristen und zunehmendem Bootsverkehr geschwunden. Also – keine Seesterne berühren, nicht auf sie treten und sie nicht aus dem Wasser nehmen!

Die Playa Estrella rund 17 km nördlich von Bocas-Stadt ist direkt mit dem Boot (hin und zurück max. 40 US$) oder stündlich mit dem Bus vom Parque Simón Bolivar nach Boca del Drago (2,50 US$ einfach) zu erreichen. Von dort sind es 15 Minuten zu Fuß durch den Dschungel zum Starfish Beach oder eine kurze Fahrt mit dem Wassertaxi (5 US$).

Reue zeigen am Castillo Inspiración

REKORDVERDÄCHTIGES STATEMENT

Robert Bezeau hatte schon immer in einer Burg leben wollen – also schuf er sich seine eigene, und zwar aus rund 40 000 leeren Plastikflaschen! Als er 2009 auf die Inseln kam, gehörte der Kanadier sofort dazu, im Gegensatz zu den unzähligen Plastikflaschen, die er dank des boomenden Tourismus entdecken musste. Roberts vierstöckiger Komplex, das **Castillo Inspiración**, ist weltweit der erste seiner Art und gelangte als größte je aus Plastikflaschen geschaffene Burg ins Guinness-Buch der Rekorde. Schon vor Beginn des Projekts hatte Bezeau in Bocas rund 1,5 Mio. Plastikflaschen gesammelt. Heute lädt er Reisende über Nacht in sein gefängnisartiges Hostel ein, zu einer Art heiteren Reue für die an unserer Erde begangenen Verbrechen. Das Pseudo-Gefängnis verfügt über kleine Dorms und Doppelzimmer sowie einen Pool mit Wasserrutsche. Das Castillo Inspiración ist ein wahrlich fesselnder Anblick und regt Vorbeireisende auf dem Weg nach Boca del Drago zum Nachdenken an.

Den Bluff Beach im Sattel erleben

AM RAND VON COLÓN ENTLANGGALOPPIEREN

Das **Bluff Beach Retreat** ist ein friedvolles Refugium mit Unterkünften am Wasser, einem 20 m-Pool und Reiterhof in der Nähe. Hier können Reiter:innen auf gepflegten Pferden über den Bluff Beach und durch seine üppige Dschungellandschaft reiten. Reiter:innen aller Könnensklassen ab zwölf Jahren dürfen an der dreistündigen Tour (55 US$) teilnehmen, die zweimal am Tag beginnt. Unterwegs ist auch ein Stopp bei La Piscina eingeplant, einem legendären, wunderbar abgeschiedenen türkisfarbenen Becken, in dem man schnorcheln kann. Einen Tag vorher buchen und Schwimmsachen mitnehmen!

STILLE FINDEN RUND UM BOCAS-STADT

Bocas del Toro ist nicht für opulente Luxushotels bekannt, doch eine Ausnahme bildet das wundervolle **La Coralina Island House** in Paunch. Im herrlichen Spa mit der breitesten Palette von Anwendungen auf der ganzen Insel stehen u. a. östliche Heilmethoden auf dem Programm. Das Spa ist von 7 bis 20 Uhr geöffnet.

Auf demselben Privatgelände wie das La Carolina bietet Esther Agüero von **Myshape Bocas** Pilates an, ebenfalls rar in Bocas. Am Unterricht mit maximal vier Personen teilzunehmen kostet 20 US$, Privatunterricht schlägt mit 65 US$ zu Buche.

UNTERWEGS VOR ORT

Die Insel Colón erkundet man am besten per Fahrrad, Quad oder Taxi. Mancherorts machen holprige Straßen einen Jeep, ein kleinlasterähnliches Taxi oder ein Mountainbike erforderlich. An den kommerziellen Anlegern in Bocas-Stadt kann man außerdem Wassertaxis anheuern, um zu anderen Teilen der Insel zu gelangen.

ISLA CARENERO

Die Isla Carenero (Careening Cay) einen Katzensprung südöstlich von Colón ist ein kleines Juwel mit üppiger Vegetation und ein geruhsames Gegenstück zum Trubel von Bocas-Stadt. Carenero verdankt seinen Namen dem spanischen Wort für das Trockendock, in dem ein Schiff zwecks Reparatur zur Seite geneigt liegt. Im Herbst 1502 fand die Flotte von Christoph Kolumbus Zuflucht auf dieser einsamen Insel und wurde dort instand gesetzt, während sich der Admiral von einem verdorbenen Magen erholte. Heutzutage finden sich hier idyllische Fleckchen für ein geruhsames Mittagsmahl am Strand und für stille Hotelaufenthalte mit Küstenambiente – sämtliche Einrichtungen liegen am Wasser. Mit ihren nur 500 Bewohner:innen und leeren, staufreien Straßen verströmt die Isla Carenero mit jedem Atemzug Stille. Je nach Abfahrts- und Zielpunkt ist Carenero mit dem Wassertaxi nur eine oder zwei Minuten von Colón entfernt.

TOP TIPP

Gegen die nervigen Sandmücken *(chitras)* auf Carenero muss man sich auf jeden Fall mit Insektenspray schützen. Sie sind mehr oder weniger unsichtbar, verursachen aber üble Stiche. Sie sind aktiver zu Sonnenauf- und -untergang und steuern gern die untere Beinregion an. Gegen den Juckreiz Salbe mitnehmen!

Isla Carenero

WAUM ICH BOCAS DEL TORO LIEBE

Rosie Bell, Autorin.

2015 kaufte mir ein Fremder in Panama-Stadt ein Flugticket nach Bocas, fest davon überzeugt, dass ich es lieben würde. Er hatte recht – ich verliebte mich sofort in diese Trauminseln. Durch zwei christliche Missionare, die nicht nur die Bibel, sondern auch süße Getränke liebten, lernte ich das Bibi's kennen und bis heute habe ich keine schaumigere Piña Colada in hübscherem Ambiente genossen. Seitdem bin ich bei jeder Gelegenheit ins Wassertaxi gestiegen, um übers blaue Meer zu immer anderen Inseln zu schippern.

0 200 m

Bahía Sand Fly

1
10
3
7
11
13
12
4
14
5
9
8
6
2

KURSE & TOUREN
1 Carenero Trail
2 Escuela del Mar Surf School
3 Sachen

SCHLAFEN
4 Aqua Lounge
5 Casa Acuario
6 Casa del Fuego
7 Cosmic Crab
8 Doña Mara
9 Faro del Colibri
10 Pirate Arts Resort
11 Vista Azul Lodge and Beach

ESSEN
12 Bibi's on the Beach
13 Coquitos
14 Leaf Eaters
siehe 8 Receta Michilá

Aqua Lounge

DIE BESTEN RESTAURANTS AUF CARENERO

Coquitos
Freiluftlokal am Strand wenige Schritte vom Bibi's on the Beach mit ausgezeichneter Stimmung, leckeren italienischen Speisen und fachkundig gemixten Cocktails. $$

Receta Michilá
Karamellisierter Oktopus, Ziegen-Ravioli und kunstvoll dargebotene *patacones* (gebratene Kochbananen) sind nur einige der experimentellen Gerichte von Küchenchef Joseph Archbold im Receta Michilá im Hotel Doña Mara. Tipp: das Sonntags-BBQ. $$

Leaf Eaters
Dank Shiitake-Burgern und Hippie-Bowls zum Meerblick ist für Vegetarier:innen und Veganer:innen im Leaf Eaters gut gesorgt. Donnerstags und freitags geschlossen. $

Meeresfrüchte & Rochen

KÖSTLICHE GEBRÄUE UND SCHÖNE BLICKE

Bibi's on the Beach ist eine Institution auf Carenero. Das Restaurant über dem Wasser serviert frisches Seafood und Bocas' beste Piña Colada. Der Cocktailpreis von 3 US$ zur Happy Hour (tgl. 16–19 Uhr) ist ein echtes Schnäppchen; zu den besten Speisen zählen das *ceviche*, der karibische Oktopus mit Fritten und die Fischsuppe. Im Bibi's gehen geruhsame Nachmittage am Wasser in ebenso geruhsame Abende über – dann lassen sich auch Mantarochen blicken. Die Toilette ist oft kaputt und der Service kann, wenn's voll ist (z. B. sonntags dank Livemusik), langsam sein, doch Einheimische wie auch Tourist:innen kommen immer wieder. Wer bis zum Ende bleibt (21 Uhr, sonntags 21.30 Uhr), bittet das Personal, ein Wassertaxi zu rufen – die sind abends unter Umständen schwer aufzutreiben.

Strandfreuden

ENTSCHLEUNIGEN

Da die besten Strände von Colón eine lange Fahrt per Wassertaxi oder Bus von Bocas-Stadt entfernt sind, ist Carenero für Strandfreaks eine gute Alternative: In weniger als zwei Minuten ist man am Pulverstrand. Von allen Anlegern in Bocas-Stadt fahren Boote zu **Bibi's on the Beach**. Vom Anleger sieht man gleich rechts (vor Bibi's) einen stillen Strand mit seichtem Wasser, das die Einheimischen „Kinder-" oder „Babybecken" nennen. Oder man schippert zu Peter Kents Anleger (**Vista Azul Lodge and Beach**): Hier gibt's einen breiteren weichen Strand.

Der beste Sonnenuntergang

HIER IST KEIN FILTER ERFORDERLICH

Das feurige Lebewohl der Sonne bestaunst du am besten von der über dem Wasser thronenden **Aqua Lounge**, Hostel, Bar, Restaurant und Veranstaltungsort im Südwesten der Isla Carenero. Bekannt ist sie für ihre Mottopartys wie die Reggae Night Bocas (Do) und den Domingo Paraíso (So) mit hippen DJs. Als Hostel bietet die Aqua Lounge nicht gerade ruhige Nächte, doch für den Sonnenuntergang ist sie in Bocas eines der schönsten Fleckchen. Schau dir das Spektakel von einer Sonnenliege oder einem bunten Acapulco Chair auf der großen Sonnenterrasse aus an, von wo der Blick direkt nach Bocas-Stadt geht (Bootsfahrt 1 Min., 1 US$). Happy Hour ist täglich von 17 bis 19 Uhr, sodass du das Event des Tages bei einem tropischen Drink genießen kannst. Viele Gäste springen auch gern vom zweistöckigen Sprungturm der Aqua Lounge oder balancieren auf der Slackline über den Meerespool.

ÜBERNACHTEN AUF CARENERO

Faro del Colibri
Nächtigen in einem leuchtturmförmigen Doppelhaus oder einem von fünf gelben Wasserbungalows. **$**

Doña Mara
Mit Yoga-Terrasse, Gourmet-Restaurant und eigenem Bad in allen sechs klimatisierten Zimmern. **$$**

Casa del Fuego
Strandvilla mit drei Schlafzimmern, perfekt für Familien oder größere Gruppen. SUP-Bretter stehen zur Verfügung. **$**

Eine Wanderung

EINE SCHÖNE SCHLEIFE

Die kleine Isla Carenero lässt sich inklusive Stopps problemlos in weniger als zwei Stunden umrunden. Auf der Wanderung über den **Carenero Island Trail**, der einmal um die Insel führt, kommt man zu felsigen Aussichtspunkten, dichtem Dschungel und wilder Küste und trifft auf zahlreiche Winterkrabben. Dieser Strandpfad kommt auf Carenero einer Straße am nächsten. Alle Wertsachen zu Hause lassen, für die geschützten Badestellen unterwegs Schwimmzeug mitnehmen und passendes Schuhwerk tragen, da der Pfad teils schlammig und steinig ist. Carenero ist schlecht beleuchtet, sodass man nur tagesüber wandern sollte.

Raus auf die Wellen

TOLLE WELLEN FÜR ALLE

Surfer:innen aller Fertigkeitsstufen sind auf den Wellen von Carenero willkommen. Es gibt drei Hauptsurfspots. Am **Black Rock** verfeinern Anfänger:innen ihre Künste – während der Hauptsaison für Surfer:innen (Dez.–März und Juni–Aug.) wird es an diesem Reefbreak voll. **Old Mans** ist ein links brechender Pointbreak für Anfänger:innen und Fortgeschirttene, während der Break am **Carenero Point** nur etwas für erfahrene Surfer:innen ist. Einzel- und Gruppenunterricht bietet die **Escuela del Mar Surf School** auf ihrer Meeresplattform, außerdem verleiht die Schule Bretter für ab 10 US$ am Tag, je nach Brett.

Das Wasser als Spielwiese

ÜBER KRISTALLKLARES WASSER PADDELN

Die einladenden Gewässer von Bocas del Toro lassen sich problemlos per Kajak erleben. Ideal ist auch Stehpaddeln, besonders an der ruhigen Westseite der Insel, wo die Brandung zahmer ist. Eine komplette Umrundung der Insel ist nur möglich, wenn das Meer spiegelglatt ist. Die Vormittage sind generell besser für SUP- und Kajakexkursionen, da weniger Wind weht. Im schönen Paddelrhythmus genießt du die atemberaubende Landschaft mit Blick auf die eine oder andere schiefe Palme. Ambitionierte Paddler:innen können zu anderen Inseln paddeln, aber immer auf vorbeiflitzende Boote achten! Unterkünfte auf Carenero, die Gästen gratis nutzbare Kajaks und SUP-Bretter anbieten, sind z. B. die **Casa Acuario** und das **Pirate Arts Resort**. Leihen kann man Ausrüstung bei **Bibi's on the Beach**.

TOLLE TAUCHSPOTS IN BOCAS

Lucy Fisher, Divemaster auf der Isla Carenero, empfiehlt uns ihre Lieblings-Tauchspots im Archipel.

Pandora
Beliebter Tauchspot mit z. B. Seepferdchen und Umberfischen inmitten bunter Schwämme und Korallen. In 18 m Tiefe liegt das Segelschiff *Godewind*, das komplett mit Segel hier absichtlich versenkt wurde.

Sachen
In großen Korallenformationen finden sich z. B. Nacktschnecken, Flamingozungen und Putzergarnelen. Mit Glück bekommt man auch den einen oder anderen Ammenhai zu Gesicht.

Hospital Point
In der schönen Riffwand voller Korallen und Fächer verstecken sich gern Muränen und Langusten.

UNTERWEGS VOR ORT

Die Isla Carenero ist nichts für Radler:innen. Dank provisorischen Pfaden, Felsen und Pfützen ist der Carenero Island Trail teils schwierig, besonders nach Regen. Beim Wandern daran denken, dass im Süden der Insel, wo die meisten Einheimischen leben, Hunde frei herumlaufen.

Dank Careneros geringer Größe kommt man recht schnell zu Fuß von einer Attraktion zur nächsten. Man kann auch mit dem Wassertaxi um die Insel fahren – einfach am Ende eines Anlegers ein Boot heranwinken! Nach Einbruch der Dunkelheit ist das jedoch schwieriger.

ISLA BASTIMENTOS

Zehn Bootsminuten von Bocas-Stadt entfernt liegt die üppiggrüne und insgesamt ruhigere Isla Bastimentos. Die bei Natur- und Tierfreund:innen beliebte große Insel beherbergt wilde Strände, unberührten Dschungel, opulente Mangroven und Panamas ersten Meeresnationalpark. Auch Surfer:innen zieht's hierher, zu großen Breaks wie dem Silverbacks und Wizard Beach. Ökoreisende lassen sich in Lodges mit ausgeprägtem Fokus auf Nachhaltigkeit nieder. Viele Hotels der Insel verfügen über Regenwasser-Aufbereitungssysteme und Photovoltaikanlagen. Es gibt kaum Geschäfte und im Hauptort Old Bank fühlt man sich manchmal wie in der Karibik, wenn man den Leuten zuhört. Auf der Isla Bastimentos kannst du den Massen entgehen, die Schuhe abstreifen und dich im goldenen Sand ausstrecken. Und halte Ausschau nach der berühmtesten Amphibie der Insel, dem Erdbeerfröschchen!

TOP TIPP

Am 23. November findet im Gedenken an die Gründung des Bezirks Bastimentos der Día de Bastimentos (Bastimentos-Tag) statt, mit einem lauten Umzug mit Blaskapellen und allerlei Trubel. Die Feierlichkeiten finden in Old Bank statt, das auch Bastimentos Town genannt wird.

Isla Bastimentos

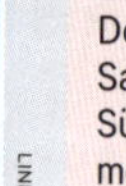

SALT CREEK

Das Ngöbe-Buglé-Dorf Quebrada Sal (Salt Creek) im Südosten von Bastimentos ist eine kleine Siedlung mit rund 900 Einwohner:innen, die per Kanu den Mangrovenwald durchfahren und sich vom Fischfang ernähren. Sie heißen Besucher:innen mit und ohne Guide willkommen (wer Spanisch spricht, hat mehr vom Besuch). Alle Besucher:innen zahlen eine kleine Eintrittsgebühr; auf organisierten Touren gibt's dazu vielleicht Dschungelwanderungen wie z. B. auf der Pelican Route, dem Caiman Trail oder der Playa Larga Route.

SEHENSWERTES
1 Playa Larga
2 Polo Beach
3 Red Frog Beach
4 Red Frog Beach Island Resort
5 Up in the Hill
6 Wizard Beach

KURSE & TOUREN
7 Hospital Point
8 Pandora
9 Parque Nacional Marino Isla Bastimentos

SCHLAFEN
10 Azul Paradise Resort
11 Eclypse de Mar Acqua Lodge
13 LaLoma
siehe 16 Palma Beach Lodge
14 Selina Red Frog

ESSEN
12 Firefly Restaurant
15 Mami's
16 Nachyo Momma's Taco Bar

0 — 4 km

Bosque Norte de Bastimentos
5
12
15
6
Playa Wizard
Old Bank
Isla Carenero
11
16
3
2
4
14
Red Frog Beach
Karibisches Meer
Parque Nacional Marino Isla Bastimentos
7
8
1
9
Bahía del Almirante
Bastimentos Island Long Beach
13
Isla Solarte
Parque Nacional Marino Isla Bastimentos
BOCAS DEL TORO
Quebrada Sal (Salt Creek)
10
Isla Bastimentos
Bahía del Almirante
Laguna de Chiriquí

Isla Bastimentos

YOGA & WELLNESS AUF BASTIMENTOS

Palmar Beach Lodge
Bei einer Yoga-Session in der Palmar Beach Lodge tauchst du ein in die Sinfonie des Meeres. Es findet täglich Unterricht statt und auch Nicht-Gäste sind willkommen (Nicht-Gäste 10 US$, Palmar-Gäste 6 US$). Auch Einzelunterricht ist möglich und das Palmar bietet außerdem Yoga-Retreats an.

Selina Red Frog
Läute den Tag mit einer Meditationsstunde im Selina Red Frog ein (für Gäste gratis). Zum Wellnessangebot zählen auch Aerial Yoga, Atemübungen und die Ausbildung zum Yogalehrer.

Neue Kulturerlebnisse in Old Bank

EIN AUTHENTISCHES MINIDORF

In Old Bank heischen keine Sehenwürdigkeiten nach Aufmerksamkeit. Stattdessen kannst du hier in die einzigartige Sprache der Insel eintauchen. Viele der rund tausend Bewohner:innen von Old Bank (auch Basti genannt) sind afrokaribischer Abstammung, die Guari-Guari sprechen, eine Mischung aus jamaikanischem Patois, Spanisch und Guayami, der Sprache der indigenen Ngöbe-Buglé der Insel. In den Restaurants kannst du etwa Räucherhühnchen probieren und dich ob der Sprachklänge fast wie in Jamaika fühlen. Oder du nimmst an einem Basketballspiel teil, um dich unter die Einheimischen zu mischen. Abends sollte man in Old Bank übrigens nicht herumhängen, besonders allein. Diebstähle passieren immer mal wieder und Frauen werden vielleicht mit blöden Sprüchen und Hinterhergepfeife belästigt.

Das erste Meeresschutzgebiet Panamas

EIN PIONIER DES ÖKOTOURISMUS

Der 1988 gegründete **Parque Nacional Marino Isla Bastimentos** ist Panamas ältestes Meeresschutzgebiet. Er umfasst 330 000 ha See und Land und schützt das größte Stück karibischen Mangrovenwald des Landes sowie unzählige Korallenarten und wirbellose Meerestiere. Zum Landareal des Parks zählt auch die **Playa Larga**, eine wichtige Niststätte für Meeresschildkröten. Auch die wunderbaren Cayos Zapatillas (S. 178) nicht weit von der Isla Bastimentos gehören zum Park. Diese Schutzgebiete sind Refugien für Weißgesicht-Kapuzineraffen, Alligatoren, Meeresschildkröten und verschiedene bedrohte Arten. Man kann durch Dschungel wandern, in glasklarem Wasser baden und eins der schönsten Fleckchen von Bocas bestaunen.

Sonnenbad im Sand

DIE QUAL DER WAHL AUS MALERISCHEN STRÄNDEN

Von allen Stränden auf Bastimentos ist der **Red Frog Beach** der bekannteste. Dieser atemberaubende Strand verdankt seinen Namen dem knallroten Waldbewohner *rana roja* (Erdbeerfröschchen). Er ist nicht mehr so weit verbreitet wie früher, doch mit etwas Suchen findet man den fingernagelgroßen Frosch auf Blättern hocken. Am Strand kann man *cabañas* mieten, Strandvolleyball spielen oder einfach nichts tun – schon der Weg hierher ist ein Genuss. Auf dem zehnminüti-

ÜBERNACHTEN AUF DER ISLA BASTIMENTOS

Azul Paradise Resort
Wunderbare Wasserbungalows an einem geschützten Strand sowie Restaurant und Sachen für Aktivitäten. **$$$**

La Loma
Eindrucksvolle Kombi aus Lodge und Schokofarm mit von Hand gebauten Bungalows und Dschungelküche. **$$**

Eclypse de Mar Acqua Lodge
Entlegenes Resort mit Solarstrom – den gibt's in den Bungalows erst ab 18 Uhr. **$$**

FILIPPO MANARESI/GETTY IMAGES ©

Erdbeerfröschchen

gen gepflegten Weg vom Bootsanleger (Zutritt 5 US$) sieht man vielleicht einen Affen oder Alligator.

Strandfreaks zieht es auch an den **Wizard Beach** (Playa Primera): Er bietet teils Abenteuer, teils Tortur, sollte man ihn von Old Bank zu Fuß ansteuern. Der halbstündige Spaziergang ist eher ein Marsch (mit festem Schuhwerk) über einen Wildnispfad, der nach schwerem Regen anstrengend ist. Doch sieht man am Ende meilenweit nur samtigen goldenen Sand, da der Wizard Beach überhaupt nicht erschlossen ist. Der nach einem rüstigen einheimischen Siebzigjährigen benannte **Polo Beach** ist ebenfalls zum Sonnenbaden beliebt.

Treffen mit Fledermäusen

EIN HÖHLENBESUCH ALS FEST FÜR DIE SINNE

Unheimlich, spannend und vergnüglich: Die **Nivida-Fledermaushöhle** in der Bahía Honda lohnt auf jeden Fall die Erkundung. Auf der halbtägigen Expedition mit einem Guide trägst du Gummistiefel oder Wasserschuhe, Schutzhelm und Stirnlampe und kommst dir in der Höhle mit unterirdischem See wie Indiana Jones vor. Nass wirst du auf jeden Fall, also lass deine schicken Fummel zu Hause (Schwimmsachen sind gut) und nehme eine Drybag und Kleidung zum Wechseln mit. Zartbesaitete sollten auf den Ausflug besser verzichten, denn die von der Decke hängenden Fledermäuse sind nicht die einzigen merkwürdigen Tiere hier – es gibt auch Spinnen und Geißelskorpione. Und auch Klaustrophobe sollten verzichten. Abenteuerlustige hingegen erhalten einen schönen Einblick in dieses Naturwunder im Parque Nacional Marino

EIN PERFEKTER TAG AUF BASTIMENTOS

Erin Williams ist Eigentümerin von Azul Paradise, einem Bungalowresort auf Bastimentos. Mit Mann und drei Kindern lebt sie in Bocas. @AzulParadise

Los geht's am Strand
Bastimentos ist ein üppiges Dschungelparadies im Meer. Los geht der Tag mit einem Spaziergang über weichen Sand; du atmest salzige Luft und nimmst dann ein Bad in Wasser mit der perfekten Badetemperatur.

Nicht an einem Fleck kleben bleiben
Jeder Strand ist anders und meist kannst du zu Fuß von einem zum anderen gehen.

Sterne gucken
Auf Bastimentos scheint die Zeit stillzustehen. Von einem Hotel am Meer aus genießt du die stillen Sternennächte.

ESSEN AUF DER ISLA BASTIMENTOS

Nachyo Momma's Taco Bar
Seafood-Tacos und Margaritas mit den Füßen im Sand, dann entspannen in einer Hängematte. **$**

Firefly Restaurant
Die Karte wechselt, doch Standardgerichte wie *ceviche* und scharf angebratener Thunfisch sind klasse. Reservieren! **$$**

Mami's
Deftige Hausmacherkost in Old Bank. Und die Portionen sind immer großzügig. **$**

Parque Nacional Marino Isla Bastimentos (S. 174)

ÜBER RED FROG SAUSEN

Das **Red Frog Beach Island Resort** strotzt vor Einrichtungen. Dazu zählt die einzige Seilrutsche in Bocas del Toro: Bei der Bastimentos Sky Zipline Canopy Tour, einer spannenden Attraktion für Abenteuerlustige und Naturbegeisterte, genießt du einen tollen Ausblick auf die Baumwipfel. Die Touren finden dreimal täglich statt (10, 13 und 15 Uhr, 65 US$) und es muss keine Mindestteilnehmerzahl beachtet werden. Manchmal ist die Zipline zwecks Wartung gesperrt, also am besten vorher anrufen!

Isla Bastimentos. Beim Navigieren durch die Höhle wird geklettert, geschwommen und gesprungen. Die Feldermaushöhle liegt tief im Dschungel, sodass sich ein Besuch in Eigenregie nicht empfiehlt; stattdessen bucht man einen Guide. Die Touren kosten zwischen 40 und 75 US$ und umfassen meist Transport, die geführte Wanderung und eine Einführung zur Ngöbe-Buglé-Community der Bahía Honda.

Ein köstlicher Tag auf dem Hügel

DAS PARADIES FÜR SCHOKOHOLIKER:INNEN

Up in the Hill auf dem höchsten Hügel von Bastimentos ist ein schönes verstecktes Fleckchen. Ab dem Hauptpark von Old Bank folgt man in einer Viertelstunde zu Fuß den Schildern hinauf zu dieser familiengeführten, 4 ha großen Permakulturfarm mit Schokoführung. Hier werden nicht nur deine Geschmacksknospen gekitzelt, sondern du erfährst auch etwas über nachhaltiges Leben im Einklang mit der Natur. Von 11 bis 13 Uhr gönnst du dir vielleicht noch einen Crashkurs in Sachen Heilpflanzen, tropische Flora und Fauna. Oder über Kakaoanbau von der Bohne bis zum Pulver. Der Höhepunkt ist schließlich ein Mittagessen aus hoffrischen Zutaten. Die Touren müssen im Voraus gebucht werden und kosten 40 US$.

UNTERWEGS VOR ORT

Auf Bastimentos gibt's keine Autos und Straßen, du bist per Boot und zu Fuß unterwegs.

Für Erdpisten, Schlammpfade, Strände und Dschungel geeignetes Schuhwerk mitnehmen!

Rund um die Isla Bastimentos

Isla Solarte
Isla Bastimentos
Isla Cristóbal
Cayos Zapatillas
Isla Escudo de Veraguas

Kehre der Welt den Rücken zu und entdecke vergessene Geschichten, erspähe dunstige Berge und spaziere über unerschlossene Inseln!

Kosten, Entfernung und Unsicherheit sind Gründe, warum Reisende die Gebiete jenseits von Bastimentos ignorieren. Einige Inseln sind kaum bekannte Paradiese mit unbenannten Surfbreaks, andere sind schwer zu erreichen und das auch nur saisonal. Bastimentos, Colón und das kleine Carenero sind bekannte Ziele in Bocas, furchtlose Reisende sollten weitere lohnende Gebiete nicht auslassen wegen einer längere Anfahrt per Taxi. Die weniger besuchten Inseln bieten Möglichkeiten zum Abschalten, zum Baden an einsamen Stränden und zum Eintauchen in den örtlichen Alltag. Tagestouren bieten z. B. Veranstalter mit Verbindungen zu lokalen Communitys; entlegene Inseln lassen sich auf privaten Bootstrips besuchen.

TOP TIPP

Vor Wassertaxifahrten zu entlegenen Bocas-Inseln immer den Preis aushandeln und sich für vorausbezahlte Touren eine ausgedruckte Quittung geben lassen!

AUTHENTIC TRAVEL/SHUTTERSTOCK ©

Cayos Zapatilla (S. 178)

GESCHICHTE DER BAMBUDA LODGE

Nach einer Fahrt mit der Transsibirischen Eisenbahn mit seinem Freund und Geschäftspartner Tom Oman im Jahr 2009 landete der Kanadier Dan Adelman schließlich in Bocas del Toro, wo er einen Weg fand, Geld zu verdienen und dabei Spaß zu haben: Er eröffnete ein Hostel. Die beiden stapften über entlegene Dschungelgrundstücke und kämpften mit blutrünstigen Insekten, bis sie zu dem Stück Land am Meer kamen, auf dem heute die Bambuda Lodge steht. Für das Gebäude mussten sie mit einem flüchtigen brasilianischen Verwalter verhandeln, der es von einem US-amerikanischen Erben übernommen hatte. Das Ergebnis ihrer Bemühungen ist ein Refugium am Meer mit tropischen Bäumen, Dorms, Privatzimmern, Pool und einer 46 m-Rutsche, die direkt ins Meer mündet.

Faultier

Genießen auf der Isla Solarte

DEN GEIST BELEBENDES BLAUES WASSER

Eine der Top-Attraktionen auf der Isla Solarte (früher als Nancy's Cay bekannt) ist der **Hospital Point**, benannt nach der Krankenstation, die die United Fruit Company für kranke Arbeiter:innen errichtete. Heute verbringen Reisende schöne Tage damit, zum Schnorcheln dorthin zu wandern; Taucher:innen freuen sich über den 9 m tiefen Meeresabgrund hier. Sie genießen außerdem die Tauchspots **Pandora**, **Manuel's Wall** und **Lunch Box**, wo sie sich Umber- und Krötenfische anschauen. Lohnend sind außerdem die Freiluftbar **Blue Coconut** mit Restaurant mitten im Meer und das Hostel **Bambuda Lodge**, das allein schon die Anreise wert ist und sich für faule Nachmittage am Pool anbietet.

Weltflucht zu den Cayos Zapatillas

DIE HIMMLISCHEN WEISSEN SANDSCHUHE VON BOCAS

Die Cayos Zapatillas sind zwei unberühte unbewohnte, von Riffen gesäumte Inseln, die zum Parque Nacional Marino Isla Bastimentos gehören. Der Name Zapatillas, spanisch für „Schuhe", beschreibt treffend das Aussehen der Inseln von

NATUR- & WILDTIERBEOBACHTUNG

Cayo Crawl
Cayo Crawl (auch Coral Cay genannt) ist ein beliebter Schnorchelstopp auf der Route der Zapatilla-Tour.

Sloth Island
Wenn das Boot an der „Faultierinsel" anlegt, erklingen allgemeine Ohs und Ahs.

Dolphin Bay
Eine einzigartige Gelegenheit, das beliebte Meerestier in seinem natürlichen Umfeld zu erleben.

oben: Sie ähneln einem paar Schuhe, das im Meer Richtung Bastimentos schreitet. Einer lokalen Legende zufolge handelt es sich bei den Inseln um Fußstapfen, die Gott hinterließ, als er vom Himmel herabstieg. Tagestouren zu diesen jungfräulichen Inseln starten meist früh und auf dem Weg hin oder zurück gibt's meist mehrere Stopps zum Schnorcheln und zur Tierbeobachtung. Zugang ist nur zu einer Insel gestattet, die in weniger als einer Stunde umrundet werden kann. Es gibt keinerlei Infrastruktur, also Proviant mitnehmen! Und auch die Kamera nicht vergessen! Am schönsten sind die Inseln an sonnigen, regenfreien Tagen – also nicht zu weit im Voraus buchen für den Fall, dass das Wetter schlecht wird.

Die Faultiere von Escudo de Veraguas

EINE ISOLIERTE BRUTSTÄTTE DER ARTENVIELFALT

Die kleine Isla Escudo de Veraguas ist von großer Bedeutung: Dies ist der einzige Ort, an dem das Zwergfaultier zu Hause ist. Der einzigartige, vom Aussterben bedrohte *Bradypus pygmaeus* ist endemisch auf der Insel mit ihren Mangroven und dichten Wäldern. Escudo de Veraguas, ein echtes Wildtierrefugium, hat sich als Hotspot des Endemismus herausgestellt, da auch die Pflanze *Zamia hamannii* und der winzige Goldbandpipra, ein Vogel, auf der Insel endemisch sind. Wer diesen Tropentraum selbst erleben möchte, kommt am besten mit einer organisierten Tour inklusive Transport – von Bocas-Stadt sind es mit dem Boot zwei Stunden hierher. Verschiedene Veranstalter bieten Touren: von März bis Mai und August bis Oktober, wenn die See ruhiger ist.

Hinaus zur Isla San Cristóbal

HÜPFE IN EINEN CAYUCO

Das abgeschiedene, straßenlose San Cristóbal ist Balsam auf die Seele aller Stadtflüchtlinge. Eine halbe Stunde mit dem Schnellboot von Colón machen Boutiquen und Bargeschnatter Platz für die Rufe von Kolibris und Stirnvögeln. Zwar ist die Fahrt hierher nicht billig, doch die Isla San Cristóbal bietet reichlich Gelegenheit zu authentischen Kultur- und Tierbegegnungen. Die Tour **Piying Creek** von Kawi Voyage umfasst Vogelbeobachtung, Schnorcheln, eine zweistündige Wanderung und eine Flussfahrt in einem hölzernen *cayuco*-Kanu vorbei an Kaimanen. Inbegriffen sind die Transfers, ein einheimisches Essen und Schnorchelausrüstung. Die Insel lässt sich auch auf eigene Faust erkunden, dafür chartert man an den Anlegern von Colón oder Carenero ein Boot.

DAS FESTLAND VON BOCAS DEL TORO

Bocas del Toro ist teils Inselgruppe, teils Festland, doch die meisten Reisenden finden sich nur auf dem Weg zu stärker erschlossenen Touristengebieten auf dem Festland wieder. **Almirante** ist eine Hafenstadt mit Stelzenhäusern in unterschiedlichen Verfallsstadien und dient als Tor zu den Inseln. Es verkehrt ein Wassershuttle dorthin (30 Min.). **Changuinola** hat einen internationalen Flughafen und eine unbekannte Geschichte als Stätte des ersten menschengemachten Kanals Panamas, des Snyder Canal. In den Bergen und Küstenorten des Festlands finden sich ein paar gute Lodges; außerdem leben hier Angehörige verschiedener indigener Gruppen wie der Bribri und der Naso Tjër Di Comarca, einer Gruppe mit Monarchie und König.

UNTERWEGS VOR ORT

Cayo Crawl, Sloth Island und Dolphin Bay sind oft Teil von Tagestouren von Colón zu den Cayos Zapatillas, doch man kann sie auch in Eigenregie besuchen, idealerweise mit einem verantwortungsvollen Bootsführer oder Guide, der sich an die Regeln der Delfinbeobachtung hält. Bei den abgelegenen Inseln sollte man die Rückfahrt gleich mitbuchen oder den Bootsführer kontaktieren können. Auf den Inseln ist man auf ungeteerten Straßen zu Fuß unterwegs.

DIESE SEITE: PHOTO HEDGE/SHUTTERSTOCK ©, GEGENÜBER: MAREK POPLAWSKI/SHUTTERSTOCK ©

Oben: Fuerte San Jerónimo (S. 189), Portobelo; rechts: Schwarzer Christus (S. 190), Portobelo

PROVINZ COLÓN

FESTUNGEN, WÄLDER UND DER BERÜHMTE KANAL

Die unberührten Wälder entlang des Panamakanals weichen paradiesischen Karibikinseln, Festungen aus der Kolonialzeit und Städten mit reicher afropanamaischer Kultur.

In Panama ist Colón mit verfallender kolonialer Pracht und marginalisierten Vierteln eine vergessene Stadt. Trotz intensiver Bemühungen, Karibik-Kreuzfahrtschiffe anzulocken, darunter eine schicke, 2022 eröffnete Duty-Free-Plaza, wirkt vieles wie kurz vor dem Zusammenbruch. Doch in der Provinz rund um die Stadt gibt's viel Liebenswertes.

Auf den Ruinen der spanischen Kolonialfestung Fuerte San Lorenzo umfasst die Área Protegida San Lorenzo den ehemaligen US-Militärstützpunkt Fort Sherman sowie intakten Regenwald, Küstenriffe und einsame Strände. Das Gebiet ist eine aufstrebende Wanderdestination und ein erstklassiger Ort, um zwischen Nord- und Südamerika migrierende Vögel zu beobachten.

In der Nähe liegen der atlantische Endpunkt des Panamakanals und die atemberaubenden Schleusen von Gatún und Agua Clara, Letztere ist die Hauptattraktion der Region. Vom Besucherzentrum gibt's Weitwinkelblicke auf Schiffe, die vom Lago Gatún, einem der größten künstlichen Seen der Erde, einfahren.

Weiter östlich liegen nahe Portobelo weitere Festungen aus der spanischen Kolonialzeit, geschützte Wälder und idyllische Karibikinseln. Die Schnorchel- und Tauchbedingungen hier gehören zu den besten des Landes und das ruhige Wasser eignet sich fürs Kajakfahren. Portobelo ist der beste Ort, um etwas über die Kultur der Congo zu lernen, Nachfahren afrikanischer Versklavter, die das Erbe ihrer Vorfahren durch Kunst, Tanz und Paraden bewahren.

DIE WICHTIGSTEN ZIELE

SAN LORENZO & LAGO GATÚN
Die geschichtsträchtige Kanalzone.
S. 184

PORTOBELO
Festungen, Riffe und Congo-Kultur.
S. 188

Erste Orientierung

Die Hauptattraktionen der Provinz Colón liegen alle in einem 100 km-Radius, was Reisedistanzen verhältnismäig kurz hält. Von Stadt zu Stadt komt man gut mit dem Bus, während man in ländlichen Gebieten auf Taxi oder Auto angewiesen ist. Einige Inseln und Strände sind nur via Wassertaxi erreichbar.

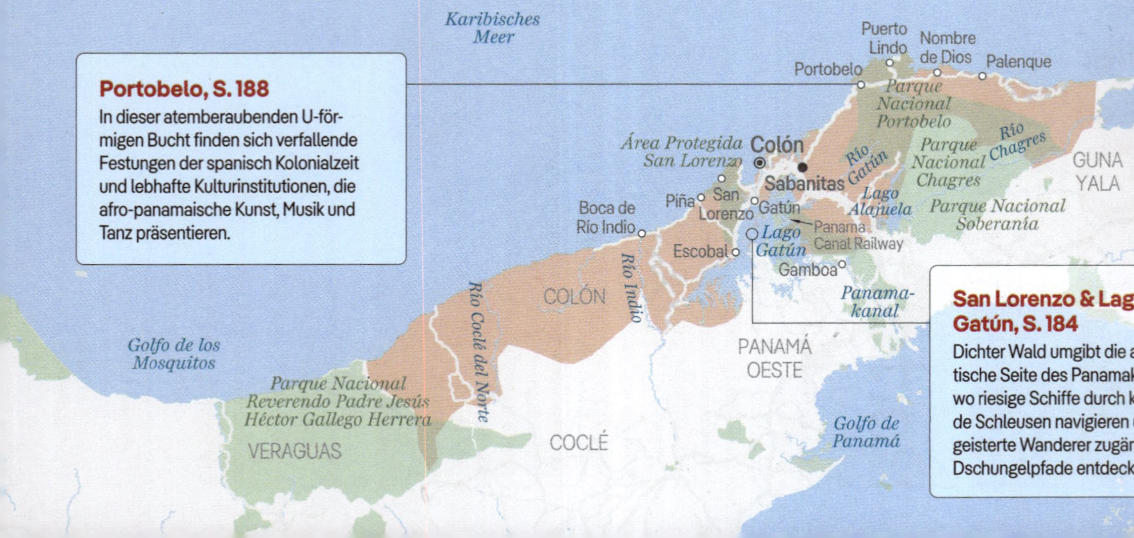

Portobelo, S. 188
In dieser atemberaubenden U-förmigen Bucht finden sich verfallende Festungen der spanisch Kolonialzeit und lebhafte Kulturinstitutionen, die afro-panamaische Kunst, Musik und Tanz präsentieren.

San Lorenzo & Lago Gatún, S. 184
Dichter Wald umgibt die atlantische Seite des Panamakanals, wo riesige Schiffe durch knarrende Schleusen navigieren und begeisterte Wanderer zugängliche Dschungelpfade entdecken.

BUS
Busse pendeln regelmäßig in etwa einer Stunde zwischen Panama-Stadt und Colón. Portobelo ist an beide Städte gut angeschlossen. Anschlusstouren oder Wassertaxis zu nahen Stränden oder Inseln können direkt gebucht werden.

AUTO
Um die Área Protegida San Lorenzo und die alte Kanalzone zu erkunden braucht man unbedingt ein Auto; Busse fahren nicht den ganzen Weg bis hier. Man kann aber einen Bus nach Colón nehmen und ab dort ein Taxi.

Lago Gatún (S. 187)

Perfekte Tage

Aufgrund ihrer Nähe zu Panama-Stadt ist die Provinz Colón ein häufiges Tagesausflugsziel. Es lohnt sich jedoch, mehr Zeit in den Nationalparks, auf den Karibikinseln und vor allem in Portobelo zu verbringen.

Tagesausflüge

Von Panama-Stadt geht's zu den **Agua-Clara-Schleusen** (S. 187) auf der Atlantikseite des Panamakanals, wo Boote vom riesigen **Gatún-See** (S. 187) einfahren. Dann folgen die verlassene US-Militärbasis **Fort Sherman** (S. 185) und das Mittagessen in Shelter Bay. Nach dem spanisch-kolonialen **Fuerte San Lorenzo** (S. 185) gibt's am Spätnachmittag eine Tour durch den umliegenden Regenwald.

Vier Tage zum Erkunden

Nach dem Besuch am Kanal geht's nach **Portobelo** (S. 188), um die spanische Kolonialgeschichte in Festungen wie **Fuerte San Jerónimo** (S. 189) zu erkunden oder in der **Casa Congo** (S. 190) mehr über die lebendige Congo-Kultur der Stadt zu erfahren. Es folgen ein Schnorcheltrip zur **Playa Huerta** (S. 192) und im Anschluss die tropischen Karibikstrände **Isla Grande** (S. 193) oder **Isla Mamey** (S. 193).

BESTE REISEZEIT

DEZEMBER BIS APRIL
Die Trockenzeit ist ideal, um zu schnorcheln oder zu tauchen. Die Sicht ist gut, dafür sind die Hotelpreise höher.

MAI
Die Regenzeit beginnt (geht bis November), aber die Schauer dauern selten den ganzen Tag. Es gibt wieder günstigere Unterkünfte.

JULI
Am 16. Juli feiert Isla Grande ihre Schutzpatronin, die Virgen el Carmen, mit Prozessionen und einer großen Messe.

OKTOBER
Zehntausende pilgern tagelang (oder wochenlang) nach Portobelo zum **Festival del Cristo Negro**.

San Lorenzo & Lago Gatún
PANAMA-STADT

SAN LORENZO & LAGO GATÚN

Der nördliche Teil der alten Kanalzone ist bemerkenswert wild angesichts der Nähe zu Panama-Stadt (nur eine Stunde südlich). Doch abgesehen von den beeindruckenden Agua-Clara-Schleusen, die Schiffe durch die Landenge leiten, verbringen nur wenige internationale Reisende Zeit hier. Das ist schade. Hier gibt's herrliche Blicke übers Wasser (im Süden auf den Lago Gatún, im Norden auf die Karibik) und ein Großteil des Gebiets liegt im 120 km² großen Schutzgebiet Área Protegida San Lorenzo, dessen Wälder sich hervorragend zur Vogelbeobachtung eignen – die Audubon Society zählte an einem einzigen Tag 357 Arten. Auch bietet das Gebiet tolle Wandermöglichkeiten, vor allem schnelle Trips in den Dschungel mit wenig Aufwand. Zudem warten vom US-Militär hinterlassene Geisterstädte, eine Zeitreise in einem spanischen Fort oder eine Zugfahrt auf der Strecke, die dem Kanal vorausging.

TOP TIPP

Colón-Stadt mag wie eine ideale Basis wirken, um San Lorenzo, den Lago Gatún und die alte Kanalzone zu besuchen. Aber die hohe Mordrate (zweimal so hoch wie der Landesdurchschnitt) und ungepflegte Straßen bedeuten, dass man sich besser in ländlichen Orten wie Fort Sherman oder Achiote einmietet.

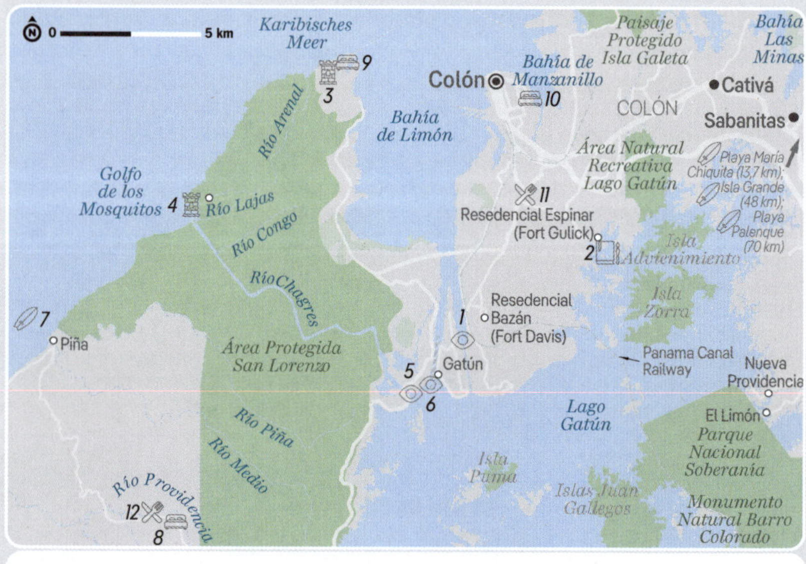

SEHENSWERTES
1 Agua-Clara-Schleusen
2 Fort Gulick
3 Fort Sherman
4 Fuerte San Lorenzo
5 Stausee Gatún
6 Gatun-Schleusen

AKTIVITÄTEN, KURSE & GEFÜHRTE TOUREN
7 V-Land

SCHLAFEN
8 Centro El Td**9** Marina Hotel at Shelter Bay
10 Radisson Colon 2000

ESSEN
11 Istmo Coffee & Bakery
12 Restaurante Cascá
siehe 9 The Dock

Kontrollturm, Agua-Clara-Schleusen (S. 187)

Von Festungen und Wäldern

WANDERUNG DURCH DIE GESCHICHTE

Die spanische Festung **Fuerte San Lorenzo** liegt auf einem dramatischen Felsvorsprung mit Blick auf die Mündung des Río Chagres in die Karibik. Sie ist seit 1980 eine UNESCO-Welterbestätte und eines der schönsten Beispiele für frühe europäische Militärarchitektur in Panama, konstruiert aus Korallenblöcken und bestückt mit Kanonenreihen. Trotz gewalttätiger Piratenangriffe durch Henry Morgan und Francis Drake blieb vieles aus dem 17. Jh. erhalten, darunter San Lorenzos Wassergraben und Gewölbe. Die meisten Reisenden besuchen gezielt die Festung, doch das umliegende Naturreservat **Área Protegida San Lorenzo** ist voller Wildtiere und bietet wunderbar zugängliche Wanderwege.

Die geschützte Küstenlinie erstreckt sich von **Piña** bis zum ehemaligen US-Militärstützpunkt und heutigen Jachthafen **Fort Sherman** und ist eine Mischung aus Mangrovenwäldern, erodierten Klippen, Felsufern, Riffen und entlegenen Buchten. Das Landesinnere besteht aus hügeligen Wäldern und beheimatet 436 Vogelarten (darunter Swainson-Tukane und Schieferschwanztrogone), 81 Säugetierarten (wie Jaguare, Nasenbären und Faultiere) und seltenen Amphibien wie den Pfeilgiftfrosch. An der Ostseite des Río Chagres nahe **Fort Sherman** wurde in Infrastruktur investiert; es gibt umfangreiche englischspra-

SÜSSE TRÄUME IN DER DIKTATORENHÖHLE

Am Nordende des Lago Gatún liegt der alte amerikanische Stützpunkt **Fort Gulick**, den die USA später an Panama abtraten. Auf dem Gelände war das berüchtigte Building 400 einst die „School of the Americas". Sie wurde 1949 gegründet und bildete mehr als 34000 lateinamerikanische Soldaten aus (angeblich, um die Region vom Kommunismus zu befreien).

Die Schule brachte einige der schlimmsten Menschenrechtsverletzer unserer Zeit hervor, darunter den argentinischen Diktator Leopoldo Galtieri, der während Argentiniens Schmutzigem Krieg in den 1970ern Tausende Menschen „verschwinden" ließ, und Roberto D'Aubuisson aus El Salvador, dessen Todesschwadronen in den 1980ern Tausende ermordeten.

In einer bizarren Wendung beherbergt das Building 400 heute ein Luxusresort: Meliá Panama Canal.

UNTERKÜNFTE RUND UM SAN LORENZO UND LAGO GATÚN

Centro El Tucán
Große spartanische Schlafsäle für Männer und Frauen, aber Ökotourismus wird in der Gemeinde großgeschrieben. **$**

Marina Hotel at Shelter Bay
Die Standardzimmer mit Blick auf den Hafen sind etwas überteuert, aber die Lage ist für Wanderungen im Park unschlagbar. **$$**

Radisson Colon 2000
Etwas Besseres als dieses Kettenhotel mit Pool, Fitnessraum und Restaurant findet man in Colón nicht. **$$**

GUALBERTO BECERRA/SHUTTERSTOCK ©

Zug der Panamakanalbahn

BESTE SURFSPOTS IN DER PROVINZ COLÓN

V Land
Bei der Área Protegida San Lorenzo hat dieser rechtsbrechende Reefbreak tolle Tubes bei starker Brandung.

Playa Maria Chiquita
Vor dem Dorf Maria Chiquita. Beachbreaks mit Lefts und Rights, aber nur bei hohen Wellen.

Isla Grande
Vor La Guaira und am besten erreichbar mit dem Wassertaxi. Zum Surfen gibt's ein Reef-Bottom-Break mit drei Peaks, Rights und Lefts.

Playa Palenque
50 km östlich der Isla Grande vor dem Dorf Cuango. Exponierter Beachbreak mit konstanter Brandung.

chige Beschilderungen, beleuchtete Informationstafeln am Straßenrand und ein Besucherzentrum.

Mehrere kurze Wege passieren Relikte der US-Armee, die das Gebiet zur Verteidigung des Kanals und für Dschungeltraining nutzte. Einer der schönsten Trails ist der **Cerro Pavón**, ein 1,5 km langer Weg auf einer alten Armeestraße zu einem Wachturm mit 360-Grad-Aussicht auf den Wald. Frühmorgens sind die Schreie der Brüllaffen und bunten Vögel zu hören. In der Nähe kombiniert der 1,5 km lange Trail **Punta Bruja** Wandern, Schnorcheln und Schwimmen an einem der besten Riffe an Panamas zentraler Karibikküste (auf starke Strömungen achten).

Am Westufer des Río Chagres steht in Achiote das abgetakelte Informationszentrum **Centro El Tucán**. Guides (nur Spanisch) arrangieren Vogelbeobachtung per Boot auf dem Lago Gatún, dem Río Chagres oder dem Río Lagarto und zeigen Trails wie den Sendero El Trogón (1 km) oder den Las Tablitas (5 km).

Panamakanal alt und neu

SCHLEUSEN AN EINEM AUFGESTAUTEN SEE

Als der **Gatún-Damm** 1908 den Río Chagres aufstaute, wurden 262 km² Dschungel überflutet und der damals größte künstliche See der Welt entstand: der **Lago Gatún**. Heute ist die weitläufige Wasserstraße voller riesiger Tanker, Container- und Kreuzfahrtschiffe, die den Panamakanal in Rich-

ESSEN RUND UM SAN LORENZO UND LAGO GATÚN

Restaurante Cascá
Dieses schlichte Restaurant in Achiote serviert einfache, aber schmackhafte Fleischgerichte mit Reis und Bohnen. **$**

The Dock
Unter die Katamaran-Segler mischen und beliebte panamaische und internationale Spezialitäten genießen. **$$**

Istmo Coffee & Bakery
Die beste Wahl für einen starken Kaffee und *empanadas*, *tequeños* und Sandwiches in der Nähe von Agua Clara. **$**

tung **Gatún-Schleusen** (1914) passieren. Schon deren Größe ist verblüffend: Drei Doppelschleusenkammern erstrecken sich über drei Kilometer Länge. Jede Kammer könnte die *Titanic* und mehr aufnehmen. Ein neues Besucherzentrum ist für 2024 geplant.

Zurzeit zieht es die meisten Neugierigen zu den neueren **Agua-Clara-Schleusen**, die 2016 als Teil einer 5-Mrd.-US$-Erweiterung fertig wurden. Vom Besucherzentrum geht der Blick über den See und die Schleusen. Es gibt ein Kino mit einem 10-minütigen Einführungsvideo, einen Geschenkeladen und einige Informationstafeln (allerdings kein Museum). Ein 700 m langer **Trail** führt hinab zum Fuß des Wachturms, wo die Schiffe auf Augenhöhe vorbeifahren. Die Ausstellungen schließen um 17 Uhr, Einlass ist bis 15.30 Uhr. Etwa eine Stunde Zeit für alles nehmen.

Alle Mann an Bord der Panamakanalbahn

EINE GESCHICHTSTRÄCHTIGE FAHRT

Um die Ausmaße (und Funktion) des Panamakanals zu erfassen, fährt man von Panama-Stadt nach Colón mit der historischen **Panamakanal-Eisenbahn**. Der Oldtimer-Zug hat Holzvertäfelungen, Teppichboden, Aussichtsdecks im Freien und manchmal einen Waggon mit Glaskuppel. Die einstündige Fahrt verläuft entlang des Kanals durch dichten Regenwald zum Lago Gatún und zu den belebten Schleusen.

Nach dem Bau des Kanals ging der Eisenbahnverkehr über die Landenge zurück und unter dem Noriega-Regime verfiel die Infrastruktur. 1998 kooperierte die Regierung mit einer amerikanischen Eisenbahn-Holding, um die alte Panama-Eisenbahn unter dem Namen Panama Canal Railway Company (PCRC) wiederzubeleben. Sie eröffnete 2001 eine Passagierverbindung, die vor der Pandemie fünfmal pro Woche verkehrte. Seitdem fahren die Eisenbahnen sporadischer zu über soziale Medien angekündigten Terminen (instagram.com/panamarailway).

Auf der Fahrt lernt man, dass die Aktie der Panama Railroad Mitte des 19. Jh. die teuerste gehandelte Aktie an der New Yorker Börse war und ihr Höchstpreis bei 295 US$ pro Aktie lag. Mit Gesamtkosten von 8 Millionen US-Dollar war die Strecke (damals) die teuerste je gebaute Eisenbahnstrecke pro Kilometer (obwohl sie nur 76 km lang war, wurden 304 Brücken und Durchlässe benötigt). Natürlich verblassen diese Fakten im Vergleich zu den menschlichen Kosten: Geschätzt starben 12 000 Arbeitskräfte während des Baus, hauptsächlich an Malaria und Gelbfieber.

COLÓNS ZONA LIBRE

Einer der vielen Versuche, Colóns Wirtschaft zu retten, die seit der Eröffnung des Kanals im Jahr 1914 und dem folgenden Niedergang des Eisenbahnverkehrs zu kämpfen hat, ist die Errichtung der Zona Libre, der zweitgrößten Freihandelszone der Welt nach Hongkong. Sie erwirtschaftet einen jährlichen Umsatz von rund 19 Mrd. US$, doch scheint nur wenig davon bei der Bevölkerung in der Region anzukommen.

Der festungsähnliche Komplex erstreckt sich über 1064 Hektar und ist voller riesiger internationaler Geschäfte, die alles von japanischer Elektronik bis zu italienischer Seide und französischen Parfums verkaufen. Die meisten handeln nur mit Großmengen und sind nicht auf ausländische Reisende eingestellt. Der Eintritt erfolgt nach Vorlage des Reisepasses und kostet 5 US$.

UNTERWEGS VOR ORT

Für die weit auseinanderliegenden Attraktionen rund um San Lorenzo und Lago Gatún ist ein Auto die beste Option. Viele nehmen auch an einer geführten Tour von Panama-Stadt aus teil. Ein Taxi von Colón nach Fort Sherman kostet 25 US$, zu den Agua-Clara-Schleusen und zurück etwa 20 US$; zu keinem der Orte gibt's direkte öffentliche Verkehrsmittel. Der Bus „Costa Abajo" verbindet Colón mit dem Centro El Tucán in Achiote.

PORTOBELO

Dschungelbewachsene Hügel umgeben die tiefe hufeisenförmige Bucht mit dem verschlafenen Fischerdorf Portobelo. Auch wenn die wirtschaftliche Lage heute schlecht ist, war Portobelo in der Kolonialzeit einer der größten spanischen Häfen in Mittelamerika, in dem Gold und Silber für den Weitertransport nach Europa lagerte. Alle berühmten Piraten der Karibik hatten es auf diese Schätze abgesehen und plünderten im 17. und 18. Jh. unermüdlich die zahlreichen Festungen. Diese Vergangenheit ist ein Publikumsmagnet. Doch eine der größten Freuden heute ist es, die Kunst, die Musik und den Tanz der Congo-Kultur zu erleben. Die UNESCO beschreibt sie als „die zeitgenössische Vision einer kollektiven Feier der Nachkommen der schwarzen Rebellen, die während der Kolonialzeit versklavt wurden“. In den Galerien, in der Kirche oder auf den Straßen liegt während der lebhaften Feste oft ein verzaubernder Hauch von Magie in der Luft.

TOP TIPP

Portobelo ist zu jeder Jahreszeit reizvoll, doch eine Reise um eines der vielen Festivals herum ist großartig, um die Resilienz der Congo-Kultur zu würdigen. Die besten Reisezeiten sind Oktober (Festival del Cristo Negro), Februar (Festival de Diablos y Congos) und März/April (Semana Santa).

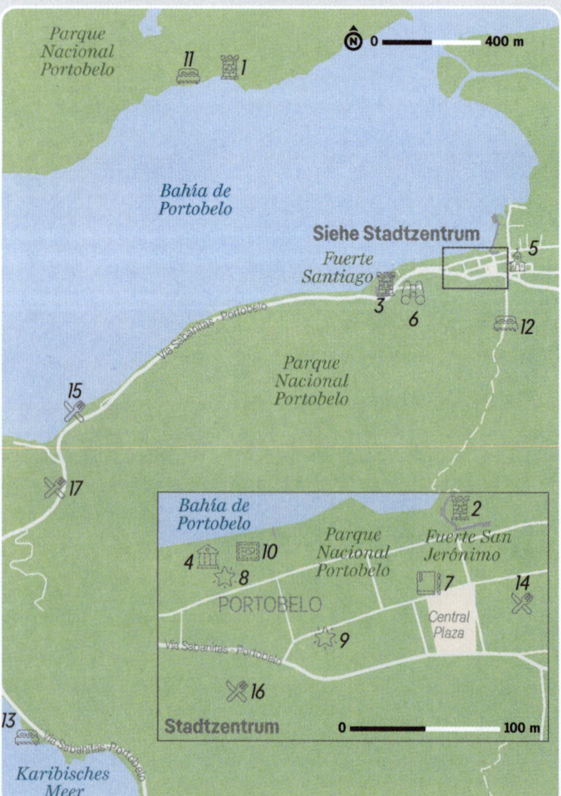

SEHENSWERTES
1 Fuerte San Fernando
2 Fuerte San Jerónimo
3 Fuerte Santiago
4 Galería de Arte Casa Congo
5 Iglesia de San Felipe
6 Mirador Perú
7 Real Aduana de Portobelo

AKTIVITÄTEN, KURSE & GEFÜHRTE TOUREN
8 Escuelita del Ritmo
9 Fundación Mama Ari
10 Taller Portobelo
SCHLAFEN
11 El Otro Lado Private Retreat
12 Hostal Portobelo
13 Scuba Portobelo
ESSEN
siehe 4 Casa Congo
14 Cueva de Morgan
15 El Castillo de Portobelo
16 Panaderia Y Restaurante Rico Rico
17 Restaurante La Torre

SL-PHOTOGRAPHY/SHUTTERSTOCK ©

Fuerte Santiago

Portobelos ruhmreiche Vergangenheit entdecken

FESTUNGEN, PIRATEN UND GOLDSCHÄTZE

Portobelo gehörte im 17. und 18. Jh. zu den begehrtesten Karibikhäfen und kontrollierte den Handel des spanischen Reichs zwischen Amerika und Europa. Ein Rundgang durch die geschichtsträchtige Stadt beginnt am Ortseingang beim **Fuerte Santiago**. Die kleine Festung von 1753 hat bis zu 3 m dicke Mauern aus Korallen, die die Spanier „Riffgestein" nannten. Die Ruinen umfassen Offiziersquartiere, Artillerieschuppen, ein Wachhaus, Kasernen, Wachtürme und Kanonen. Hinter der Festung führt eine Treppe zum Aussichtspunkt **Mirador Perú.**

An der Hauptstraße ins Stadtzentrum steht die **Real Aduana de Portobelo**, ein Zollhaus aus dem 17. Jh., in dem das Gold des Königs gezählt wurde. Das Gebäude wurde für 3,8 Millionen US$ grundlegend renoviert und eröffnete 2023 als Kulturzentrum mit Galerien, deren Fokus auf afropanamaischer Kunst liegt.

Beim **Fuerte San Jerónimo** nebenan sind rund zwei Dutzend Schießscharten mit 16 Kanonen aufs Meer ausgerichtet – viele genau dort, wo sie von spanischen Truppen zurückgelassen wurden. Hinter dem beeindruckenden Tor liegen Überreste von Offiziersquartieren, Kasernen, einem Wachraum und eine Terrasse über dem Wasser. Jenseits der Bucht (nur mit Wasser-

ESSEN IN PORTOBELO

Cueva de Morgan
Pasta ist die Spezialität dieses stimmungsvollen Dachrestaurants; tolle Cocktails, *empanadas* und Wurstplatten gibt's auch. $$

El Castillo de Portobelo
Klassischer Favorit mit unvergleichlichem Blick auf die Bucht, ausgezeichneten Meeresfrüchten und Piraten-Ästhetik. $$$

Panadería Y Restaurante Rico Rico
Billiger Kaffee, Backwaren und Sandwiches machen dieses Lokal zu einer preisgünstigen Adresse. $

Restaurante La Torre
In diesem beliebten Mittagslokal erwarten Besucher ein herausragender Service und preiswerte, köstliche panamaische Gerichte. $

ÜBERNACHTEN IN PORTOBELO

Hostal Portobelo
Jugendherberge auf dem Hügel mit Happy Hour, Billardtisch, günstigen geführten Touren sowie einem durchschnittlichen Schlafsaal. $

Scuba Portobelo
Die besten preisgünstigen Zimmer mit Meerblick in der Stadt und ein guter Ort für Infos zum Tauchen und Schnorcheln. $

El Otro Lado Private Retreat
Dieses außergewöhnliche Luxusresort ist von Congo-Kultur durchdrungen; ein Aufenthalt unterstützt die Kunsteinrichtungen. $$$

DIE LEGENDE VOM SCHWARZEN CHRISTUS

Das **Festival del Cristo Negro** in Portobelo ehrt eine 1,5 m große Statue des „Schwarzen Christus", die für viele Wunder bekannt ist. Über ihren genauen Ursprung gibt's viele Spekulationen. Einer Geschichte nach versuchte ein nach Cartagena fahrendes Schiff fünfmal, Portobelo zu verlassen, wurde aber jedes Mal von einem Sturm zurückgeweht. Die Besatzung erleichterte das Schiff, indem sie eine schwere Kiste über Bord warf, worauf sich das Wetter beruhigte und sie auslaufen konnten. Einige Tage später wurde die Kiste mit dem schwarzen Christus darin gefunden. Eine andere Geschichte besagt, dass die Kiste während einer Choleraepidemie im Meer gefunden wurde. Nachdem sie geborgen und in die Iglesia de San Felipe gebracht worden war, ging die Epidemie zurück und die Infizierten wurden geheilt. So heißt es zumindest ...

taxi erreichbar) liegt der **Fuerte San Fernando**, der im 18. Jh. über den Festungsresten von San Felipe und San Diego gebaut wurde. Seine Mauern wurden großteils von amerikanischen Ingenieuren demontiert und als Wellenbrecher im Kanal genutzt.

Zum Abschluss geht's zur **Iglesia de San Felipe**, eine katholische Kirche von 1814, in die Pilgernde wegen Portobelos berühmtem **Schwarzen Christus** kommen. Die Kirche war das letzte Bauwerk, das die Spanier vor ihrem Rückzug aus Panama errichteten.

Die bezaubernde Congo-Kultur

AFROPANAMAISCHE KUNST, TANZ UND MUSIK

Wenn man die spanische Kolonialgeschichte erfasst hat, taucht man ein in die lebendigen Congo-Traditionen der heutigen Ansässigen. Die meisten sind Nachkommen der afrikanischen Versklavten und *cimarrones* (Versklavte, die sich durch die Flucht in den Dschungel befreiten), die diese Stadt und ihre Festungen erbaut haben. Der beste Orientierungspunkt ist die **Casa Congo**, ein farbenfrohes Gasthaus und Restaurant am Wasser, das von der Fundación Bahía de Portobelo (Portobelo-Bay-Stiftung; die Organisation treibt die kulturelle Wiederbelebung der Stadt voran) betrieben wird. Die zugehörige **Galería de Arte Casa Congo** zeigt afrokaribisches Kunsthandwerk in Museumsqualität und informative Ausstellungen zum kulturellen und historischen Hintergrund der Congo-Feste und -Traditionen. Das Personal hilft bei der Organisation von Kulturworkshops, die zwischen 40 und 80 US$ pro Person kosten.

Das Künstleratelier **Taller Portobelo** liegt in dem zum Hotel gewordenen Haus des Fotografen La Morada de la Bruja. Hier erklärt die einheimische Malerin Tatú Golden den Kontext von Congo-Kunst während einstündiger Führungen, bei denen man Holzschnitzerei bemalen kann. Man kann auch einfach kommen und den Kunstschaffenden bei der Arbeit zusehen. In der nahen **Escuelita del Ritmo** gibt's Kurse für Congo-Trommeln und gelegentliche Konzerte.

Unabhängig von der Stiftung leitet Aristela Blandón (bekannt als „Mama Ari") die **Fundación Mama Ari** zur Bewahrung des Tanzes in dem leuchtend gelben Haus mit dem städtischen Tourismusbüro. Neben maßgeschneiderten Tanzkursen kann man hier faszinierende historische Stadtspaziergänge oder Workshops für Trommeln, Stabmalerei und bunte Congo-Festhüte buchen. Im Voraus prüfen (mamaaarrii15@gmail.com), ob ein Übersetzer für die englische Sprache verfügbar ist.

UNTERWEGS VOR ORT

Vom Terminal de Buses in Colón fahren bis ca. 18 Uhr alle 30 Minuten Busse nach Portobelo. Wer von Panama-Stadt aus anreist, steigt in Sabanitas in einen Bus nach Portobelo um. Portobelo besteht nur aus 15 Blocks und ist leicht zu Fuß zu erschließen. Viele Hotels (insbesondere solche mit Tauchbetrieb) liegen jedoch etwa 3 km außerhalb der Stadt bei Buenaventura. Taxis sind überall verfügbar.

Rund um Portobelo

Abgelegene Strände, Korallenriffe und Wege durch üppigen Dschungel locken Aktivreisende in Portobelos namensgleichen Nationalpark.

Portobelo liegt im 360 km² großen Parque Nacional Portobelo, was das Umland zu einem tollen Reiseziel für Abenteuerlustige macht. Im Landesinneren findet man dichte tropische Regenwälder, reißende Flüsse und steinige Abschnitte des Camino Real, des ersten Weges von Panama-Stadt zur Karibik. Entlang der Küste führen Mangrovenwälder zu einer Reihe von wilden Stränden, die nur vom Meer zugänglich sind. Mit vielen Schiffswracks und Korallenriffen ist dies auch eines der beliebtesten Tauchziele Panamas. Mehrere kleine vorgelagerte Inseln locken Tagesgäste aus der Hauptstadt mit weißem Sand und ruhigem türkisfarbenem Wasser. Bei einer Übernachtung hat man sie praktisch ganz für sich, während man frischen Hummer isst oder den letzten Mojito schlürft.

TOP TIPP

Am besten sammelt man für Ausflüge Mitreisende zu einer Gruppe, da viele Wassertaxis pro Boot und nicht pro Person abrechnen.

Camino Real (S. 192)

OUTDOOR-ABENTEUER IN PORTOBELO

Francesco Miale, der Inhaber von Portobelo Tours und des Restaurants Casa Vela, gibt Tipps für Outdoor-Abenteuer.

Wandern
Nahe dem historischen Camino Real kann man entlang des Río Cascajal wandern – oder reiten – und unterwegs an Wasserfällen und Badestellen Halt machen.

Schnorcheln
Direkt vor der Playa Huerta gibt's ein tolles ca. 3 m tiefes großes Korallenriff mit zahlreichen karibischen Rifffischen.

Kajakfahren
Ich liebe es, Gäste auf Kajaktouren durch die Bucht in einen Mangroventunnel mitzunehmen. Wir wandern in Gummistiefeln durch den Wald und halten Ausschau nach Affen, bis wir einen geheimen namenlosen Strand (mit vielen Fischen toll zum Schnorcheln) erreichen.

MAREK POPLAWSKI/SHUTTERSTOCK ©

El Faro, Isla Grande

Strandausflüge im Parque Nacional Portobelo

SONNE, SAND UND SCHNORCHELN

Die wilden Karibikstrände des **Parque Nacional Portobelo** eignen sich hervorragend für einen Tagesausflug von Portobelo. An Wochenenden und Feiertagen sind die Strände voller Einheimischer, ansonsten hat man sie praktisch für sich. Die meisten Strände haben keinen Straßenzugang, also muss man ein Wassertaxi mieten oder eine Tour von Portobelo aus organisieren (pro Boot 40–70 US$).

Der nächstgelegene Strand ist die **Playa Huerta**, eine kleine Bucht mit kristallklarem Wasser und idealen Schnorchelbedingungen. Dort wird ein Projekt zur Wiederbelebung eines Korallenriffs der örtlichen Reef2Reef Foundation (reefpty.com) mit Sitz im Scuba Portobelo durchgeführt. Man kann hier Kajak fahren, denn viele Hotels bieten günstige Verleihe an. Ein größerer Strand in **Puerto Frances** hat Blick aufs offene Meer und eine ständige Brise. Weiter nordöstlich liegt Por-

ÜBERNACHTEN IN PUERTO LINDO UND ISLA GRANDE

Hotel Sister Moon
Top-Unterkunft auf Isla Grande auf einem Hügel mit weitem Blick, serviert tolle Cocktails und ist charmant eingerichtet. **$$**

Macondo Hostel
Liegt in einem grünen Garten. Die Gäste schwärmen von der Sauberkeit und dem Preis-Leistungs-Verhältnis. **$**

Ranchos De Chalia
Strohgedecktes Boutique-Hotel mit Blick auf Puerto Lindo, anständigem Pool und tropischen Gärten. **$$$**

tobelos berühmtester Strand **Playa Blanca** mit weißem Sand in einer geschützten Bucht inmitten einer dichten Wildnis. Viele Reisende verbinden Ausflüge zu allen drei Stränden mit den nahe gelegenen **Venas Azules**, einem natürlichen Mangrovenkanal um die Isla del Padre (Achtung: Schwimmen schadet dem empfindlichen Ökosystem).

Puerto Lindo ist etwa 30 Auto- oder Busminuten von Portobelo entfernt und der Ausgangspunkt für Bootsausflüge zur **Isla Mamey**, einer winzigen Sandinsel, die auf Instagram gehypt wird. Camper mit eigenem Zelt können auf der Insel übernachten, es gibt fließendes Wasser, Sanitäranlagen und ein kleines Restaurant mit Strand-*cabañas*. Meist wird sie für einen Tagesausflug genutzt.

Zugängliches Paradies

KARIBISCHE VIBES AUF DER ISLA GRANDE

Palmen, weiße Sandstrände und die Atmosphäre einer einsamen Insel warten auf der schönen kleinen **Isla Grande**, 20 km nordöstlich von Portobelo. Trips starten meist an der **Playa Isla Grande**, einem perfekten Halbmond vor unberührtem Urwald. Wegen des ruhigen, türkisfarbenen Wassers, schöner Schattenplätze und Hütten mit Speis und Trank gehen viele Tagesgäste aus Panama-Stadt nirgendwo anders hin. Daran sollte man sich auch halten. Tatsächlich lohnt sich ein 4 km langer Inselspaziergang – auch eine Übernachtung –, um das entspannte Lebenstempo zu genießen.

Es gibt keine Straßen, nur einen Fußweg entlang der Südküste vor pastellfarbenen Häuschen. Zum Mittagessen geht's ein paar Schritte östlich zur unauffälligen Bude **El Muro**, die frische und erschwingliche Hummergerichte serviert, an die man sich noch lange erinnert.

Weiter östlich liegen zwei großartige Adressen für einen Drink tagsüber: die **Floating Rum Bar** und **La Isla**. Erstere ist so, wie man sie sich vorstellt, Letztere bietet Beachclub-Atmosphäre mit Tischen und Stühlen auf dem Sand. Auf dem Weg nach Osten zum **Hotel Sister Moon**, einem abgelegenen Resort inmitten sich wiegender Palmen, auf die Nachbildung des Cristo Negro in den Wellen achten. Von hier geht's landeinwärts und bergauf in Richtung des heruntergekommenen Leuchtturms **El Faro** mit schöner Aussicht. 100 m zurück kommt man wieder auf den Weg, der über die Insel führt, und folgt ihm zur Nordseite der Isla Grande. Derzeit wird das Gebiet massiv bebaut, daher läuft man nur etwa 1 km und kehrt über den zentralen Hügel zum **Macondo Hostel** auf dem südlichen Hauptweg zurück.

TAUCHEN AN DER KÜSTE VON PORTOBELO

Obwohl die Sichtweite (bestenfalls etwa 10 m) nicht an traditionellere karibische Tauchziele herankommt, entschädigt dafür die Vielfalt der Unterwasserwracks – darunter ein 34 m langes Frachtschiff und ein zweimotoriges Flugzeug vom Typ C-45. Außerdem gibt's im Meer rund um Portobelo mit Weichkorallen bewachsene Wände, vorgelagerte Riffe und Felsgärten; einige sind toll zum Schnorcheln. Ammenhaie, Schwarzspitzen-Riffhaie und Adlerrochen sind hier zu sehen. Die meisten Tauchanbieter sind an der Straße von Sabanitas nach Portobelo etwa 3 km westlich von Portobelo. Dazu gehören Panama Dive Adventure und Golden Frog Scuba, die beide englischsprachige Coaches und Schnuppertauchgänge für Anfänger haben.

UNTERWEGS VOR ORT

Wassertaxianbieter wie Santiago de la Gloria oder Rancho Sin Fronteras bieten Fahrten von Portobelo nach Playa Huerta, Puerto Frances, Playa Blanca und Venas Azules an. Es gibt separate Wassertaxis zur Isla Mamey (von Puerto Lindo) und zur Isla Grande (von La Guaira), die abfahren, sobald sie voll sind. Wer mit dem Auto anreist, zahlt für die Inseltransfers auch Parkgebühren (etwa 5 US$). Regelmäßig gibt's Busse von Colón über Portobelo und Puerto Lindo nach La Guaira. Von Panama-Stadt aus steigt man am besten in Sabanitas um.

COMARCA GUNA YALA

VON INSEL ZU INSEL HÜPFEN

Guna Yala, ein indigenes Territorium mit Hunderten winziger Inseln in einem glitzernd blauen Meer, ist wirklich zauberhaft.

Guna Yala nur drei Autostunden von Panama-Stadt entfernt ist ein reizender Archipel mit Hunderten von winzigen Palmeninseln, der Welten entfernt erscheint von den glitzernden Glastürmen der Hauptstadt.

Die Inseln, Heimat der stolzen Guna, des ersten indigenen Volkes Lateinamerikas, das ein autonomes Territorium errang, sind von Erschließungen weitgehend verschont und als paradiesische Idylle erhalten geblieben.

Die meisten Inseln sind nur knapp so groß wie ein Fußballplatz und von pulvrigem weißem Sand gesäumt, der sich hinunterzieht zum funkelnden türkisen Wasser voller Korallen, Rifffische und großer Seesterne. Einfache Holzhütten mit wenig mehr als einem Bett öffnen sich einen Katzensprung vom Meer direkt zum Strand hin.

Auf den Inseln kann man kaum etwas anderes machen als sich wie ein Schiffbrüchiger vergangener Tage zu fühlen, aus frischen Kokosnüssen zu trinken und in einer zwischen zwei der wenigen Bäume, die auf dem sandigen Boden gedeihen, aufgespannten Hängematte zu baumeln.

Doch bei einer Reise nach Guna Yala geht's nicht nur ums Sonnenbaden und ums Schwimmen im warmen klaren Wasser. Die Guna zählen zu den eigenständigsten indigenen Gruppen Lateinamerikas und ein Besuch auf einer der dicht bewohnten Siedlungsinseln ermöglicht einen Einblick in ihre faszinierenden Traditionen; außerdem hat man die Gelegenheit, wunderbare handgefertigte Textilien zu erwerben.

DIE WICHTIGSTEN ZIELE

CAYOS LIMONES
Die berühmteste Inselgruppe von Guna Yala.
S. 198

RÍO SIDRA & CAYOS LOS GRULLOS
Stille Inseln für unabhängig Reisende.
S. 204

Links: Guna-Flagge; oben: *Cabañas*, Guna Yala

Erste Orientierung

Guna Yala erstreckt sich über 200 km an der Küste entlang. Die meisten Reisenden halten sich an die westliche Ecke, die von Gardi aus per Boot erreichbar ist und am Ende der einzigen Straße des Territoriums liegt.

PRIVATES MOTORBOOT
Stillere Inseln abseits lassen sich am besten mit einem Privatboot samt Bootsführer erreichen – so kann man auch Guna-Siedlungen im Archipel besuchen. In den Booten haben zwölf Passagiere Platz; eine Gruppe zu organisieren hilft also, Kosten zu sparen.

SEGELSCHIFF
Wer relaxen möchte, für den ist ein umweltfreundlicher Segeltörn die beste Art, die Inseln zu erleben. Oft verkehren Boote hinaus zu entlegenen Inseln mit spektakulärem weißem Sand, den nur wenige je sehen.

Cayos Limones, S. 198
Malerische kleine Inseln mit Stränden mit weichem Sand und luftigen Bars und Restaurants vor bunten Korallenriffen und Schiffswracks voller bunter Fische.

Río Sidra & Cayos Los Grullos, S. 204
Stille palmenbestückte Inseln mit geselligen Budget-Unterkünften und tollen Schnorchelmöglichkeiten vor den dschungelbedeckten Bergen des Guna-Festlands.

Karibisches Meer
Gaigirgordub (El Porvenir)
Cayos Limones
Cayos Holandeses
Gardi Islands
Gardi
Cayos Los Grullos
Cayos Coco Bandero
Río Sidra
Río
Azúcar
Mamartupu
Narganá
Maguebgandi
Airdirgandi
Ukupa
Ukupseni
GUNA YALA
Lago Bayano
Ailigandí
Achutupu
Golfo de Darién
Ustupu
Isla Pino
Navagandí
Nuevo Sasardí-Mulatupu
Tubualá
Caledonia
Caserío
Puerto Escocés
Carreto
Anachucuna
Sapzurro
DARIÉN
Río Chucunaque
Reserva Hidrológica Serranía de Darién
Parque Nacional Chagres
Río Chagres
PANAMÁ OESTE
Bahía de Panamá
Golfo de Panamá
COLÓN
Río Indio
COCLÉ
Golfo de los Mosquitos
Parque Nacional Reverendo Padre Jesús Héctor Gallego Herrera
Parque Nacional Santa Fé
Río Calovébora

ALFREDO MAIQUEZ/GETTY IMAGES ©

Schiffswrack, Guna Yala

Perfekte Tage

In Guna Yala vergeht die Zeit nur langsam – Schnorcheln, Kajakfahren und Baden sind die Hauptaktivitäten. Für die meisten Inseln reichen zwei Tage völlig aus.

Kurztrip

Als Basis dient eine der Inseln zwischen dem Hafen Gardi und den Cayos Limones wie das große **Icodub** (S. 200) oder das stille **Ariyaladub** (S. 200); von dort ist per Boot **Assudub Dummad** (S. 199) mit seinem weichen Sandstrand zu erreichen. Am zweiten Tag geht's gen Norden nach **Assudub Bibbi** (S. 201), um am Schiffswrack zu schnorcheln und dann bei der Sandbank **La Piscina** (S. 199) zu baden.

Fünf Tage im Paradies

Die ersten Nächte verbringst du auf **Wissudub** (S. 200), um am langen Strand entlangzubummeln und am Korallenriff zu schnorcheln. Durch die Cayos Limones geht's per Boot nach **Banedup Bibbi** (S. 199), um in Hängematten über dem Meer Cocktails zu schlürfen. Die letzten beiden Nächte bist du auf **Narasgandup Bibbi** (S. 205), um ins Dorfleben einzutauchen und in **Río Sidra** (S. 205) *molas* zu kaufen.

BESTE REISEZEIT

JANUAR BIS MÄRZ
Die Passatwinde bringen klaren Himmel und strahlend leuchtendes Wasser sowie die besten Segelbedingungen.

APRIL BIS JUNI
Die Sonne scheint bis Mitte Mai: Dann beginnt die Regenzeit und auf einigen Inseln tauchen Sandmücken auf.

JULI BIS SEPTEMBER
Oft gibt's Regen und Gewitter, doch dank wenig Wind kann man überall gut schnorcheln.

OKTOBER BIS DEZEMBER
Die schwersten Regenfälle des Jahres schränken Aktivitäten ein, aber es ist auch weniger los.

CAYOS LIMONES

Diese weite Inselgruppe mit Dutzenden malerischen, winzigen Tropeninseln mit schmalen Wasserstreifen dazwischen ist vom Hafenort Gardi weniger als eine Bootsstunde entfernt und das beliebteste Ziel in Guna Yala.

Der weiche weiße Sand und das glasklare Wasser locken zahlreiche Tagesausflügler:innen und Übernachtungsgäste an, doch die meisten Touren führen zu denselben wenigen Inseln – es gibt also noch jede Menge davon, auf denen weniger los ist und man sich zurücklehnen und die spektakuläre Szenerie genießen kann.

Außerdem bieten die Cayos Limones einige der besten Schnorchelspots des Archipels, mit Korallenriffen, Seegraswiesen und Schiffswracks nur einen Katzensprung vor der Küste dieser Inseln.

Dazu kommen tolle Strandbars, luftige Restaurants mit superfrischem Fisch, Hängematten über seichtem Wasser – ein wirklich entspannendes Urlaubsziel.

TOP TIPP

Die Cayos Limones sind das beliebteste Ziel in Guna Yala und auch das beliebteste Ziel von Tagesausflügen in die Region. Weniger los ist unter der Woche, mit weniger lautem Bootsverkehr. Wer auf einer Insel übernachtet, hat vor und nach dem Tourgruppentrubel die Strände für sich allein.

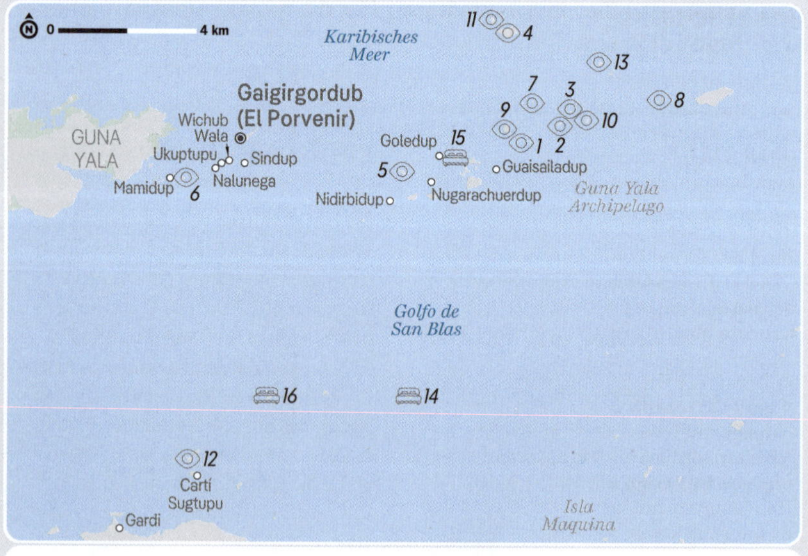

SEHENSWERTES
1 Assudub Bibbi
2 Assudub Dummad
3 Banedup Bibbi
4 Chichime Islands
5 Gagandub
6 Gorbinski
7 Gorgidub
8 Misdub
9 Niadup
10 Nugnudub
11 Wissudub
12 Yandub
13 Yansailadub

SCHLAFEN
14 Ariyaladub
siehe 2 Assudub Dummad
15 Guasiridup
16 Icodub
siehe 11 Wissudub
siehe 13 Yansailadub

JOHN CRUX PHOTOGRAPHY/GETTY IMAGES ©

Assudub Bibbi

Inselhopping in Guna Yala

STRÄNDE, HÄNGEMATTEN UND KOKOSWASSER

Touren zu den Cayos Limones führen meist zu denselben Inseln; um andere zu besuchen, kannst du ein Boot mieten.

Erste Anlaufstelle für viele ist **Niadup** (Isla Diablo) mit geschützten Bademöglichkeiten, gutem Restaurant und einem bei jüngeren Reisenden beliebten Ambiente. Weniger als 200 m entfernt liegt **Assudub Bibbi** (Isla Perro Chico), dank des Schiffswracks beim Strand die meistbesuchte Insel der Cayos Limones.

Das idyllische **Gorgidub** (Isla Pelicano) Richtung Norden besteht zumeist aus gleißend weißem Sand vor schillerndem blauem Wasser; ein halbes Dutzend Kokospalmen spenden einem kleinen Restaurant Schatten. Stiller als der winzige Namensvetter ist das herrliche **Assudub Dummad** (Isla Perro Grande) voller Kokospalmen, mit hübschem Strand und klarem Wasser.

Weiter nördlich wird die Meerlandschaft sogar noch schöner. **Banedup Bibbi** (Isla Frigata Pequeña) bietet Hängematten am hellblauen Meer und eine schöne Bar-Restaurant-Kombi auf Stelzen überm Wasser. **La Piscina** eine kurze Bootsfahrt entfernt ist eine herrliche Sandbank,

REGELN FÜR GUNA YALA

Die Guna geben sich große Mühe, ihr Land zu schützen. Gerätetauchen, Kitesurfen, Jetskis und anderer motorisierter Wassersport ist verboten.

Beim Betreten einer Insel, auf der man nicht nächtigt, muss man manchmal eine kleine Gebühr bezahlen.

Theoretisch dürfen Boote nur an Inseln mit Tourismuserlaubnis der Guna-Verwaltung anlegen. Das Übernachten auf unbewohnten Inseln ist verboten und wird auch streng überwacht.

Nicht darauf bestehen, dass Bootsführer vom Kurs abweichen – eventuell müssen sie Strafe zahlen und können ihre Bootslizenz verlieren.

WEITERE IDYLLISCHE INSELN

Eine ganz anderes, aber ähnlich herrliches karibisches Inselerlebnis bietet der Archipiélago de Bocas del Toro (S. 154) mit weiteren luftigen Strandhütten und köstlichen frischen Fischgerichten.

ÜBERNACHTEN AUF DEN CAYOS LIMONES

Wissudub
Bunte hölzerne *cabañas* (Hütten) an einem breiten weichen Sandstrand. **$$**

Assudub Dummad
Stille Schönheit mit umwerfendem Strand – Zelt und Proviant mitnehmen! **$**

Guasiridup
Stille grasbewachsene Insel mit den komfortabelsten *cabañas* der Inseln, jedoch mit Gemeinschaftsbad. **$$**

EINE BUNTE TRADITION

Die *molas* der Guna, die begehrtesten Erzeugnisse panamaischen Kunsthandwerks, bestehen aus bunten Baumwollquadraten, die so zusammengenäht werden, dass komplexe Designs mit Landschaften und Tieren entstehen, oft umgeben von geometrischen Mustern.

Auf diese Werke sind die Guna sehr stolz; sie bilden einen wichtigen Teil traditioneller Kleidung.

Es gibt folgende Arten von *molas*:

Abiniguat
Eine Farbe: eine auf den Grundstoff genähte Farbe.

Obagalet
Zwei Farben: zwei aufgenähte Schichten.

Mormaralet
Mehrere Farben: mehrere auf den Grundstoff genähte Farbschichten.

Morgonikat
Viele Farben: zwei oder mehr auf den Grundstoff genähte Schichten, mit zusätzlichen Füllschichten, Stickerei und/oder Applikationen.

Herstellung einer Guna-*mola*

an der man mitten im Meer in warmem, hüfttiefem Wasser baden kann. Das benachbarte **Nugnudub** hat sich gerade erst für Besucher:innen geöffnet und ist zumeist unerschlossen, mit langem palmengesäumtem Strand.

Das entlegene, längliche **Misdub** (Isla Gato) am Ostrand der Cayos Limones zählt zu den reizendsten Inseln der Gruppe. Es verfügt über eine Sandbank mit riesigen Seesternen.

Nicht versäumen: **Wissudub** (Isla Icaro) gleich nördlich der Cayos Limones in den **Cayos Chichime** ist eine zauberhafte Insel mit einem Palmenwald und langen leeren Stränden.

Bastionen der Inselkultur

TRADITIONELLE GUNA-DÖRFER BESUCHEN

Die meisten Besucher:innen locken die traumhaften Inseln des Archipels nach Guna Yala, doch wird ihnen dort schnell klar, dass die Region ihren Reiz zum Großteil ihrer Kultur verdankt. Die Guna, die erste indigene Gruppe Lateinamerikas, die ihre Unabhängigkeit erlangte, bleiben ihren Traditionen standhaft treu und nehmen ihre Autonomie sehr ernst.

Zwar gibt es auf den meisten Strandinseln, die Gäste empfangen, keine traditionellen Guna-Siedlungen, doch es gibt auch ein paar bewohnte Inseln, auf denen Besucher:innen so richtig in den Alltag des Archipels eintauchen können. Wer durch die schmalen sandigen Straßen bummelt, hat schnell neugierige Kinder im Schlepptau und Frauen jeden Alters tauchen an den Türen auf, um ihre wunderbaren handgefertigten *molas* zu zeigen.

Beim Besuch dieser Siedlungen kann man problemlos Landschaften und Straßenszenen fotografieren, aber bevor man Einheimische, besonders Frauen in Trachten, knipst, muss

ÜBERNACHTEN AUF DEN CAYOS LIMONES

Icodub
Größere und gut organisierte Insel mit guter Verbindung zwischen Hafen und den Cayos Limones. **$$**

Yansailadub
Tolles Essen und freundlicher Service auf einer weniger besuchten und von Riffen umgebenen Insel. **$$**

Ariyaladub
Hübsche, schmale Insel beim Hafen mit einfachen reetgedeckten *cabañas* und großen Kokospalmen. **$$**

man um Erlaubnis bitten und vielleicht ein bisschen Geld geben. Im Unterschied zu den gleich am Hafen gelegenen Gardi-Inseln mit ihren Häusern aus Beton und Blechdächern, sind die Häuser auf der dicht besiedelten Insel **Yandub** nach traditioneller Art aus Holz und Reet erbaut. Hier kannst du einen geführten Bummel unternehmen, bevor du dich an die Strände begibst.

Corbinski bei Porvenir, dem Verwaltungssitz der *comarca*, ist eine freundliche Insel mit vier *cabañas* über dem Wasser und einer Schule mit Schulkindern aus umliegenden Dörfern. Außerdem liegt die Insel nur eine kurze Bootsfahrt von einigen tollen Stränden entfernt.

Schnorcheln im Archipel

EINE FANTASTISCHE UNTERWASSERWELT

Genauso schön wie über dem Wasser ist Guna Yala unter Wasser, mit bunten Korallen und Seegras mit verschiedensten Meerestieren.

Gerätetauchen ist in ganz Guna Yala verboten, doch glücklicherweise ist das Wasser rund um die Inseln zumeist extrem seicht, sodass die reizende Unterwasserwelt größtenteils einfach mit Maske und Schnorchel zu erkunden ist. Das flache und gewöhnlich ruhige Wasser eignet sich auch gut für junger Schnorchler:innen und Schwimmanfänger:innen.

In ganz Guna Yala ist die Sicht besonders in der Trockenzeit erstklassig und das Wasser ist immer warm, sodass man stundenlang inmitten von Papageienfischen, Barrakudas, Rochen, Haien und riesigen Seesternen schnorcheln kann.

Zwar verleihen die meisten Hotels und einige Restaurants Schnorchelausrüstung, doch die Masken sind oft undicht und kaputte Ausblasventile führen oft zu salzigen Mundduschen – also am besten eigene Ausrüstung mitnehmen!

Der beliebteste Schnorchelspot der Region ist **Assudub Bibbi** (Isla Perro Chico): Hier liegt im flachen Wasser nur ein paar Meter vom Strand ein versunkenes Schiff voller Schwämme und Korallen. Das Wrack lockt Trompeten-, Feldwebel- und Schrift-Feilenfische an. Darunter auch weitere wunderbare Riffarten mit Mustern wie auf den Hosen der 1970er-Jahre. Auf der anderen Seite der Insel wächst gleich vor der Küste in 2 m Tiefe ein gesundes Korallenriff.

Weitere Inseln mit ausgezeichneten Schnorchelmöglichkeiten sind etwa das große **Wissudub** (Isla Chichime) und **Yansailadub** (Isla Yanis) am Nordrand der Cayos Limones und **Gagandub** (Isla Yierba) am Westrand der Inselgruppe.

LIEBLINGS-INSELN

Adial Martinez Tejada ist ein Guna-Bootsführer, der seine Zeit damit verbringt, Besucher:innen durch den Archipel zu schippern. Hier seine Lieblingsinseln zum Entspannen:

Isla Chichime
Mein absoluter Favorit, dank dem großen weißen Strand und dem wunderbar türkisen Wasser.

Gagandub
Diese Insel besuche ich gern wegen der vielen Riffe und der dichten Kokospflanzungen, die sie sehr schön aussehen lassen. Es gibt ein tolles Restaurant mit einer breiten Palette an Meeresfrüchten und sogar Cocktails.

Anmardub
Auf dieser Insel (S. 205) kann man prima mit der Familie im Zelt übernachten. Es gibt tollen weichen Sand und fantastisches glasklares Wasser.

UNTERWEGS VOR ORT

Fast alle Unterkünfte auf oder bei den Cayos Limones bieten ihren Gästen Bootstouren zu benachbarten Inseln und zur Sandbank *La Piscina*. Meist heißt das, dass man auf vorbeikommende Tagsausflüglerboote gepfercht wird. Wer ein paar Tage bleibt, kann sich für eine kleine Gebühr oft Touren zu verschiedenen Inseln anschließen. Um weiter entlegene Inseln zu besuchen, muss man ein Boot mieten. Das gilt auch für die beliebteren Inseln, wenn dort weniger los ist. Von Insel zu Insel zu schwimmen ist verboten.

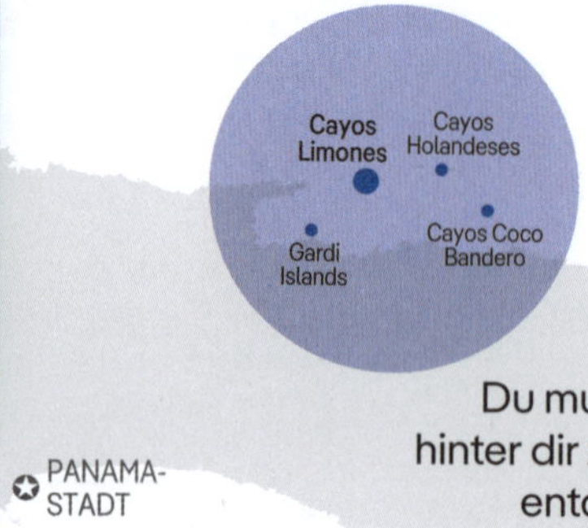

PANAMA-STADT

Rund um die Cayos Limones

Du musst nicht weit fahren, um die Tourboote hinter dir zu lassen und die unberührten Inseln zu entdecken, für die der Archipel berühmt ist.

Östlich der Cayos Limones werden die Inseln des Archipels schnell weniger bewohnt, und die weiter draußen sind völlig unerschlossen. Statt Volleyballplätzen und Restaurants gibt's hier nur Palmen ohne Ende.

Einige der schönsten Landschaften des Archipels finden sich auf den unbewohnten Cayos Holandeses, der nördlichsten Inselgruppe von Guna Yala. Sie besteht aus drei großen Inseln und über einem Dutzend kleineren – das einsame Inselparadies für Robinson-Fantasien.

Auf den Inseln gibt's keine Hotels, doch auf einer darf man ein Zelt aufschlagen. Ansonsten kann man auf einem Segeltörn oder einem Tagesausflug per Motorboot vorbeischauen.

TOP TIPP

Bevor du ein Boot buchst, frage den Skipper, wo du übernachtest und wie viele Personen an Bord sind.

MAXIMILIAN STIMMEL/SHUTTERSTOCK ©

Segelschiff, Guna Yala

Segeln in Guna Yala

EIN NACHHALTIGES ABENTEUER

Nichts ist beglückender, als Guna Yala auf dem luftigen Deck einer Jacht mit einem erfrischenden Getränk in der Hand zu erkunden. Auf einem Segeltörn durch die entlegenen Teile des Archipels verbringt man den Vormittag mit Baden und Schnorcheln im glasklaren Wasser vor winzigen unbewohnten Inseln; dann lichtet man den Anker und segelt zum nächsten Stück Paradies.

Traditionell sind die Guna keine großen Fans von Segeltouren, da deswegen Übernachtungen und Essengehen auf den Inseln entfällt, doch dank neu eingeführten Ankergebühren sind die Touren inzwischen völlig akzeptiert.

Auf mehrtägigen Segeltörns können die Teilnehmenden entlegene Inseln erkunden, die die meisten anderen Besucher:innen nie zu Gesicht bekommen. Ob man seine Fußspuren auf den endlosen schneeweißen Stränden der **Cayos Holandeses** hinterlässt oder um die perfekt geformten Palmeninseln der **Cayos Coco Bandero** herumschwimmt: Ein Segeltrip durch den entlegenen Teil der Inselgruppe ist auf jeden Fall ein Highlight jeder Panamareise.

Destination Kolumbien

EIN IDYLLISCHER GRENZÜBERGANG

Zwar steht der Darién Gap einem interkontinentalen Roadtrip im Weg, doch eine mehrtägige Seereise durch den Guna-Yala-Archipel ist eine herrliche Alternative zum Flug von Panama nach Kolumbien.

Für Touren zwischen den beiden Ländern gibt's zwei Wege. Segelboote mit Übernachtungsmöglichkeiten legen auf einigen der äußeren Guna-Yala-Inseln an, bevor sie übers offene Meer nach Cartagena de las Indias weiterschippern. Kleinere Motorboote bleiben näher an der Küste und steuern das winzige kolumbianische Grenzdorf Sapzurro an; übernachtet wird auf winzigen verlassenen Inseln oder in traditionellen Guna-Siedlungen.

WARUM ICH GUNA YALA LIEBE

Alex Egerton, Autor

Für mich ist Guna Yala ein Ort, an dem ich das Gefühl habe, in eine Zeit zurückversetzt worden zu sein, in der ein erfrischender Mangel an modernen Ablenkungen herrscht. In eine Zeit der einfachen Freuden wie der, aus dem Bett zu springen und um die winzige Insel herumzuschnorcheln. Oder unter dem flackernden Licht von generatorstromversorgten Lampen mit reizenden Gastgeber:innen über ihre unglaublichen Traditionen zu plaudern.

Es ist ein Ort, wo ich zwar kaum etwas mache, aber das Gefühl habe, viel zu lernen, und dessen herrliche Landschaften mich noch lange inspirieren, nachdem ich nach Hause zurückgekehrt bin.

UNTERWEGS VOR ORT

Schnellboottouren zu den Cayos Holandeses und anderen entlegenen Inseln holen Gäste bei ihren *cabañas* in Guna Yala ab, zu Tagestrips am Hafen von Gardi.

Die Segelboote für Guna-Yala-Törns ankern meist irgendwo vor Gardi; die Passagiere werden dann mit kleinen Booten am Anleger in Gardi abgeholt.

Jachten auf dem Weg nach Kolumbien fahren in der Nähe von Gardi oder bei Portobelo auf Colón ab. Motorboote nach Kolumbien holen Passagiere meist am Hafen von Gardi ab.

RÍO SIDRA & CAYOS LOS GRULLOS

Die quirlige Gemeinde Río Sidra nicht weit vom Festland und östlich von Gardi liegt im Schatten imposanter waldbedeckter Berge und ist das Tor zu einer Reihe atemberaubender, wenig besuchter Inseln.

Die Inseln nördlich von Río Sidra werden nur selten auf Tagestouren angesteuert und sind sehr beliebt bei jungen unabhängigen Reisenden. Die Cayos Los Grullos im Nordosten sind unerschlossene Schönheiten, bei Segler:innen beliebt als Ankerplätze mit erstklassigen Schnorchelmöglichkeiten.

Doch in Río Sidra dreht sich nicht alles nur um Sand und Sonne. Die Insel Río Sidra teilt sich in zwei Guna-Siedlungen, Mamardub und Urgandí, wo man wunderbar detaillierte *molas* erstehen kann. Außerdem ist die Insel das Sprungbrett für Wanderungen durch den Regenwald des Guna-Festlands zu einem erfrischenden Wasserfall.

TOP TIPP

Hütten mit Sandboden sind billiger als die mit erhöhten Holzböden, doch können sie nervige Sandmücken beherbergen. Traditionelle Reetdächer sind viel kühler als Blechdächer.

SEHENSWERTES
1 Anmardub
2 Gorgidub
3 Narasgandup Bibbi
4 Río Sidra
5 Senidub

SCHLAFEN
siehe 1 Anmardub
siehe 3 Cabañas Narasgandup
siehe 5 Franklin's Place

HEMIS/ALAMY STOCK PHOTO ©

Río Sidra

Die Inseln von Río Sidra

EIN STÜCK VOM PARADIES

Nur eine kurze Bootsfahrt von Río Sidra entfernt liegt **Senidub**, eine der am längsten erschlossenen und beliebtesten Inseln in Guna Yala. Hier verbringen Reisende ihre Tage mit Sonnenbaden und Schwimmen, bevor es abends am Strand am Lagerfeuer gesellig wird.

Das nahe **Narasgandup Bibbi** (Isla Naranja Chico) ist toll für alle, die das Abhängen am Strand mit ein bisschen Kultur würzen wollen; eine kleine Guna-Siedlung bietet vier Pensionen. Die drei am Strand verfügen über einfache Zimmer, doch dafür ist man direkt am spektakulär breiten Strand mit türkisem Wasser und Bergblick.

Cabañas Narasgandup an der Südspitze der Insel bietet luftige und komfortable *cabañas* über dem Wasser; von hier aus kann man die Dorfkinder herumplanschen sehen.

Das von der Guna-Verwaltung aufgrund illegaler Aktivitäten konfiszierte, atemberaubend schmale **Anmardub** (Isla de Todos) wird nun von der Community verwaltet und ist ideal dafür geeignet, ein Zelt aufzubauen. Umgeben von schimmerndem seichtem Wasser finden sich hier noch ein Restaurant mit Bar und Toiletten – und sonst herrlich wenig.

Die östlichste Insel, **Gorgidub** (Isla Pelicano, nicht zu verwechseln mit der gleichnamigen Insel der Cayos Limones), ist berühmt als Schauplatz der spanischen Fernsehserie *La Casa de Papel* und das Tor zu den unberührten **Cayos Los Grullos**. Die kleine Insel wirkt ein bisschen voll, aber sie ist umgeben von einladendem leuchtendem Wasser; außerdem kann man eine hübsche ruhige Sandbank und ein von schönen Korallen umringtes unbewohntes Eiland besuchen.

DAS MUSS MIT

In Guna Yala gibt's nur wenige Geschäfte – besonders für längere Aufenthalte also entsprechend packen!

Insektenschutz
Auf einigen Inseln sind in der Regenzeit Sandmücken und andere stechende Insekten ein Problem.

Snacks
Zwar sind Meeresfrüchte und Bananen köstlich, doch nach ein paar Tagen braucht man vielleicht etwas Abwechslung.

Wasser
Frischwasser ist ein Problem auf den Inseln und oft gibt's nur kleine Flaschen Wasser zu kaufen. Am besten ein paar Liter Wasser mitnehmen; wegen des salzigen Grundwassers nutzen Entkeimungstabletten nicht viel.

Sonnencreme
Auf einigen Inseln gibt's wenig Schatten und die Sonne brennt.

Bargeld
Die meisten Geschäfte nehmen nur Bargeld; teils kann man online bezahlen.

Reisepass
Wird am Zugang zur *comarca* kontrolliert.

ÜBERNACHTEN IN RÍO SIDRA & AUF DEN CAYOS LOS GRULLOS

Franklin's Place
Weitläufige, freundliche Backpackerbleibe mit Dorms und Holz-*cabañas* nicht weit vom Meer. **$$**

Cabañas Narasgandup
Luftige erhöhte *cabañas*, auf deren Balkonen man mit Blick aufs Riff sein Essen genießen kann. **$$**

Anmardub
An dem prächtigen Strandstreifen im Besitz der Community kann man in Zelten nächtigen. **$**

Oben: Mülleramazone; rechts: *Piragua* **(motorisiertes Kanu), Yaviza (S. 211)**

PROVINZ DARIÉN

DIE DSCHUNGELWILDNIS ENTDECKEN

Eines der letzten großen Grenzgebiete Lateinamerikas: Die legendäre Wildnis der Provinz Darién ist schwierig zu erkunden, bietet aber unvergleichliche Naturerlebnisse.

Darién steht für undurchdringlichen Dschungel und Abenteuer. Die am wenigsten besuchte und erschlossene Provinz Panamas liegt im äußersten Osten des Landes, wo die Landenge an Südamerika grenzt. Rinderfarmen, Naturreservate, Nationalparks und Dschungelstrände prägen die wilde Naturlandschaft.

In dem abgelegenen Gebiet leben indigene Gemeinschaften, die altes Wissen und Traditionen bewahren und den artenreichen Lebensraum schützen.

Der Darién beherbergt eine verblüffend vielfältige Tierwelt, von winzigen Kolibris bis zu majestätischen Harpyien, von grasenden Wasserschweinen bis zu mächtigen Jägern wie Pumas und Jaguaren. Es gibt auch sechs Affenarten, Tapire und riesige Vogelspinnen.

Eine Fahrt im motorisierten Kanu durch schokoladenbraunes Wasser zu abgeschiedenen überwachsenen Pfaden, die sich tief in den Dschungel schlängeln, lässt Entdecker- und Naturliebhaberherzen höherschlagen.

Doch eine andere Seite des Darién wird oft übersehen, wenn die legendäre Wildnis im Inland im Fokus steht. Die Pazifikküste der Provinz ist die Heimat dynamischer afropanamaischer Gemeinden. In der regionalen Hauptstadt La Palma dienen die Früchte des Meeres und das fruchtbare Umland als Lebensgrundlagen.

Entlang der Küste befinden sich spektakuläre Buchten mit dschungelbewachsenen Landzungen vor einer imposanten Bergkulisse, wo winzige Emberá-Dörfer auf unberührtem Sand liegen.

DIE WICHTIGSTEN ZIELE

DIE PAZIFIKKÜSTE
Eindrucksvolle dunkle Sandstrände.
S. 214

YAVIZA & DAS INLAND
Echte Dschungelabenteuer.
S. 210

Erste Orientierung

Um sich im Darién fortzubewegen, braucht es entweder viel Geduld oder Geld. Abgesehen von den Städten entlang der Panamericana erfolgt der Transport hier in der Regel mit dem Boot, sei es über unregelmäßig verkehrende Sammellinien oder private Charterunternehmen.

Yaviza & the Interior, S. 210

Die Panamericana endet abrupt in Yaviza, wo Rinderfarmen in die Weiten des dichten Regenwaldes des Parque Nacional Darién übergehen.

Die Pazifikküste, S. 214

Eine unberührte Wildnis, in der sich breite schokoladenfarbene Flüsse einen Weg vom Meer zu abgelegenen Dörfern Indigener bahnen und dschungelbewachsene Berge spektakuläre Strände umrahmen.

Karibisches Meer
Lago Bayano
Golfo de los Mosquitos
Golfo de Panamá
Golfo de Darién
Pazifischer Ozean
Nurra
GUNA YALA
Platanillo
Santa Fé
Cucunatí
Metetí
Puerto Quimba
Sansón
La Palma
Bosque Protector Alto Darién
Punta Alegre
Punta Patiño
Setegantí
Taimatí
Emberá
Yaviza
Unión Chocó
Capetí
Garachiné
Sambú
Pijibasal
Bayamón
Condoto
Tucutí
Bajo Lepe
Playa Muerto
Pavarandó
Río Sambú
Río Balsas
DARIÉN
Río Tuira
Paya
Parque Nacional Darién
Jaqué

SCHIFF/FÄHRE

Schiffe bilden das Rückgrat des Transports im Darién. Manche Ziele sind mit Schiffen angebunden wie andere mit dem Bus – Abfahrt zu festen Zeiten oder wenn voll. Zu anderen Orten kommt man nur, wenn man jemanden findet, der einen mitnimmt.

BUS

Während auf der Panamericana große klimatisierte Busse pendeln, sind „Busse" im Darién eher vollgepackte Minivans oder, auf unebenen Straßen zwischen abgelegenen Dörfern, die Ladefläche eines Pickup.

JUAN CARLOS VINDAS/GETTY IMAGES ©

Fleckenkehl-Schattenkolibri

Perfekte Tage

Im Darién ist ein strikter Zeitplan fehl am Platz – sporadische Verkehrsmittel und die launenhafte Natur sorgen oft für ungeplante Übernachtungen.

Ein Kurzbesuch im Darién

Von **Yaviza** (S. 211) geht's mit dem Boot den malerischen Río Chuncunaque hinab und dann mit dem Pick-up zur indigenen Emberá-Gemeinde **Pijibasal** (S. 212). Nach einer Nacht in der hiesigen Lodge steht man mit dem Hahnenschrei auf und wandert mit einem einheimischen Guide zur Rangerstation Rancho Frio im **Parque Nacional Darién** (S. 212), wo Pfade zu Wasserfällen tief im Dschungel führen.

Eine Woche im Darién

Nach einer Nacht in der indigenen Wounaan-Gemeinde **Puerto Lara** (S. 212) am Fluss geht's in die Provinzhauptstadt **La Palma** (S. 216). Wenn es das Budget erlaubt, fährt man per Schnellboot zum abgelegenen Emberá-Dorf **Playa Muerto** (S. 217); alternativ nimmt man ein öffentliches Boot den **Río Sambú** (S. 215) hinauf. Schließlich geht's durch Yaviza in den **Parque Nacional Darién** (S. 212) mit einer Übernachtung im Zelt.

BESTE REISEZEIT

JANUAR BIS MÄRZ
Trockenes Wetter in der Region sorgt für gute Wanderwege, schönes Fotolicht und Sichtungen von Aras.

APRIL BIS JUNI
Die Regenzeit beginnt, doch es gibt noch viel Sonne und der Boden ist nicht matschig.

JULI BIS SEPTEMBER
Imposante Buckelwale passieren auf ihrem Marathon ab Chile die Pazifikküste.

OKTOBER BIS DEZEMBER
Starker Regen erschwert das Wandern, dafür verkehren auf kleinen Flüssen nun *piraguas*.

YAVIZA & DAS INLAND

Nach über 12 000 km durch Eis, Steppen, hohe Berge und Wüsten endet die Panamericana ganz plötzlich an einem schlammigen Fluss in dem winzigen Ort Yaviza, gestoppt vom dichten Dschungel des Darién.

Yaviza inszeniert sich jedoch nicht als berühmte Endstation der Straße. Anstelle großer Werbetafeln oder einer Touristeninformation findet man hier geschäftiges Treiben und regen Verkehr am Flusshafen im Herzen der Stadt in die und aus der Wildnis.

Jenseits von Yaviza liegen landwirtschaftliche Außenposten, indigene Gemeinden und der Parque Nacional Darién, das größte und ursprünglichste Waldgebiet der Provinz. Auf Wanderungen unter alten Baumriesen lassen sich hier imposante Harpyien entdecken.

Leichter zugänglich sind einige kleinere Waldreservate, wo man abseits der Schnellstraße nahe dem Handelszentrum Metetí gut Vögel beobachten kann.

TOP TIPP

Die Darién-Region steht unter der strengen Kontrolle von SENAFRONT, der Grenzpolizei Panamas, und abseits der Schnellstraße ist fast immer eine Genehmigung vonnöten. Um sich Wartezeiten in heißen Provinzstädten zu ersparen, kümmert man sich um diese im Vorfeld in Panama-Stadt.

GONZALO BELL/SHUTTERSTOCK ©

Piraguas, **Yaviza**

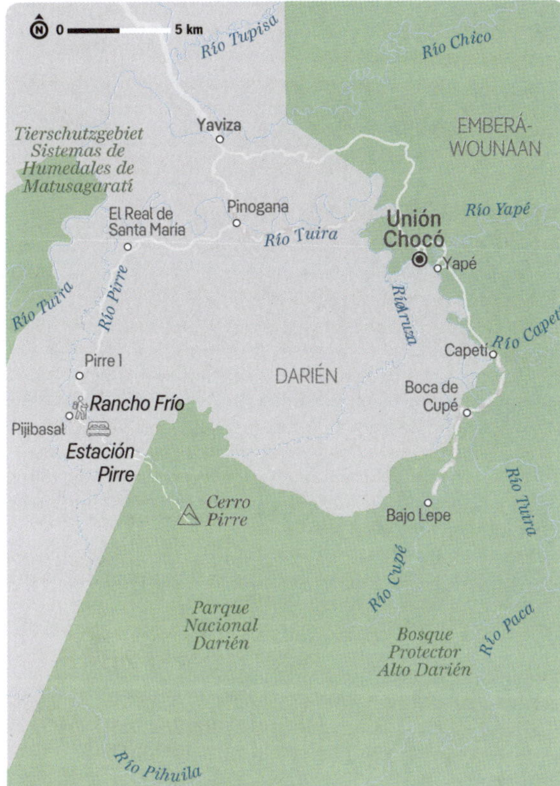

Letzter Halt: Yaviza

EINFALLSTOR IN DEN DARIÉN-GAP

Am Ende der Straße ist **Yaviza** ein merkwürdig geschäftiger Ort. Der marode Mix aus Betonhäusern, Holzhütten und gut sortierten Lebensmittelläden ist die letzte richtige Stadt vor dem Dschungel der Darién-Lücke. Ab hier geht's nur noch über den Fluss weiter.

Die Stadt hat ihre Ecken und Kanten, liegt in einem Überschwemmungsgebiet und wirkt einem Graham-Greene-Roman samt Protagonisten, der geduldig am Dock auf ein Boot wartet, entsprungen. Yaviza ist für sich genommen kein Reiseziel, ein faszinierender Anblick ist jedoch der rege Handels-

MUT ZUR LÜCKE

Seit dem ersten Panamericana-Kongress in Buenos Aires 1925 arbeiten die Länder des amerikanischen Kontinents am Aufbau eines umfassenden kontinentalen Straßennetzes.

Ein Jahrhundert später fehlen lediglich 106 Kilometer zur Vollendung des Projektes, die sogenannte **Darién-Lücke**. Diese Wildnisstrecke ist die einzige Barriere in der ansonsten durchgängig über 30 600 km verlaufenden Fernstraße von Alaska nach Chile.

In naher Zukunft wird man wohl nicht von Anchorage nach Puerto Mott brettern können, denn in Panama gibt's großen Widerstand gegen den Bau des letzten Abschnitts. Sorgen bereiten dabei die Abholzung, die Ausbreitung von Schädlingen bei Kulturpflanzen und der Anstieg des Drogenschmuggels und der illegalen Migration.

ÜBERNACHTEN IN YAVIZA & IM INLAND

Hospedaje Sobia Kiru
Yavizas komfortabelste Zimmer bietet diese freundliche zweistöckige Unterkunft mit guter Klimaanlage. **$**

Ya Darién
Einfache Zimmer direkt am Fluss in Yaviza samt kleinem Balkon mit Blick auf den Trubel. **$**

Hotel Bellagio
Die beste Unterkunft in der geschäftigen Transitstadt Metetí, wenn auch ohne schöne Aussicht. **$**

und Passagierverkehr, der tetrisähnlich auf schmale *piraguas* (motorisierte Kanus) gepackt wird, um in entfernte Orte tief im Dschungel zu gelangen.

Die Stadt ist ein Pilgerort für alle, die auf dem nordamerikanischen Abschnitt der Panamericana unterwegs sind, und ein Pflichtstopp für den Besuch des Parque Nacional Darién und der umliegenden Dörfer.

DARIÉN-DSCHUNGEL

Erasmo de León, Mitgründer und Hauptguide von Ecotour Darién, über seine Lieblingsorte in der Region, um in der Natur zu entspannen.

Wenn ich nicht mit einer Tour unterwegs bin, gehe ich gerne zur **Chuncunaque Lodge**, um mich über das Jaguarschutzprojekt zu informieren, das Konflikte zwischen den Großkatzen und Rinderfarmen verhindern soll, und um nach Vögeln Ausschau zu halten. Wenn ich mehr Zeit habe, zelte ich mitten im Dschungel in **Pijabasal** und **Pirre** im Parque Nacional Darién, beobachte dort Vögel und gehe wandern.

Indigene Gemeinschaften

ZEITLOSE TRADITIONEN ENTDECKEN

Der Darién ist die Heimat vieler indigener Gemeinschaften der Emberá und der Wounaan. Sie leben in zwei *comarcas* (autonomen Regionen) sowie über die restliche Provinz verteilt.

Einige Dörfer haben sich dem Tourismus geöffnet, um auf nachhaltige Art ihr Einkommen zu sichern, und bieten Übernachtungen in selbst verwalteten Lodges. Die Ausstattung ist einfach und zwischen den Betten gibt's oft keine Trennwände. Doch die eindrückliche Erfahrung, mit dem Hahnenschrei unter einem Strohdach aufzuwachen und auf einer Dschungelwanderung nach Heilpflanzen zu suchen, macht den Mangel an Komfort wett.

Einen kurzen Fußmarsch vom Eingang des Parque Nacional Natural Darién entfernt liegt das Emberá-Dorf **Pijibasal** am Ufer eines hübschen klaren Flusses. Viele Einheimische sind fachkundige Guides, kennen die Wege und helfen bei der Suche nach Wildtieren im Park und im Umland.

Nahe Santa Fe führt eine Abzweigung von der Panamericana nach Puerto Lara, einer einladenden Wounaan-Gemeinschaft mit zwei gut geführten Lodges. Eine befindet sich mitten im Dorf, die andere an einem ruhigen Flussufer direkt am Ortsrand.

Parque Nacional Darién

MITTELAMERIKAS GROSSE WILDNIS

Der **Parque Nacional Darién**, ein gewaltiges 5750 km² großes Gebiet aus dichtem Regenwald, ist der ökologisch vielfältigste Nationalpark Mittelamerikas und der Star unter Panamas Parks. Für Forschungen in den Bereichen Botanik und Biologie genießt er hohes Ansehen, für unabhängige Reisende ist ein Besuch jedoch eine Herausforderung. Der Zugang ist schwierig und die Begleitung eines lizenzierten Guides obligatorisch, dafür lässt sich hier die wahre Wildnis entdecken.

In den Park gelangt man in der Regel über **Rancho Frío**, 17 km südlich von El Real, einem landwirtschaftlichen Außen-

ESSEN IN YAVIZA & IM INLAND

El Patacón
Der charmante kleine Laden in Yaviza legt besonderen Wert auf Dekoration und leckere Aromen. **$**

Avicar
Das alteingesessene Lokal an der Panamericana in Torti bietet erstklassige traditionelle Gerichte. **$**

Fonda Yumayuis
Garnelen und Fisch in dem günstigen Mittagslokal am Ortsrand von Metetí sind exzellent. **$**

posten, der von Yaviza mit dem Boot zu erreichen ist. Von der Straße führt eine einstündige Wanderung zur Rangerstation **Estación Pirre** mit einer einfachen zweistöckigen Lodge mit 14 Stockbetten für 28 Personen.

Drinnen kann es heiß und feucht werden, daher bevorzugen viele Gäste eine Hängematte mit Moskitonetz auf dem schattigen Campingplatz draußen. Man muss Essen und gereinigtes Wasser selbst mitbringen sowie im Voraus über das Nationalparkbüro in Panama-Stadt oder Yaviza reservieren.

Rund um die Station gibt's viele seltene Vogelarten, darunter Blutbauchspechte, Weißstirntrappisten, Grauwangen-Faulvögel und Waldspäher. Interessierte können direkt vor Ort Tage damit verbringen, begehrte Spezies von ihrer To-do-Liste zu streichen.

Zum Wegenetz nahe Rancho Frio gehört eine Zweitageswanderung durch schlammiges Terrain zum Kamm des **Cerro Pirre** (1615 m). Der Berg ist einer der lohnendsten Orte zur Wildtierbeobachtung. Während in den Baumkronen Tangare, Schnurrvögel und Aras Brüll- und Klammeraffen Gesellschaft leisten, finden sich am Waldboden Tapire und Weißbartpekaris. Ein anderer einstündiger Weg führt zu einigen erfrischenden Wasserfällen.

Auf den Spuren des Harpyienadlers

NISTENDE RAUBVÖGEL AUSSPÄHEN

Dariéns Tieflandwälder zählen zu den besten Orten des Kontinents, um die eindrucksvolle Harpyie zu entdecken. Der stärkste Adler der Welt ist Panamas Nationalvogel.

Die mächtigen Vögel können bis zu 10 kg schwere Faultiere und Affen erbeuten und haben überaus kraftvolle Krallen. Ihre Flügelspannweite ist im Vergleich zu anderen großen Raubvögeln recht kurz, da sie durch die dichten Baumkronen navigieren müssen.

In der Regel kehren die Vögel alle zwei bis drei Jahre zum selben großen Baum zurück, um zu nisten. Lokale Guides kennen die aktiven Nester in der Region, deshalb stehen die Chancen gut, den Vogel zu entdecken. Oft befinden sich die Nester tief im Wald, manchmal jedoch auch in der Nähe von Ackerland, man muss also nicht immer stundenlange Fußmärsche auf sich nehmen.

CHECKLISTE FÜR DEN DARIÉN

Einen Guide buchen
Eine Genehmigung für den Dschungel bekommt man nur mit einem lizenzierten lokalen Guide, der für die Sicherheit in ländlichen Gebieten verantwortlich ist.

Polizeiliche Genehmigung
Man muss die Grenzpolizei SENAFRONT in Panama-Stadt oder Metetí anschreiben, die geplante Reiseroute auf Spanisch darlegen sowie eine Kopie des eigenen Ausweises und vom Guide beilegen. Vom gestempelten Dokument sollte man mehrere Kopien machen.

Nationalparkreservierungen
Vor der Anreise müssen Unterkünfte im Parque National Darién bei einer Bank bezahlt werden.

Lokale SIM-Karte
WLAN findet man im Darién kaum; am besten kauft man sich eine lokale SIM-Karte und aktiviert sie vor der Abfahrt.

UNTERWEGS VOR ORT

Busse verkehren ungefähr stündlich auf der Panamericana zwischen Panama-Stadt und Yaviza mit Stopps in Ortschaften im Inland des Darién.

In Yaviza fahren kleine Schnellboote und traditionelle lange Kanus namens piraguas nach El Real und in andere Orte am Fluss. Man muss sich bei der Polizeiwache am Hafen anmelden und vor Betreten des Bootes die Genehmigung vorzeigen.

Vom Hafen von Mercadeo in El Real fahren Pick-ups unregelmäßig auf der Schotterpiste nach Pijibasal und passieren dabei den Startpunkt des Trails nach Rancho Frio im Parque Nacional Darién.

DIE PAZIFIK-KÜSTE

Die meisten Reisenden im Darién steuern direkt die Naturschutzgebiete im Inland an, dabei finden sich viele der schönsten Landschaften der Region an der wenig bekannten Pazifikküste.

Die Städte und Dörfer des pazifischen Darién sind nur mit dem Boot zu erreichen und gehören zu den ärmsten des Landes. Ein Besuch ist eine Herausforderung, die Mühe wird jedoch reich belohnt.

Die größte Stadt der Region, La Palma, ist eine faszinierende Bastion afropanamaischer Kultur zwischen bewaldeten Hügeln und einem idyllischen Meeresarm. Die wahren Highlights der Gegend warten jedoch woanders.

Man denke an atemberaubende wilde schwarze Strände vor der feuchten Dschungelkulisse, die man ganz für sich hat, oder an einen weiten braunen Fluss, der sich vom Meer in die entlegene Heimat indigener Gemeinschaften schlängelt, wo lokale Guides tief in den Dschungel führen können.

TOP TIPP

In der Wildnis ist Strom nur begrenzt oder gar nicht verfügbar. Wichtig ist eine Stirnlampe mit Reservebatterien, zudem sind Bücher technischen Geräten vorzuziehen. Essen wird im Darién früh serviert und die Portionen sind eher klein, deshalb sind bei längeren Aufenthalten ein paar Snacks eine gute Idee.

GONZALO BELL/SHUTTERSTOCK ©

Bootsfahrt

WARUM ICH DIE PAZIFIKKÜSTE LIEBE

Alex Egerton, Autor.

Fast nirgends ist die Pazifikküste so magisch wie in einer geschäftigen Bar an der Bucht in La Palma mit lauter Salsa-Musik und dem Blick auf verspielte Delfine, die nur 50 m vor der Küste aus dem Wasser springen.

Ich liebe die Kombination aus kulturell reichen Gemeinschaften und unberührter Natur, die man überall in der Region findet. Hier kann man tagsüber die Einsamkeit in der Wildnis genießen und abends nach Herzenslust tanzen.

Ob in einer kleinen Stadt oder in einer entlegenen indigenen Gemeinde: Das Dorfleben fernab moderner Ablenkungen zu erleben ist ebenso erfüllend wie die wunderbare Natur.

Rio Sambú

AUF DEM WEG INS ABENTEUER

Der weite, schlammige **Rio Sambú** schlängelt sich vom Pazifik in die Wildnis des Darién und bringt abenteuerlustige Reisende zu entlegenen indigenen Gemeinschaften im Herzen der Comarca Emberá-Wounaan.

Nahe seiner Mündung säumen den Sambú spektakuläre Mangrovenwälder – fünf der sieben weltweit bekannten Arten wachsen hier –, während weiter stromaufwärts Regenwaldvegetation das Inland prägt und undurchdringliches Grün am Ufer das tropische Sonnenlicht filtert. Eine Bootsfahrt den Río Sambú hinauf ist teils herausfordernd, jedoch wegen

ÜBERNACHTEN AN DER PAZIFIKKÜSTE

Pension Tuira
Pension in La Palma mit einfachen Zimmern, einer großartigen Terrasse und Panoramablick auf den Meeresarm. **$**

Villa Fiesta
Vier geräumige Zimmer über einem Gemischtwarenladen gegenüber dem Hafen von Sambú. **$**

Gemeinschaftsunterkunft in Playa Muerto
Einfache Unterkunft mitten in einem freundlichen Emberá-Dorf am Strand. **$**

TRADITIONELLE KÖRPERKUNST

Ein besonders auffälliges Merkmal von Angehörigen der Gemeinschaften der Emberá und Wounaan sind die Muster, die viele Gesichter und Körper zieren.

Die Farbe wird aus der unreifen Frucht des heiligen *kipará*-(Jaguar-)Baums gewonnen und die schwarz-blauen Muster halten zehn bis 20 Tage.

Gezeichnet werden verschiedene Aspekte der Natur wie Tiere, Berge und Flüsse, teils mit spiritueller und gesellschaftlicher Bedeutung.

In fast allen Emberá- und Wounaan-Gemeinden, die Reisende empfangen, kann man sich von einheimischen Frauen gegen eine kleine Gebühr bemalen lassen.

Emberá-Frau

der großartigen Landschaften und des Gefühls, ins Unbekannte aufzubrechen, eine faszinierende Erfahrung.

Die einsame Entdeckerfahrt wird durch die Ankunft in der größten Siedlung **Sambú** unterbrochen, ein geschäftiger kleiner, landwirtschaftlich geprägter Ort, wo Kettensägen und Lautsprecher die Stille des Dschungels stören. Sambú ist keine Schönheit, jedoch eine gute Ausgangsbasis für Ausflüge mit einem indigenen Guide in die bewaldete Heimat der Emberá-Wounaan, die am anderen Bachufer im angrenzenden Ort **Puerto Indio**, der Hauptstadt der *comarca*, beginnt.

In der Regenzeit kann man auf dem stetig schmaler werdenden Sambú-Fluss tiefer in den Dschungel bis zum kleinen Ort **Pavarandó** vordringen. Unterwegs übernachtet man in indigenen Dörfern. Wer weder die Zeit noch das Budget für eine Fahrt flussaufwärts hat, fährt vom Park gegenüber mit einem Sammel-Pick-up ins Emberá-Dorf **Bayamón**; der idyllische Ort lädt zu einem Bad in einem hübschen baumbestandenen Fluss ein.

La Palma

DIE MINIHAUPTSTADT DES DARIÉN

Selbst für eine Provinzhauptstadt ist das kleine La Palma wenig entwickelt. Es liegt an einem hübschen weiten Meeresarm vor bewaldeten Bergen, da wo der breite Río Tuira auf den Golfo de San Miguel trifft, und besteht lediglich aus einer Hauptstraße und einer Handvoll Fahrzeuge.

Entlang der Straße säumen wacklige pastellfarbene Stelzenhäuser das schlammige Ufer, das oft den Blick auf verspielte Delfine freigibt.

ESSEN AN DER PAZIFIKKÜSTE

Lola Grill
Die besten Meeresfrüchte in La Palma gibt's in diesem einladenden Restaurant in Hafennähe. $

Fonda Yeny
Serviert leckere gebratene Reispfannen am Hafen in La Palma. $

Restaurante La Marina
Leckere lokale Klassiker versüßen in Puerto Quimba die Wartezeit bis zum nächsten Boot. $

La Palma mag klein sein, verschlafen ist es aber nicht. Es gilt als Hochburg der pazifischen afropanamaischen Kultur und am Ufer sorgen Handel, Bars und ab- und anlegende kleine Boote, die Verbindung der Hauptstadt mit entlegenen Gegenden, für reges Treiben. Meist wird La Palma lediglich als Ausgangspunkt für Bootsfahrten zu anderen Zielen wie den Emberá-Dörfern am Río Sambú oder den Stränden weiter südlich genutzt, doch kann man hier wunderbar eine Nacht verbringen, frische Meeresfrüchte essen und mit geselligen Einheimischen etwas trinken.

Wer es nicht eilig hat, fährt mit einem kleinen Mietboot in fünf Minuten durch die Bucht zu den Ruinen der spanischen Festung **Fuerte San Lorenzo** aus dem 18. Jh., die nach und nach vom Dschungel vereinnahmt wird. Ursprünglich schützte sie die lukrativen Goldminen in Cana, heute ist nicht viel mehr als der 10 m hohe Wachturm mit schmalen Schießscharten übrig. Doch die Fahrt durch die Bucht mit Blick auf zahlreiche Wasservögel lohnt.

Playa Muerto

CHARMANTES EMBERÁ-DORF

Ein entlegeneres Reiseziel als Playa Muerto, ein Emberá-Dorf zwischen dem Parque Nacional Darién und dem Pazifik, wird man in Panama kaum finden. Der Ort liegt an einem schwarzen Sandstrand, eingerahmt von dichtem Grün in allen Schattierungen. Hierher kommen nur wenige Reisende, dennoch gibt's eine überraschend gute Auswahl an rustikalen Unterkünften.

Da das Dorf auf dem Gelände des Nationalparks liegt, sind die Einkommensmöglichkeiten begrenzt. Landwirtschaft im großen Stil ist nicht möglich, daher wurde der Tourismus als Erwerbsquelle entdeckt. Die Gemeinde bietet Reisenden die Möglichkeit, ins traditionelle Dorfleben der Emberá einzutauchen und die unberührte Natur zu erleben. Hier kann man an der **Playa Fondeadero** baden, durch Dschungel wandern, in versteckte Wasserfälle hüpfen, einen Einbaum steuern und über offenem Feuer gekochtes Essen aus allerfrischesten Zutaten genießen.

Es gibt keinen Flughafen in der Nähe. Die schnellste, aber teuerste Option ist ein Charterboot ab Puerto Quimba nahe Metetí. Die abenteuerlichste Anreise ist eine Wanderung durch den Dschungel, entweder von der Küstenstadt Garachiné aus, die ab Puerto Quimba von regulären Booten angefahren wird, oder über den spektakulären **Cerro Naipe** von Sambú aus. Dafür sind gute körperliche Fitness und ein Dschungel-Guide vonnöten.

Die alteingesessene lokale Agentur **Ecotour Darién** hat gute Verbindungen zur Gemeinde und organisiert direkte Bootsfahrten nach Playa Muerto sowie Kombitouren mit Wanderung (Hinweg) und Bootsfahrt (Rückweg).

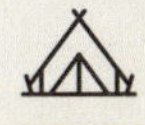

KOMFORT IN DER WILDNIS

Die meisten Unterkünfte im Darién sind sehr rustikal und haben nur einfache Wände und Beleuchtung. Ein bisschen Luxus mitten in der Wildnis bietet hingegen die zugänglichste Ökolodge der Region, nur eine kurze Fahrt von der Panamericana entfernt.

Auf einem bewaldeten Gelände vor der Kulisse der dschungelbewachsenen Berge der Reserva Hidrológica Filo del Tallo bietet das gut geführte **Canopy Camp** komfortable Zelte mit Hartholzboden und Veranden mit Blick auf Kolibris.

Mit täglichen Exkursionen zu verschiedenen Aussichtspunkten richtet es sich vor allem an vogelbegeisterte Gäste, man kann hier jedoch auch wunderbar mit einem guten Buch die Natur genießen.

UNTERWEGS VOR ORT

Sammelmotorboote verkehren in Puerto Quimba nahe Metetí von Sonnenauf- bis Sonnenuntergang nach La Palma, sobald sie voll besetzt sind.

Schnellere Boote mit stärkeren Motoren fahren einmal täglich am frühen Morgen von Puerto Quimba nach Sambú und stoppen meist unterwegs in La Palma. Fahrten stromaufwärts von Sambú aus sind nur mit einem lokalen Guide und einer schmalen *piragua* (Holzkanu mit kleinem Motor) möglich.

PRAKTISCHES

Die wichtigsten Informationen für die perfekte Reise nach Panama im Überblick. Nützliche Tipps, Tricks und Hintergründe zur Orientierung und Vorbereitung.

Radfahrer, Panama-Stadt (S. 40)

Ankunft

Die meisten Besucher:innen gelangen über den immensen Tocumen International Airport nach Panama, 30 km nordöstlich von Panama-Stadt, obwohl auch einige Billigairlines aus Nachbarländern den Panama Pacifico International Airport am westlichen Ufer des Kanals anfliegen. Von Costa Rica aus kann man auch über den Landweg über die Panamericana, die Karibische Küste oder die Gebirge Chiriquis einreisen.

Einreise-bestimmungen

Bei der Einreise nach Panama sind ein Flugticket für die Ausreise, Unterkunftsreservierungen und ein Nachweis über finanzielle Mittel vorzuweisen. An Flughäfen wird dies selten kontrolliert, aber bei der Einreise über den Landweg.

WLAN

Am Tocumen Airport gibt's in Terminal 1 und auch 230 Gratisminuten WLAN. Allerdings ist die Verbindung nach der Gepäckausgabe, wo die Fahrer für den Flughafentransfer warten, instabil.

Geld abheben

In Terminal 1 des Tocumen Airport findet man zahlreiche Geldautomaten und Wechselstuben, sowohl vor der Passkontrolle als auch nach der Gepäcksausgabe, in Terminal 2 weniger.

Fahrschein

Wer mit dem Bus oder der U-Bahn weiterfahren möchte, kann in Terminal 1 des Tocumen Airport oder an der U-Bahn-Station des Flughafens eine aufladbare Fahrkarte kaufen.

Von internationalen Verkehrsknotenpunkten nach Panama-Stadt

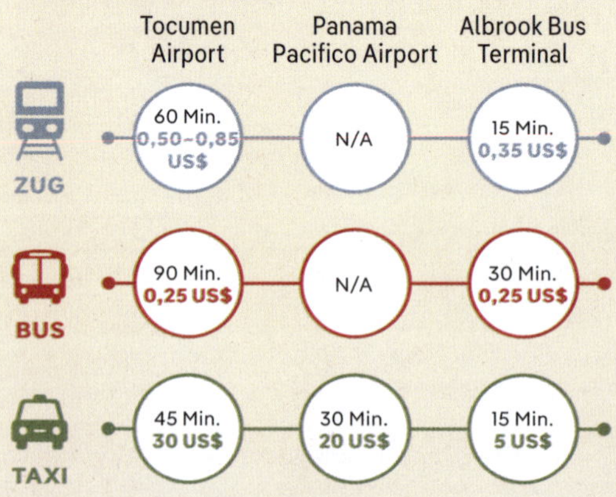

	Tocumen Airport	Panama Pacifico Airport	Albrook Bus Terminal
ZUG	60 Min. 0,50–0,85 US$	N/A	15 Min. 0,35 US$
BUS	90 Min. 0,25 US$	N/A	30 Min. 0,25 US$
TAXI	45 Min. 30 US$	30 Min. 20 US$	15 Min. 5 US$

WEITERREISE NACH SÜDAMERIKA

Der Darién Gap macht den Landweg von Panama nach Kolumbien unüberwindbar. Man gelangt aber über den Seeweg via der idyllischen Inseln der Comarca Guna Yala nach Südamerika. Segelboote verkehren zwischen Portobelo nahe Colón oder Gardi in Guna Y ala und Cartagena de Indias in Kolumbien und halten unterwegs an einsamen Inseln. Kleinere Motorboote bleiben weiter in Küstennähe und binden Gardi ans kolumbische Grenzdorf Sapzurro an, wo regelmäßig Boote nach Necocli und Turbo ablegen, die wiederum über die Straße mit Medellín und Cartagena verbunden sind.

Unterwegs vor Ort

Mit einem fahrbaren Untersatz lassen sich Panamas verborgene Winkel am besten erforschen. Lokale Busse bringen dich auch so gut wie überall hin, allerdings oft etwas weniger komfortabel.

REISEKOSTEN

Mietwagen
Ab 45 US$/Tag

Tanken
1–1,20 US$/ Liter

Panama-Stadt – Bocas del Toro Bus
30 US$

Fahrradverleih
3 US$/Std.

Mietwagen

Die Preise, die man für Mietwägen online findet, erscheinen auf den ersten Blick vielleicht billig, doch meist ist die Versicherung nicht inkludiert, die den Preis noch mal in die Höhe treiben kann. Wer die weiter abgelegenen Städte oder Nationalparks im Visier hat, sollte auf einen Allradantrieb setzen, besonders zur Regensaison.

Verkehr

Die großen Straßen in Panama-Stadt und die Panamericana-Schnellstraße sind einwandfrei, doch sobald man die Hauptverkehrsadern verlässt, werden die Bedingungen schlechter. Große Schlaglöcher können aus dem Nichts auftauchen und die Straßen in den gebirgigen Bezirken erinnern an Kraterlandschaften.

TIPP

Die Mautstraßen in und um Panama-Stadt sind relativ günstig und bringen zur Rushhour eine merkliche Zeitersparnis.

DIE PIRAGUAS VON PANAMA

In einem Land mit zwei langen Küstenstreifen und zahlreichen schiffbaren Flüssen ist es nicht verwunderlich, dass viele auf die einfache *piragua* zurückgreifen. Die länglichen, motorisierten Kanus mit wenig Tiefgang transportieren Gäste, Fracht und sogar Nutztiere. Oft sind sie so schmal, dass nur ein Gast pro Bank Platz findet und liegen gefährlich tief im Wasser, doch sie fahren an Orte, die kein anderes Verkehrsmittel erreicht.

UNBEDINGT BEACHTEN/ VORSCHRIFTEN

In Panama herrschen Rechtsverkehr und Anschnallpflicht.

Höchstgeschwindigkeit ist 40 km/h im urbanen Bereich; 80–100 km/h auf Schnellstraßen.

.00

Die Promillegrenze liegt bei null.

Busse

Die Fernverkehrsbusse des Landes sind meist einigermaßen komfortabel und klimatisiert und legen alle paar Stunden Essens- und Toilettenpausen ein. Auf kürzeren Strecken muss man mit Toyota-Coaster-Minibussen rechnen, die größere Reisende auf die Probe stellen und vor Ort *chivas* genannt werden.

Boote

In vielen abgeschiedenen Gebieten sind Boote das Fortbewegungsmittel der Wahl, besonders in der Provinz Darién, dem Archipiélago de Las Perlas und den Inselketten San Blas und Bocas del Toro. Bei einer Bootstour gibt's keine Überraschungen, im öffentlichen Transport sind die Fahrzeiten unvorhersehbar.

Inlandsflüge

Regelmäßige Inlandsflüge schaffen Anbindung zwischen dem Regionalflughafen Albrook in Panama-Stadt und David sowie den Inseln von Boca del Toro. Zur Hochsaison muss man weit im Voraus buchen. Andere entlegene Destinationen wie Las Perlas und die Comarca Guna Yala werden von Charterflügen bedient.

Geld

WÄHRUNG: **PANAMAISCHER BALBOA (US$)**

Geld abheben

Geldautomaten sind problemlos zu finden, außer in Daríen und Guna Yala, doch es schlagen meist saftige Gebühren (ca. 5 bis 6 US$) zu Buche und bei ausländischen Karten gilt ein Limit von 250 US$ pro Abhebung, was gehäuft ganz schön ins Geld gehen kann.

Bargeld

Panamas Währung ist der US-Dollar. Offiziell wird sie Balboa genannt, entspricht im Wert jedoch 1:1 dem US-Dollar und die Bezeichnungen dólar und Balboa werden vor Ort synonym verwendet. Das Land hat seine eigenen Geldstücke in derselben Größe wie ihre US-amerikanischen Pendants.

Digital bezahlen

Internationale digitale Zahlungsformate sind in Panama nicht gängig, obwohl Hotels in größeren Städten und klassischen Urlaubsgebieten eventuell die eine oder andere Form der digitalen Bezahlung für die Unterkunftsrechnung akzeptieren.

Trinkgeld

Restaurants Trinkgeld von ca. 10 % ist üblich. Nachschauen, ob es bereits enthalten ist.

Taxis Trinkgelder sind optional, v. a. nachts wird auf ein oder zwei Dollar aufgerundet.

Guides Üblich sind etwa 10 US$ pro Person für Tagesausflüge. Naturführer bekommen meist mehr.

WIE VIEL KOSTET ...

ein U-Bahn-Ticket
2 US$

ein Museumseintritt
15 US$

Isla Taboga
12 US$

eine Bootsfahrt durch den Kanal
195 US$

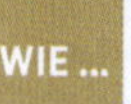

WIE ... Ermäßigte Eintritte

Senior:innen erhalten bei Attraktionen in ganz Panama ermäßigten Eintritt. Dazu legt man einen Lichtbildausweis vor und fragt nach dem *descuento de jubilados*. Nachlässe gibt's oft bis zu 50 % und sie gelten im Allgemeinen für Frauen über 55 und Männer über 60.

Genauso bekommen Studierende zumeist Ermäßigungen in Museen und anderen Sehenswürdigkeiten, unter Vorlage eines gültigen Studierendenausweises.

LOCAL TIPP

Die meisten kleineren Läden nehmen keine 50er- und 100er-Banknoten. Man kann sie im Supermarkt wechseln, doch eventuell muss man einen Ausweis vorzeigen.

GÜNSTIG REISEN

Hat man einmal die Mega-Jachtboote im Schatten der eindrucksvollen Skyline von Panama-Stadt vor Anker liegen sehen, würde man nicht mehr vermuten, dass man bei dieser Reise noch günstig davonkommt, doch das ist gar nicht so schwer.

Der Eintritt in Nationalparks und viele historische Sehenswürdigkeiten ist gratis und Chillen am Strand kostet dich keinen Cent. Zudem ist es in Panama so gut wie überall okay zu picknicken, es sich mit einer Kühlbox voll Fusel gemütlich zu machen und auch mit einem Sack Kohle im Gepäck zu grillen.

Übernachten

Cabañas

Cabañas findet man in Strandnähe oder in ländlichen Gefilden. Sie sind meist frei von jeglichem Schnickschnack, mit oder ohne Bad, und setzen bei der Ausstaffierung auf Naturmaterialien. In Guna Yala etwa sind sie aus Holzstäben gefertigt und verfügen über Sandboden und Strohdach, während im gebirgigen Landesinneren normalerweise kleine Holzhütten mit Blechdach stehen.

Lodges

Von der Provinz Darién bis in die Berge der kontinentalen Wasserscheide und hinauf nach Bocas del Toro – Panamas Lodges heften sich Komfort und sogar Luxus in atemberaubender Naturkulisse auf ihre Fahnen. Helle Räume mit großen Fenstern, Holzdielen, Spas und Ausflüge mit naturkundlichen Guides gehören zum Standardprogramm. Aufgrund der einsamen Lagen sind meist alle Mahlzeiten im Restaurant der Lodges im Paketpreis inkludiert.

Jachtkojen

Der Platz mag etwas eng sein, doch eine Unterkunft auf einem Segelboot, das über die glitzernden Gewässer des Guna Yala Archipelago schippert, zählt zu den Highlights einer Panamareise. Bei der Qualität der Kojen gibt's enorme Unterschiede, doch man verbringt ohnehin die meiste Zeit an Deck beim Sonnetanken, beim Schwimmen oder am Strand und beim Schnorcheln.

B&Bs

B&Bs findet man in Panama-Stadt und um Boquete und Bocas del Toro. Oft sind es umgewandelte Familienwohnungen, die von den Eigentümern betrieben werden. Man bekommt gute Ausflugstipps und tolle Einblicke ins Leben in den Vororten, weg vom geschäftigen Stadttreiben, wo die Hotelkonglomerationen zu Hause sind.

WIEVIEL KOSTET EINE NACHT IN …

einem Hostel
18 US$

einer *cabaña* am Strand
80 US$

einer Ökolodge im Dschungel
300 US$

Camping

:In mehreren Nationalparks in Panama stehen kostenfreie Zelte zur Verfügung, doch man muss meist selbst für die Verpflegung sorgen oder Mahlzeiten über die lokale Dorfbevölkerung organisieren. Camping ist auch die günstigste Option, um Guna Yala zu besuchen, und man kann auf etlichen Inseln übernachten, die keine permanenten Unterkünfte bieten.

COMMUNITY-UNTERKÜNFTE

In den indigenen Gemeinden, fernab vom Schuss, findet man im ganzen Land gemeinschaftlich betriebene Gästehäuser, die an den Traditionen der Ureinwohner Panamas teilhaben lassen, während ein Aufenthalt der örtlichen Community zugutekommt.

Die Unterkünfte sind für gewöhnlich frugal. Manche besitzen keine Außenmauern und man fühlt sich erst mal wie in einer Auslage mitten im Dorf, doch mit der Zeit wirst du bemerken, dass du hier den besten und einen ganz und gar unaufdringlichen Blickwinkel auf den Dorfalltag genießt.

Reisen mit Kindern

Überall in Panama stößt man auf Naturwunder, die junge Reisende in ihren Bann ziehen werden. Ob man nun von Schmetterlingen umschwirrt in El Valle spaziert oder auf die Suche nach Schildkröten und Fröschen in Bocas del Toro geht, es ist nicht schwer, die vielfältige Tierwelt des Landes aufzuspüren; tolle Strände verheißen an beiden Küstenlinien warme, geschützte Gewässer und weichen Sand.

Ausstattung

Wickeltische findet man in Panama außerhalb der Flughäfen und einiger Shoppingmalls kaum. Die meisten größeren Hotels, besonders die international ausgerichteten, stellen Gitterbetten bereit, was in B&Bs und Gästehäusern seltener der Fall ist. Eigens vorgesehene Stillbereiche sind in Panama nicht üblich, doch es herrscht eine entspannte Sichtweise gegenüber dem Stillen.

Unterwegs vor Ort

Panamas Gehwege sind nicht kinderwagenfreundlich, weisen Unebenheiten und Schlaglöcher auf, Abschrägungen fehlen. Oft stellen sie für Kleinkinder eine Herausforderung dar, die Nähe zum vorbeirauschenden Verkehr macht Eltern Sorgen. In Bussen fahren kleine Kinder auf dem Schoß der Eltern meist umsonst, für ältere Kinder gibt's ermäßigte Tickets.

Essen gehen

Die panamaianische Küche kommt bei jungen Reisenden in der Regel gut an. Viele Gewürze werden erst am Tisch hinzugefügt und zahlreiche Restaurants haben spezielle Kindermenüs – normalerweise kleinere Portionen frei von jeglichem Gemüse. Hochstühle findet man in Restaurants selten.

Vergünstigungen

Die meisten Attraktionen des Landes bieten Ermäßigungen für junge Besucher:innen. Kinder unter fünf Jahren zahlen oft nichts, und jene unter 17 Jahren meist 50 bis 60 % des Preises eines Erwachsenentickets. Zusätzlich gibt's reduzierte Familientickets für zwei Erwachsene mit Kindern.

TIPPS

Biomuseum
Ein enormes Museum, das sich Panamas außergewöhnlicher Artenvielfalt widmet. (S. 48)

Butterfly Haven
Auf der tollen Schmetterlingsanlage in El Valle können Hunderte von leuchtenden Insekten aus nächster Nähe begutachtet werden. (S. 89)

Assudub Bibbi
Die größeren Kids erforschen mit Schnorchel und Maske ein versunkenes Schiff und ein prächtiges Riff nicht weit vom Strand. (S. 199)

Centro de Visitantes Miraflores
Für Fans von großen Brummern gibt's wohl kaum was Besseres als die Schiffe zu beobachten, die durch den Kanal tuckern. (S. 74)

LEICHTE DSCHUNGELABENTEUER

Eine der Glanznummern Panamas ist die eindrucksvolle Landschaft voller wunderbarer Kreaturen. Es gibt viele kinderfreundliche Naturerlebnisse, die keine langen Fußmärsche durch den Dschungel beinhalten.

Mitten im Zentrum von Panama-Stadt beherbergt der Metropolitan National Park (S. 44) 230 ha dichtes Urwaldgebiet mit Wanderpfaden. Er bietet Scharen von Affen, schlafmützigen Faultieren und Tukanen mit leuchtenden Schnäbeln ein Zuhause. Direkt vor der Stadt befindet sich das Panama Rainforest Discovery Center (S. 74), neben dem Kanal. Es ist von Dschungel umgeben und birgt einen einfachen, kinderwagentauglichen Schotterweg und eine Terrasse, die von Kolibris umschwirrt wird.

Sicher reisen

SICHER WANDERN

Obwohl Panama ein tropisches Land ist, kann das Wetter in den abgeschiedenen Regionen rasch umschlagen, von brennend heiß in ziemlich kalt, besonders in höheren Lagen. Am besten fragt man die örtliche Bevölkerung oder Ranger nach den Wanderbedingungen, bevor man losmarschiert. Ausreichend Wasser und Proviant mitnehmen, selbst für kurze Strecken, und auf Kleidung im Zwiebelprinzip achten!

Diebstähle

Leider stellen Bagatelldelikte, einschließlich Taschendiebstählen, ein Problem in Panama dar, und obwohl die meisten Traveller keinen Ärger auf ihrer Reise haben werden, ist in einigen Teilen des Landes besondere Vorsicht geboten, darunter auch die äußeren und die Wohnbezirke von Panama-Stadt und Teile von Colón. In Hotels und auch in Mietapartments sind die Fenster immer zu schließen.

Trinkwasser

Das Leitungswasser ist im Großteil des Festlandes trinkbar und schmeckt gut. In ländlichen Gegenden, wie Darién, tut man gut daran, das Wasser vorher abzukochen oder chemisch zu reinigen. Auf vielen Inseln, wie jene von Bocas del Toro, Guna Yala und Isla Taboga, ist das Leitungswasser salzhaltig und das in Flaschen abgefüllte Wasser die sicherste Option.

VORGESCHRIEBENE IMPFUNGEN

Für die Einreise nach Panama sind keine Impfungen vorgeschrieben, mit der Ausnahme von Gelbfieber für Besucher:innen aus endemischen Gebieten.

SICHERHEIT AM STRAND

Grüne Flagge
Baden ist erlaubt

Gelbe Flagge
Baden mit Vorsicht

Rote Flagge
Badeverbot

Nachts am Steuer

Die Promillegrenze liegt offiziell bei null, doch das wird nicht konsequent exekutiert und Betrunkene zählen zu den Hauptursachen für Verkehrsunfälle im ganzen Land. Wer nachts unterwegs ist, sollte besonders umsichtig sein, auch im Hinblick auf Fußgänger:innen, die am Rand unbeleuchteter Landstraßen entlangstapfen.

DEN QUÄLGEISTERN DEN GARAUS MACHEN

Von den Moskitoschwärmen in den Dschungelgebieten von Darién bis hin zu den lästigen Sandmücken an den ansonsten paradiesischen Stränden – Panamas Anteil an Plagegeistern ist nicht zu unterschätzen. Wer in entlegene Gegenden reist, sollte auf helle Kleidung setzen, um Arme und Beine bedeckt zu halten, auf starke Insektenschutzmittel und Desinfektionsmittel für die Stiche. Auch ein eigenes Moskitonetz ist eine Überlegung wert.

LINKS: RASTKO BELIC/EYEEM/GETTY IMAGES © OBEN: BECKY STARSMORE/SHUTTERSTOCK ©, NEW AFRICA/SHUTTERSTOCK ©

Essen, Trinken & Feiern

Wann?

Frühstück (7 bis 9 Uhr) Gefrühstückt wird in Panama relativ früh. Nach 9 Uhr steht nicht mehr viel zur Auswahl.

Mittagessen (11:30 bis 14 Uhr) Die Hauptmahlzeit des Tages nimmt man oft in Form einer *comida corriente* zu sich.

Abendessen (18 bis 21 Uhr) In Panama isst man nicht zu spät zu Abend und viele greifen zu Streetfood anstelle eines üppigen Gerichts bei Tisch.

KULINARISCHES

A la plancha Auf der Grillplatte gegrillt

Asado Gegrillt

Bistec Ein dünnes Steak

Carne Wortwörtlich Fleisch, meist auf Rindfleisch bezogen

Cerveza Bier

Chicha Ein zuckerhaltiger, verdünnter Fruchtsaft

Chicheme Ein alkoholfreies Getränk aus Milch, Maisbrei, Zimt und Vanille

Comida corriente Preiswertes Menü mit Reis, Eiweiß, Bohnen, Kochbananen und Salat

Entrada Vorspeise

Frituras Gemischte frittierte Snacks oder Frühstücksspeisen

Gallina de patio Freilaufhuhn

Guisado In einer dicken, salzigen Soße mit Gemüse gekocht

Hojaldras Frittierte Fladenbrote aus Weizenmehl

Mariscos Meeresfrüchte, außer Fisch

Patacones Gebratene Stücke Kochbanane

Pescado Fisch

Plato principal Hauptgericht

Postre Dessert

Puerco Schweinefleisch

Wo?

Märkte Auf Frischmärkten gibt's meist günstige Imbissstände, wo Frühstück und Mittagessen serviert werden. Hier kann man sich mit frischen tropischen Früchten eindecken.

Panaderías Für einen schnellen würzigen oder süßen Snack sind die *panaderías* (Bäckereien) ideal. In der *pastelería* (Konditorei) warten Kaffee und Kuchen.

Fondas Diese kleinen, meist familiengeführten Esslokale zaubern *comida corriente*, ein preiswertes Menü.

Restaurants Die Palette reicht von zwanglosen Stätten mit regionalen Spezialitäten in den kleineren Städten bis hin zu schicken internationalen Gourmettempeln in der Hauptstadt.

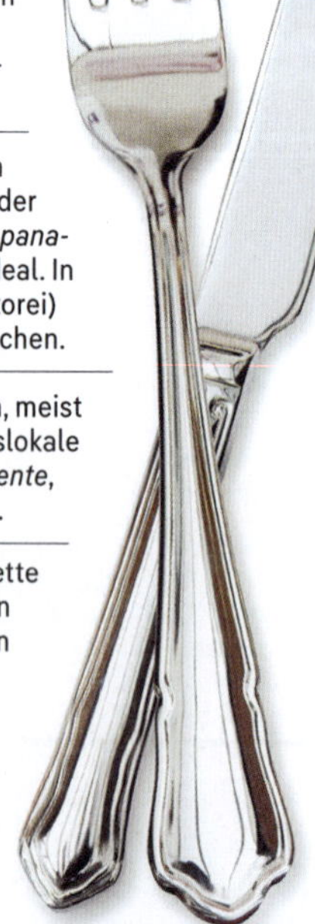

WIE …

An der Büfetttheke bestellen

Zur Mittagszeit arrangieren viele *fondas* (informelle kleine Restaurants) eine Heißbüfetttheke hinter Glas, ähnlich wie in einer Kantine. Zunächst wählt man, ob man Reis möchte, und danach aus einer Reihe von Beilagen, bei denen schwarze Bohnen und Gemüse, wie etwa pürierter Kürbis, nie fehlen dürfen.

Dann geht's ans Eingemachte: Wer früh da ist, kann aus Huhn, Rind, Schwein und Fisch in jeder erdenklichen Zubereitungsform aussuchen. Am Ende der Schlange kommt Garnierung dazu, wie gegrillte Kochbanane oder Salat.

Und schließlich wird bezahlt, bevor man sich einen Tisch sucht. Wenn kein Tisch frei ist, fragt man andere Gäste: *¿Esta silla está ocupada?* (Ist hier noch frei?), ob man sich dazusetzen kann, und wird so gut wie immer aufgefordert, Platz zu nehmen.

WIE VIEL KOSTET...

ein klassisches Frühstück
4 US$

eine *comida corriente*
5 US$

eine *empanada*
1,50 US$

ein dreigängiges Gourmetmenü
50 US$

ein kleines *raspado* (aromatisiertes geraspeltes Eis)
1 US$

ein Bier
2 US$

ein gebrühter Kaffee
2,50 US$

WIE ... Die Suche nach der perfekten Tasse

Panama produziert einige der feinsten – und teuersten – Gourmetkaffeebohnen. Doch die Qualität variiert innerhalb des Landes enorm.

Panama-Stadt verzeichnet einige Spezialkaffeehäuser, die Gourmetgetränke aus kleinen Mengen lokaler sortenreiner Bohnen zaubern, während viele Cafeterias und Restaurants im ganzen Land immer noch verwässerten, minderwertigen Filterkaffee oder sogar Instantkaffee servieren.

Auf der Suche nach der perfekten Tasse stellt sich mal die Frage nach der Herkunft der Bohnen. Aus welcher Region stammen sie? Sind sie von einem Anbaugebiet oder einer Charge?

Kaffee wird in Panama seit Anfang des 20. Jh. mit wirtschaftlichem Nutzen angebaut, doch lange Zeit handelte es sich um Massenware und Bohnen unterschiedlichster Güte wurden zusammengemischt. Erst seit der Jahrhundertwende bringen Spezialitätenkaffees die Kassen zum klingeln und Chargen einzelner Farmen kamen auf den Markt. Während im heißeren Tiefland tendenziell Robusta-Bohnen minderer Qualität geerntet werden, gedeihen im Hochland der Provinz Chiriquí die hoch geschätzten Arabica-Bohnen, die üblicherweise nass aufbereitet werden, sodass die Farmer eine größere Handhabe über das Endprodukt erhalten. Wer seine Lieblingsbohne gefunden hat, muss noch eine Zubereitungsform wählen. Viele lokale Kaffeehäuser haben Espresso, Handaufguss, AeroPress und kalte Brühtechniken im Angebot.

Eine teure Bohne

In Panama pflanzt man zwar mehrere Arabica-Sorten an, doch das Land steht in erster Linie für die Geisha-Varietät, die in Chiriquí kultiviert wird, und die wiederholt den Weltmarktpreisrekord geschlagen hat und über 2000 US$ das Pfund erzielte.

TANZEN BIS ZUM UMFALLEN

Feiern umfasst in Panama für gewöhnlich zwei Komponenten: Alkohol und Tanzen. Von den edlen Rooftop-Clubs in Panama-Stadt bis hin zu den schwimmenden Bars und Cocktail-Lounges in Bocas del Toro, irgendwo ist immer was los!

Wer richtig auf den Putz hauen möchte, tut sicherlich gut daran, ein paar grundlegende Moves zu lernen. Die meisten lateinamerikanischen Genres stehen hoch im Kurs, wobei Salsa, Merengue und Bachata die beliebtesten Rhythmen in den Tanzlokalen sind, während in den großen Clubs Reggaeton und Trap Music neben Techno den Ton angeben. Für ein lateinamerikanisches Rundum-Tanzerlebnis bucht man einen Tisch in einem Lokal mit Livebands.

Insgesamt sind die Panamaer:innen sehr versiert darin, ungelenke Besucher:innen durch die Lieder zu führen und man hat selten Probleme, Tanzpartner:innen zu finden, um die erlernten Schritte auszuprobieren. Dabei läuft alles immer noch relativ oldschool ab. Üblicherweise fordert der Mann die Frau zum Tanz auf. Wurde die Einladung angenommen, wird die Partnerin an der Hand zur Tanzfläche geführt.

Panama-Stadt legt das facettenreichste und ausgefallenste Nachtleben des Landes vor. Für die gehobenen Clubs putzt man sich raus und trägt ordentliches Schuhwerk, und oft ist ein Eintritt von 10 bis 25 US$ zu bezahlen.

In den ländlichen Gegenden sind es immer noch Volksfeste und Festivals, wo die Einheimischen das Tanzbein schwingen. Die Partys dauern bis spät in die Nacht.

Nachhaltig reisen

Klimawandel & Reisen

Die Auswirkungen des Reisens lassen sich nicht bestreiten, genauso wenig wie die Notwendigkeit, was zu verändern, wo das möglich ist. Lonely Planet bittet alle Traveller, ihre CO_2-Bilanz beim Reisen zu bedenken. Auf vielen Websites, wie resurgence.org/resources/carbon-calculator.html, kann man mit CO_2-Rechnern ermitteln, wie das persönliche Emissionskonto nach einer Reise aussieht. Viele Fluglinien und Buchungsseiten bieten die Möglichkeit, mit einer Spende für Umweltprojekte eine Art Wiedergutmachung zu leisten. Auch Lonely Planet spendet Gelder, wenn Mitarbeiter und Autoren auf Reisen gehen, und es ist uns bewusst, dass das allein noch keine Lösung ist.

Bring dein eigenes Wasser

Wasserknappheit ist ein großes Problem auf den Inseln von Guna Yala. Am besten bringt man einen wieder befüllbaren Kanister und meidet die winzigen importierten Flaschen aus den USA, die auf dem ganzen Archipel verkauft werden.

Local Guides

Das Dschungeldickicht von Darién lässt sich am besten mit den sachkundigsten Guides vor Ort auskundschaften. Im winzigen Dorf Emberá in Pijibasal sind rund ein Dutzend Einwohner:innen als Reiseführer:innen zertifiziert.

Private Naturreservate besuchen

Schätzungen zufolge verliert Panama jährlich 1% seines Primärwalds. Private Naturreservate fungieren als Bollwerk gegen illegale Abholzung, und Besucher:innen tragen essenziell zu deren Erhalt bei.

Kunsthandwerke bei den Hersteller:innen kaufen

Handgefertigte *molas* (S. 57) sind zwar in den Boutiquen und Souvenirläden im Stadtzentrum heiß begehrt, doch wer sie direkt von den Kunsthandwerker:innen in Guna Yala kauft, unterstützt damit die Community effizienter.

Jeden Sonntagmorgen sind große Abschnitte der Uferstraße in Panama-Stadt für Fahrzeuge gesperrt, damit sich Radfahrer:innen, Läufer:innen und Fußgänger:innen hier ungestört bewegen können.

2021 vergrößerte Panama das Meeresschutzgebiet von Coiba bis zum Rand des Naturreservats von Malpelo in Kolumbien. Besucher:innen kommt eine zentrale Rolle zu, um den illegalen Fischfang im Gebiet zu unterbinden.

EINKAUFEN AUF DEM MARKT

Ein Einkauf auf einem Bauernmarkt oder örtlichen Marktplätzen malt ein authentisches Bild des Lebens auf dem Land und stellt zugleich sicher, dass die Waren geringere Distanzen zurücklegen, was kleinen Standbetreiber:innen und hiesigen Hersteller:innen zugutekommt.

MIT DER U-BAHN FAHREN

Der Verkehr in Panama-Stadt ist berüchtigt. Mit der U-Bahn kommt man zu Spitzenzeiten oft am schnellsten ans Ziel. Zudem trägt man mit jeder Fahrt zur Verringerung des CO_2-Ausstoßes bei.

Nachhaltige Abenteuer

Das Nonprofit-Unternehmen Panama Wildlife Conservation (panamawildlife.org) begleitet dich bis tief in die Wälder der Talamanca Cordillera, wo du Kolibris und Tukane beobachten kannst und gleichzeitig entsprechende Schutzprojekte im ganzen Land unterstützt.

Panama umfasst sechs *comarcas* oder indigene Territorien, die ihre eigene Tourismuspolitik entwickeln.

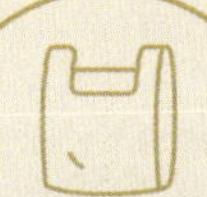

Panama war das erste Land in Zentralamerika, das Einwegplastiktaschen verbot.

Modefasern

Ein traditioneller *sombrero pintado* von Coclé ist eine stylische Ergänzung zu jedem Outfit, und die Tatsache, dass die Hüte aus vier lokalen, rasch wachsenden Fasern von Hand geflochten werden, macht sie zu etwas Besonderem.

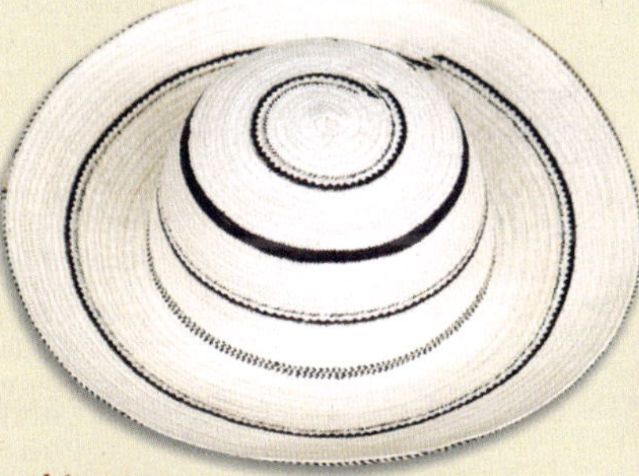

33%

Rund 33 % von Panamas Fläche steht unter Naturschutz. Das ist mehr als in jedem anderen Land Mittelamerikas. In Panamas Wäldern tummelt sich zudem die größte Artenvielfalt der Neue-Welt-Länder nördlich von Kolumbien.

Walbeobachtungen

Auf einer nachhaltigen Tour über die Pazifikküste kann man majestätische Buckelwale bewundern. Am besten hält man sich an Anbieter mit kleinen Viertaktern, die unter Wasser weniger Lärm verursachen und weniger Öl verbrennen.

WEITERE INFOS

ANCON
Panamas führende Naturschutzorganisation.

Centro de Incidencia Ambiental
Setzt sich mit Basiskampagnen für den Umweltschutz ein.

Fundación Mar Viva
Bewacht Meeresschutzgebiete, um der illegalen Fischerei ein Ende zu bereiten.

LGBTIQ+

Im Vergleich zu vielen Nachbarländern ist man in Panama offen gegenüber der LGBTIQ+-Community eingestellt, doch an westlichen Maßstäben gemessen verhält man sich im Allgemeinen diskret. Die Panamaer:innen outen sich heute mehr denn je, doch diese Offenheit konzentriert sich stärker auf Panama-Stadt als auf kleinere, ländlichere Städte. Es ist nicht ungewöhnlich, auf offenkundig homosexuelle Paare zu treffen.

Bocas del Toleranz

Bocas del Toro ist Panamas gay-friendly Stranddestination mit einer weitaus aufgeschlosseneren und entspannteren Atmosphäre als in den meisten anderen Landesteilen. In den letzten Jahren haben sich viele LGBTIQ+-Expats für Bocas del Toro entschieden und hier Unternehmen gegründet und dazu beigetragen, die Einstellungen in dieser Grenzregion zu ändern.

Die lokale Szene ist alles andere als groß, und es gibt keine bedeutsamen Clubs, die auf die LGBTIQ+-Szene ausgerichtet wären, aber ein paar Adults-Only-Unterkunftoptionen mit homosexuellen Betreiber:innen, die bei Reisenden der Community gut ankommen.

PANAMA PRIDE

Jedes Jahr im Juni feiert Panamas LGBTIQ+-Community die Diversität mit der Panama Pride, einer Palette an Workshops, Events und Partys, die in einer Parade durch die Hauptstadt ihren Höhepunkt findet. Das einst kleine Event wächst jedes Jahr und internationale Gäste sind gerne gesehen.

Ausgehen in der Stadt

Der Großteil der Szene von Panama-Stadt trifft sich im kolonialen Viertel Casco Viejo und in El Cangrejo. Die Casco-Viejo-Szene ist ruhiger, und man trifft sich in Rooftop-Bars und anderen Lokalitäten, während in den Clubs in El Cangrejo bis in die frühen Morgenstunden gefeiert wird. Mitzubringen ist ein Ausweis im Original, Kopien werden nicht angenommen.

EIN KONSERVATIVER GERICHTSHOF

Anfang 2023 verpasste Panamas Oberster Gerichtshof der LGBTIQ+-Community einen Schlag ins Gesicht, als er gegen die Anerkennung der gleichgeschlechtlichen Ehe stimmte und befand, dass derlei Verbindungen kein universelles Recht laut panamaischer Verfassung darstellten. Die Entscheidung unterbindet den Weg zur gleichgeschlechtlichen Ehe im Land, doch internationale Menschenrechtsorganisationen baten die Regierung einzuschreiten und eine neue Gesetzgebung zu erlassen.

WEITERE INFOS

Gay Pride PTY (facebook.com/gaypridepty) Eine nützliche Quelle zu LGBTIQ+-Treffpunkten und Events, wo Traveller rasch Rückmeldung erhalten.

Fundacion Iguales Bietet Mitgliedern der LGBTIQ+-Community Rechtsbeistand im Kampf für Gleichberechtigung. Freiwillige Helfer sind herzlich willkommen.

Diskriminierung

Ausgehend von Kampagnen der lokalen LGBTIQ+-Gruppen wurde ein neues Organ mit der Aufgabe betraut, Diskriminierungsfälle zu dokumentieren und sicherzustellen, dass Panama seine Verpflichtungen im internationalen Abkommen erfüllt.

 ALEXANDER SPATARI/GETTY IMAGES ©

Barrierefrei reisen

Panama-Stadt hat sich zwar zuletzt bei seinen Bemühungen in puncto Barrierefreiheit verbessert, doch weite Teile der Stadt und vom Rest des Landes verlangen Besucher:innen mit eingeschränkter Sehkraft, Mobilität und eingeschränktem Hörvermögen nach wie vor so einiges ab.

Zugängliche Outdooraktivitäten

Die meisten Naturpfade in Panama sind recht holprig, doch der Parque Omar Torrijos in der Hauptstadt bietet auf einem breiten, geebneten Weg einen guten Vorgeschmack auf den üppigen Pflanzenwuchs des Landes.

Flughafen

Am Tocumen International Airport gibt's Personal zur Unterstützung von Reisenden mit eingeschränkter Mobilität. Vorkehrungen am besten über die Fluglinie treffen. In Terminal 2 gibt's extra ausgewiesene blaue Sitze in der Nähe der Gates.

Übernachten

Einige Hotelketten und gehobene Unterbringungen in der Stadt bieten barrierefreie Zimmer, doch es ist die Minderheit und in kleineren Städten kann es schwierig werden.

GEFÄHRLICHE PFADE

Panamas Gehsteige sind zum Großteil extrem schmal, rumpelig und unpraktisch. Abschrägungen findet man nur selten und unebene Stufen sind die Norm.

Museumsbesuche

Die meisten Museen in Panama-Stadt sind barrierefrei zugänglich, einschließlich des Centro de Visitantes Miraflores. Es ist mit Rampen, Audiobeschreibungen der Exponate und einem Lift ausgestattet.

Transport in Panama-Stadt

Die U-Bahn von Panama-Stadt hat Lifts, ausgewiesene Rollstuhlplätze und Sitzplätze mit Priorität für Reisende mit eingeschränkter Mobilität. Die integrierten Metrobus-Servicefahrzeuge sind mit Rampen versehen.

WEITERE INFOS

Panama Accesiblé (instagram.com/panamaaccesible) Lokaler Reiseveranstalter mit Fokus auf Touren und Aktivitäten für Besucher:innen mit eingeschränkter Sehkraft, Mobilität und eingeschränktem Hörvermögen. Neben Transporten im ganzen Land und Sightseeingtouren zu den wichtigsten Attraktionen arbeitet das Unternehmen bei Abenteuertrips mit lokalen Anbietern zusammen, wie etwa Schnorchelausflüge in die Karibik nahe Portobelo.

INNERSTÄDTISCHER TRANSPORT

Eine der größten Herausforderungen für Leute mit eingeschränkter Mobilität ist die Reise von einer Stadt Panamas in die nächste mit öffentlichen Verkehrsmitteln. Busse und Transporter sind in der Regel erhöht, voll bepackt und Aufzüge und Zustiegshilfen sowie Verankerungspunkte Mangelware.

Casco Viejo entdecken

Im Gegensatz zu vielen anderen Vierteln von Panama-Stadt sind die Gehwege im historischen Casco Viejo rollstuhlfreundlich. Die kurzen Entfernungen zwischen den Sehenswürdigkeiten eignen sich hervorragend für Erkundungstouren auch bei eingeschränkter Mobilität.

La Cinta Costera (S. 53), Panama-Stadt

Kurz & knapp

ÖFFNUNGSZEITEN

Banken Mo–Fr 8–15, Sa 9–12 Uhr

Bars und Clubs Bars ab 21 Uhr; Clubs 23–3 oder 4 Uhr

Ämter Mo–Fr 8–16 Uhr

Einkaufszentren und Läden 10–21 oder 22 Uhr

Büros Mo–Fr 8–12 und 13.30–17 Uhr

Restaurants 7–10, 12–15 und 18–22 Uhr (in Panama-Stadt länger); So oft geschlossen

Supermärkte 8–21 Uhr; einige sind 24 Std. geöffnet

Rauchen

Rauchen ist in allen öffentlichen Gebäuden, Arbeitsstätten und Verkehrsmitteln untersagt.

GUT ZU WISSEN

Zeitzone
MEZ -6 Std.

Ländervorwahl
507

Notrufnummer
911

Bevölkerung
4,35 Mio

Maße & Gewichte

Panama benutzt das metrische System, hin und wieder wird das Gewicht in Pfund angegeben.

Internetzugang

WLAN ist in Busbahnhöfen, Plätzen in der Stadt, Büchereien und Restaurants immer häufiger zu finden.

Strom 110V/60Hz

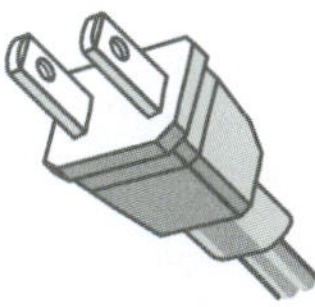

Typ A
120V/60Hz

Typ B
120V/60Hz

FEIERTAGE & FERIEN

Neujahr (Año Nuevo) 1. Januar

Tag der Märtyrer (Día de los Mártires) 9. Januar

Karfreitag (Viernes Santo) März/April

Tag der Arbeit (Día del Trabajo) 1. Mai

Gründungstag der alten Stadt Panamá (Aniversario de Panamá La Vieja; nur in Panama-Stadt) 15. August

Unabhängigkeitstag (Día de la Independencia) 3. November

Kolumbustag (Día de Colón) 5. November

Tag der ersten Unabhängigkeitserklärung (Primer Grito de la Independencia) 10. November

Tag der Unabhängigkeit von Spanien (Independencia de Panamá de España) 28. November

Muttertag (Día de la Madre) 8. Dezember

Tag der Gefallenen (Día de los Caídos) 20. Dezember

Weihnachten (Día de la Navidad) 25. Dezember

Sprache

Bei einem ganzen Kontinent voll geselliger spanischsprechender Einheimischer macht es Spaß, das R so richtig zu rollen und beim J mal ordentlich zu krächzen.

Grundlagen

Hallo. Hola. *o·la*
Tschüs. Adiós. *a·djos*
Ja. Sí. *si*
Nein. No. *no*
Bitte. Por favor. *por fa·wor*
Danke. Gracias. *gra·sjas*
Entschuldigung. Perdón. *per·don*
Tut mir leid. Lo siento. *lo sjen·to*
Wie heißen Sie/heißt du? ¿Cómo se llama usted? *ko·mo se lja·ma u·ste (höfl.)*
¿Cómo te llamas? *ko·mo te lja·mas (inf.)*
Ich heiße ... Me llamo ... *me lja·mo ...*
Sprechen Sie/sprichst du Deutsch? ¿ ¿Habla alemán? *a·bla ale man (höfl.)*
¿Hablas alemán? a·*blas ale man (inf.)*

Wegweiser

Wo ist ...? ¿Dónde está ...? *don·de es·ta ...*
Wie lautet die Adresse?¿Cuál es la dirección? *kual es la di·rek·sjon*
Könnten Sie das bitte aufschreiben? ¿Puede escribirlo, por favor? *pue·de es·kri·bir·lo por fa·wor*
Können Sie mir das (auf der Karte) zeigen? ¿Me lo puede indicar (en el mapa)? *me lo pue·de in·di·kar (en el ma·pa)*

Schilder

Abierto Offen
Cerrado Geschlossen
Entrada Eingang
Hombres/Varones Herren
Mujeres/Damas Damen
Prohibido Verboten
Salida Ausgang
Servicios/Baños Toiletten

Uhrzeit und Datum

Wie spät ist es? ¿Qué hora es? *ke o·ra es*
Es ist (10) Uhr. Son (las diez). *son (las djes)*
Es ist halb (zwei). Es (la una) y media. *es (la u·na) i me·dja*
Vormittag mañana *ma·nja·na*
Nachmittag tarde *tar·de*
Abend/Nacht noche *no·tsche*
gestern ayer *a·jer*
heute hoy *oi*
morgen mañana **ma·nja·na**

Notfall

Hilfe! ¡Socorro! *so·ko·ro*
Geh weg! ¡Vete! *we·te*
Ich bin krank. Estoy enfermo/a *es·toi en·fer·mo/a (m/f)*
Rufen Sie ...! ¡Llame a ...! *Ja·me a ...*
 einen Arzt un médico *un me·di·ko*
 die Polizei la policía *la po·li·si·a*

Essen & Ausgehen

Was empfehlen Sie?¿Qué recomienda? *ke re·ko·mjen·da*
Zum Wohl! ¡Salud! *sa·lu*
Das war lecker. ¡Estaba buenísimo! *es·ta·ba bue·ni si mo*

ZAHLEN

1
uno *u·no*

2
dos *dos*

3
tres *tres*

4
cuatro *kua·tro*

5
cinco *sin·ko*

6
seis *sejs*

7
siete *sje·te*

8
ocho *o·tscho*

9
nueve *nue·ve*

10
diez *djes*

INS DEUTSCHE ÜBERNOMMEN

Armada, Cafeteria, Embargo, Gala, Lama, Patio, Siesta, Junta u.v.m.

AUSSPRACHE

Das stark gerollte r, und der kehlige Laut ch (wie in Loch).

Lispeln oder nicht lispeln?

All jene, denen das europäische Spanisch geläufig ist, werden bemerken, dass Lateinamerikaner:innen nicht „lispeln".

Grammatik

Im Spanischen gibt es ein formelles und ein informelles ‚du' (*usted* bzw. *tú*). Je nach Person bekommen die Verben unterschiedliche Endungen.

SPANISCH AUS ALLER WELT

Das in Lateinamerika gesprochene Spanisch hat sich über die letzten 500 Jahre anders entwickelt als das europäische Spanisch. Durch die Einflüsse indigener Sprachen variiert das Spanisch Lateinamerikas ein bisschen von Land zu Land, besonders beim Vokabular.

Spanisch in Panama

Hier ist eine Liste mit einigen lokalen und anschaulichen umgangssprachlichen Ausdrücken, die man auf einer Reise durch Panama so zu Ohren bekommt.

salve – Straßenslang für *propina*, oder Trinkgeld
tongo – Straßenslang für „Cop"
hota – Straßenslang für „Polizeiwagen"
diablo rojo – wörtlich „roter Teufel"; bezieht sich auf öffentliche Busse
¡Bien cuidado! – „Gut aufgehoben!"; wird oft von Leuten auf der Straße verwendet, die nach Trinkgeld fragen, um im Gegenzug auf dein Auto aufzupassen (auf Parkplätzen bei Restaurants, Kinos, Bars)
una pinta/fría – wörtlich „ein Pint" oder „ein Kaltes"; bezieht sich auf „Bier"
guaro – Schnaps
vuelve loco con vaca – wörtlich „macht verrückt mit Kuh"; verweist auf das Trinken von *seco* mit Milch
buena leche – wörtlich „gute Milch"; bedeutet so viel wie „viel Glück"
Eso está bien pretty – weist auf etwas Nettes hin
¡Entonces laopé! – Hey, Alter!
¡Juega vivo! – Pass auf!
¡Ayala bestia! – Du meine Güte!
pelao/pelaito – gebräuchlicher Ausdruck für ein Kind
¡Pifioso! – eine Protzerei, oder etwas, das cool aussieht

STORYBOOK

Unsere Autor:innen tauchen tief ein in verschiedene Aspekte panamaischen Lebens.

Guna Yala (S. 194)

DIE GESCHICHTE VON PANAMA IN 15 ORTEN

Panamas faszinierende, dynamische Geschichte reicht von der prähistorischen Zeit bis zu den Innovationen der Moderne. Archäologische Funde lassen darauf schließen, dass bereits 10000 v.Chr. am Isthmus von Panama Menschen lebten. Das moderne Schicksal der Nation prägten seine besondere Topografie und die einzigartige geografische Lage. Von Harmony Difo

UMHERZIEHENDE JÄGER-SAMMLER-GEMEINSCHAFTEN besiedelten Panama erstmals gegen 10000 v.Chr. Wegen ihrer symbiotischen und nachhaltigen Überlebensstrategien hinterließen sie zunächst geringe Spuren. Ausgegrabene Keramiken stammen von 2500 bis 1500 v.Chr. Dann hielten handgemachte Werkzeuge und verschiedenes Handwerk Einzug, was zu einer schnellen Weiterentwicklung der Kulturen führte. Spanische Kolonialisten kamen um das Jahr 1501 und errichteten 1510 ihre erste Siedlung. 1523 wurde ein spanischer Konquistador bei seiner Entdeckungsreise durchs Land zum ersten Europäer, der den Pazifik sehen sollte. 1821 wurde Panama unabhängig von Spanien, dann verhandelten die USA ein Abkommen zum Bau einer Eisenbahnlinie durch Panama, die 1855 fertiggestellt wurde – der Wegbereiter des Kanals! Frankreich versuchte sich zuerst am Bau eines Kanals durch Panama, scheiterte jedoch an fehlenden Geldern. Über 20000 starben damals an Krankheiten oder wegen der gefährlichen Bedingungen. Panama, damals noch Teil Kolumbiens, wurde 1903 schließlich unabhängig, unterstützt von Präsident Theodore Roosevelt, der einen Vertrag mit Panama unterzeichnete, der den USA die Macht über das Kanalgebiet zusprach. Die US-finanzierten Bauarbeiten begannen 1904, das erste Schiff passierte den Kanal 1914 und 1920 folgte die offizielle Eröffnung.

1. Karibikküste in der Frühzeit

DAS JAHR 10000 V.CHR.

Die indigenen Gemeinschaften der Cueva, Choco, Guaymi und Guna waren die ersten, auf die die spanischen Eroberer an den Küsten Panamas trafen. Indigene Kulturen bewohnten das Land schon lange, so stammen die ältesten Zeugnisse menschlichen Lebens von 10000 v.Chr. Diese Gruppen lebten nomadisch, sammelten Obst und Gemüse, angelten und jagten. Mit der Zeit entwickelten sich Gemeinschaften an der Küste und an Flussufern. Wegen der nomadischen und nachhaltigen Lebensweise gibt es nur wenige Spuren dieser frühen Besiedlung. Das Jagen und Sammeln hinterließ jedoch Spuren in Flora und Fauna und prägte deren zukünftige Entwicklung.

2. Península de Azuero

KERAMIKHALBINSEL

Die Península de Azuero ist nicht nur ein attraktives Reiseziel der Moderne, sondern auch die Wiege einer Keramikart, die mittels Radiokarbonmethode auf 2500 bis 1200 v.Chr. datiert wurde. Die Scherben gelten als die ältesten ihrer Art in Zentralamerika. Sie lieferten interessante Erkenntnisse für weitere Untersuchungen über Panamas ökonomische und technologische Grenzen der damaligen Zeit. Das Gebiet am Golf von Panama birgt zudem ein unablässig florierendes Meeresökosystem, das sich seit 7000 Jahren ungestört entwickeln kann.

Mehr Infos siehe S. 99

3. Volcán Barú

ALTER VULKAN & MODERNES ERBE

Der Volcán Barú, Panamas einziger Vulkan, ist fast schon eine Legende. Er befindet sich in der Provinz Chiriquí und ist 9000 Jahre alt, wobei erste Erschütterungen bereits vor fast 500 000 Jahren auftraten. Der schlafende Riese ist ziemlich aktiv und brach in den vergangenen 1600 Jahren viermal aus, das letzte Mal vor rund 400 bis 500 Jahren. Interessant sind außerdem geothermische Forschungsprojekte vor Ort, die sich mit dem Volcán Barú als potenzielle Quelle nachhaltiger Energie beschäftigen. Der Vulkan in La Amistad ist seit 1982 ein UNESCO-Biosphärenreservat und seit 1983 auch UNESCO-Welterbe.

Mehr Infos siehe S. 145

Panama Viejo (S. 56)

4. Pazifikküste

WIEGE DER NEUEN WELT

Als die Spanier erstmals an der Atlantikküste anlegten, unternahmen sie ihre Expeditionen in horizontaler Richtung entlang der Atlantikküste in der Hoffnung auf neue Entdeckungen. Vasco Núñez de Balboa, der spanische Konquistador, der Santa María la Antigua del Darién gründete, passierte als Erster den Isthmus zum Pazifik und gilt als erster Europäer, der einen Fuß in den Pazifischen Ozean setzte. Ohne moderne Gerätschaften schlugen er und seine Mitstreiter sich mit Äxten und Macheten kilometerweit durch dichten tropischen Regenwald und riskierten ihr Leben, um den Pazifik auf der anderen Seite zu entdecken. Die harte Arbeit zahlte sich aus: 1513 beanspruchte Balboa Panamas Pazifik und die gesamte Küste für Spanien.

5. Casco Viejo

ARCHÄOLOGISCHES UND KOLONIALES JUWEL

Der wunderbar erhaltene Casco Viejo, ein UNESCO-Weltkulturerbe, ist die älteste europäische Siedlung an der Pazifikküste der Amerikas. Gegründet wurde sie 1519 von dem spanischen Entdecker Pedrarias Davila. Bemerkenswert ist der Grundriss, der an die indigene Cueva-Stadt erinnert, die einst am selben Ort erbaut wurde. Es ist überaus faszinierend, alte Geschichte auf der Basis von noch älterer Geschichte zu erleben. Am besten erhalten sind die Kirchen für die Heiligen Felipe Neri, José und Francisco.

Mehr Infos siehe S. 53

6. Panama-Stadt

DIE GEBURT VON PANAMAS HAUPTSTADT

Nur sechs Jahre nachdem die Spanier vom Atlantik zum Pazifik gelangt waren und das Gebiet für sich beansprucht hatten, gründete der Entdecker Pedrarias Dávila am 15. August 1519 Panama-Stadt. Aufgrund der günstigen Lage an der Pazifikküste und der Nähe zu Südamerika entwickelte sich die Stadt innerhalb weniger Jahre zu einem dynamischen Geschäfts- und Handelszentrum und diente als Zwischenstation für den Transport von Gold, Silber und anderen Kostbarkeiten, bevor diese über die Landenge nach Spanien verschifft wurden. Hier starteten außerdem Entdeckungsreisen nach Peru – ein Erbe ist die peruanische Küche samt *ceviche*.

Mehr Infos siehe S. 40

7. Portobelo

DIE PERLE VON PANAMAS ATLANTIKKÜSTE

Das wunderschöne Portobelo liegt an der Atlantikseite Panamas. Der Name – *puerto bello* ist spanisch für „schöner Hafen" – geht auf die Natur der Gegend zurück. Es wurde 1597 als wichtige Hafenstadt gegründet und die natürliche U-Form der Küste eignete sich ideal für an- und ablegende Schiffe. Gold und Silber wurden regelmäßig von Peru und der südamerikanischen Küste nach Panama-Stadt am Pazifik über die Landbrücke nach Portobelo am Atlantik und dann nach Spanien verschifft. Die UNESCO erklärte die Festung San Lorenzo, die einst Portobelo schützte, 1980 zum Welterbe.

Mehr Infos siehe S. 188

8. Isla Taboga

DAS GOLDENE ZEITALTER DER PIRATERIE

Panamas Südküste eignete sich perfekt für den Transport ankommender Waren aus Südamerika, während die Nordküste als Verbindungspunkt nach Europa diente. Henry Morgan, der legendäre Pirat, der heute durch eine Rummarke bekannt ist, ergriff die einzigartige Gelegenheit und überfiel Schiffe, die auf ihrem Weg von oder nach Peru die Isla Taboga passierten. Die Insel wurde schnell zu seinem Hauptziel und er nahm sie 1671 schließlich ein. Bald nutzten Morgan und seine Mitstreiter die Isla Taboga als wichtigsten Hafen für Überfälle auf die spanischen Schiffe mit ihrer wertvollen Fracht. Und vielleicht genossen sie zwischen den Plünderungen auch die wunderschöne Landschaft.

Mehr Infos siehe S. 51

9. La Iglesia de San Pedro

KOLONIALE INSELKIRCHE

La Iglesia de San Pedro, nur 20 km von Panama-Stadt entfernt auf dem Archipiélago de las Perlas, blickt auf eine bewegte Geschichte zurück. Das Gebäude stammt aus der Kolonialzeit (1685) und ist hübsch, klein und einfach mit einem einzelnen Glockenturm und einem Kreuz auf dem Dach. Am Treppenaufgang fällt die Inschrift „Salve Regina" (lateinisch für „Sei gegrüßt, Königin"), die sich auf Maria bezieht, ins Auge. In der Kirche scheint die Zeit stillzustehen – die Zeitreise in die Vergangenheit ist eine eindrucksvolle Erfahrung.

Mehr Infos siehe S. 51

10. Tapón del Darién

EXPEDITION INS WILDE DARIÉN

Die Provinz Darién und insbesondere der Tapón del Darién sind bis heute eine fast ungezähmte Wildnis. Einige der gefährlichsten Tiere des Landes leben in den Regenwäldern, die als die dichtesten der Welt gelten. 1698 unternahm Schottland den mutigen Versuch, einen Landweg vom Atlantik zum Pazifik durch den Darién zu bauen. Die erste Expedition, angeführt vom berühmten Schiff St. Andrew, startete im Juli und erreichte im November ihr Ziel. Leider war das Vorhaben wegen schlechter Planung, schwierigen Terrains und vieler Krankheiten kein Erfolg. Die Belagerung durch spanische Truppen im März 1700 versetzte dem Projekt den endgültigen Todesstoß.

Mehr Infos siehe S. 211

11. Plaza de la Independencia

PLATZ DER FREIHEIT

Die wunderschöne Plaza de la Independencia in der UNESCO-Welterbestätte Casco Viejo in Panama-Stadt war Schauplatz einiger der inspirierendsten Momente Panamas. Die offizielle Unabhängigkeitserklärung befreite Panama am 28. November 1821 von der spanischen Herrschaft und ihre zwölf Artikel wurden öffentlich auf dem Platz verlesen. „Panama erklärt aus sich heraus und kraft des allgemeinen Votums der Erwählten des Volkes seine Freiheit und Unabhängigkeit von der spanischen Regierung" lautet der mutige erste Artikel. Damit beendete Panama die Zugehörigkeit zur spanischen Krone und schloss sich dem damaligen Großkolumbien an.

Mehr Infos siehe S. 59

12. Kanalzone

HEMISPHÄREN, VEREINIGT EUCH!

Frankreich versuchte sich als Erstes an einer Kanalzone, war sich der tödlichen Herausforderungen jedoch nicht bewusst. Im Januar 1881 begannen die Bauarbeiten, die u. a. wegen Krankheiten, schlechter Aus-

Traditioneller Tanz der Guna, Guna Yala (S. 194)

rüstung und unsicherer Unterbringung zahllose Todesopfer forderte. Mit 2,6 Mio. US$ ging das Projekt in den Konkurs. Erst viele Jahre später war die Region wegen des dramatisch gescheiterten ersten Vorhabens für einen zweiten Versuch bereit. 1903 wurden mit den USA eine einmalige Zuwendung von 10 Mio. US$ und Jahreszahlungen von 250 000 US$ für den Bau eines Kanals vereinbart. Dieses Mal wurde das Projekt 1920 erfolgreich vollendet.

Mehr Infos siehe S. 72

13. Guna Yala

INDIGENE UNABHÄNGIGKEIT

Die indigene Gemeinschaft der Guna ist im paradiesischen Archipel Guna Yala zu Hause und erklärte während der Dule-Revolution im Februar 1925 ihre Unabhängigkeit. Kurz danach, im Jahr 1938, entstand offiziell die Comarca Guna Yala, die 1957 zum Schutzgebiet erklärt wurde. Das Gebiet umfasst 365 kleine Inseln mit wunderschönen weißen Sandstränden und malerischem türkisfarbenem Wasser. Der Congreso General Guna, die höchste Autorität der Region, agiert autonom und verabschiedet seine eigenen Gesetze und Statuten. Sowohl kulturell als auch topografisch gesehen ist die Inselkette einer der wertvollsten Schätze Panamas.

Mehr Infos siehe S. 194

14. Parque Nacional Coiba

DIAMANT DES GOLFO DE CHIRIQUI

Der Golfo de Chiriqui ist als eine der schönsten Naturlandschaften Panamas bekannt. Das Herzstück ist der unglaubliche Parque Nacional Coiba, den die UNESCO erst 2005 als Welterbestätte auswies. Der Park schützt die Isla Coiba, die größte Insel Mittelamerikas, und 38 andere kleine Inseln im Golf von Chiriqui. Die Lage schützt sie vor kalten Winden, deswegen können sich im Regenwald ungestört neue Arten entwickeln. Bedrohte Tiere wie der Würgadler und der Scharlachara tummeln sich hier in freier Wildbahn – einfach großartig!

Mehr Infos siehe S. 124

15. Boquete

ENGAGIERTE EXPATS

Eine spannende neuere Entwicklung ist die große Expat-Gemeinde, die Panama mit seiner Atmosphäre, Lage und Schönheit anlockt. 2023 wies Boquete dank des milden Wetters und der idyllischen Landschaft die größte Einwandererzahl auf. Mit seinen jährlichen Kaffee- und Jazz-Festen, verträumten Nebelwäldern und der Willkommenskultur ist es kein Wunder, dass Menschen aus aller Welt herkommen. Tatsächlich leisten die Expats einen nachhaltigen Beitrag zu den Themen Reisen, Tourismus und Integration: Eine inspirierende Spendenaktion bringt alljährlich über 100 000 US$ ein, die direkt an die Stadt zur Finanzierung hiesiger Wohltätigkeitsprojekte fließen.

Mehr Infos siehe S. 140

TRIFF DIE LOCALS

Die Menschen in Panama helfen einem gerne, das zu bekommen, was man braucht, und das immer mit einem breiten Lächeln im Gesicht. Carlos Antonio Jurado stellt uns seine Landsleute vor.

PANAMA IST EIN kleines Land in Mittelamerika mit einer der stärksten Volkswirtschaften der Gegend. Es ist ein tropisches Paradies, das Nord- und Südamerika verbindet.

Panama-Stadt ist ethnisch sehr vielfältig, bunt. Die Stadt ist voller bunter Szenen, in denen einfache Menschen Tag für Tag ihrer Arbeit nachgehen, sie verkaufen Dinge auf der Straße, wie z. B. leckeren und süßen *raspado*, Lotterielose oder Kunsthandwerk.

Wer?

Die meisten Panamaer sind *mestizos*, der Rest sind Weiße, Schwarze, Indigene oder *mulatos*. In Panama gibt es sieben indigene Stämme, die ihre eigenen Sprachen sprechen und ihre eigenen Reservate haben.

Im Herzen Panamas erlebt man den Kontrast. Die Leute begehen fast wöchentlich ihre traditionellen Feste, es gibt immer einen Grund zum Feiern, mit traditioneller Musik und traditionellem Essen wie *carne ahumada, Tortillas, buñuelos, hojaldras, enyucados, arroz con guandu*, gebratenen Kochbananen und *chicheme*. Trotz einer Vielzahl religiöser Glaubensrichtungen sind die meisten Panamaer:innen Katholiken.

Die Provinz Chiriquí ist bekannt als die Kornkammer des Landes und für ihre fleißigen Menschen, denn sie ist eine der produktivsten Provinzen und weist nach Panama-Stadt die stärkste Wirtschaft auf. Sie ist zudem ein wichtiger Standort für landwirtschaftliche Erzeugnisse und Viehzucht sowie für den teuersten Kaffee der Welt, den Arabica Geisha. Der meiste Kaffee wächst in den Berggebieten von Volcán, Cerro Punta und Boquete. Die Kaffeeernte beginnt etwa im November und endet im April. Die Kaffeebohnen werden von dem indigenen Volk der Ngöbe von Hand gepflückt.

Der Stamm der Ngöbe-Buglé ist der größte des Landes und bezieht sein Einkommen in der Landwirtschaft und auf den Kaffeefeldern. Bei einem Spaziergang durch die Stadt Boquete sieht man viele Frauen und Mädchen, die ihre schöne und farbenfrohe einheimische Tracht namens *nagua* tragen, die sie selbst herstellen. Die Dreiecke auf ihren *naguas* stehen für die Berge, die Linien für die Flüsse. Die Sprache, die sie sprechen, heißt Ngäbere, ein Dialekt, der keine Ähnlichkeiten mit der spanischen Sprache hat.

Bocas del Toro ist der touristischste Ort Panamas, in dem sich viele verschiedene Völker tummeln. Bocas ist eine Partystadt, ideal für junge Leute, es finden sich aber Aktivitäten für alle Altersgruppen. Die Einheimischen hier sprechen hauptsächlich Spanisch, aber auch *guari-guari*, eine Mischung aus Spanisch, Englisch und Ngöbe.

Die offizielle Sprache in Panama ist Spanisch, daneben gibt es sieben indigene Sprachen. Nur 10 % der Panamaer sprechen Englisch. Die Einheimischen sind im Allgemeinen sehr freundlich, fröhlich und fleißig. Auch wenn man kein Spanisch spricht, helfen sie einem gerne, das zu bekommen, was man braucht.

Bilder im Uhrzeigersinn von oben links: Frau bei der Ernte von Kaffeebeeren (S. 140); Mann, Boquete (S. 138); Frau in traditioneller Tracht, Assudub Bibbi (S. 199); Fischer, Bocas del Toro (S. 154)

MEINE GESCHICHTE

Ich bin ein indigener Panamaer, geboren 1979 in der Provinz Chiriquí, in einer kleinen Stadt namens Boquete. Meine Mutter war eine indigene Frau, die vom Stamm der Ngöbe stammte. Sie wuchs im Dorf Ngöbe auf, lief aber im Alter von 16 Jahren weg, weil ihr Vater sie mit einem Mann verheiraten wollte, den sie nicht mochte. Meine Mutter ging nicht zur Schule, sondern arbeitete auf einer Kaffeefarm als Kaffeepflückerin. Als ich zehn Jahre alt war, begann ich auf einer Kaffeeplantage zu arbeiten und Kaffeebohnen zu ernten. Mit 17 wechselte ich dann in die Kaffeeverarbeitungsfabrik Cafe Ruiz. Ich lernte, wie die Kaffeebohnen verarbeitet werden, von der Anpflanzung bis zum Rösten und Brühen. Ich arbeitete etwa 25 Jahre bei Cafe Ruiz, bis Dezember 2021. Dank des zunehmenden Touristenstroms in die Region konnte ich mein Englisch verbessern, vor allem, wenn die Touristen mehr über die Kaffeekultur wissen wollten. Heute besuche ich einen Englischkurs an der Universität, weil ich meine Schreib- und Lesefähigkeiten verfeinern möchte, und arbeite bei Iwanna Boquete Tours Company als Fremdenführer. Kaffee und Tourismus sind mittlerweile die wichtigsten Wirtschaftszweige in diesem Gebiet. Dennoch hoffe ich, dass Boquete seine grüne Natur und die Schönheit seiner Berge noch viele Jahre bewahren wird.

DIE POETISCHE SEELE PANAMAS

Eine umfassende Geschichte der panamaischen Literatur von der Kolonialzeit bis in die heutige Zeit. Von Harmony Difo

DIE LITERATURGESCHICHTE PANAMAS ist vielschichtig. Aufzeichnungen über produktive Dichter und Schriftsteller des Landes reichen bis ca. 1500 zurück. Im Lauf der Jahrhunderte brachte Panama eine wachsende Zahl talentierter Schriftsteller hervor, deren Werk bis heute fortbesteht. Der Historiker und Essayist Rodrigo Miró, vielleicht der berühmteste Literat von allen, hat ein Werk namens „Historia General y Natural de las Indias", die Geschichte einer Figur namens Andrea de la Roca, als das allererste literarische Werk Panamas bezeichnet. Es wurde in der Kolonialzeit (1535) veröffentlicht; das nächste offiziell vermerkte panamaische Werk erschien erst im 17. Jh. Diese Anthologie, die als erste hauptsächlich von in Panama geborenen Schriftstellern geschaffen wurde trägt den dramatischen und schönen Titel „Tränen aus Panama über den Tod von Don Enrique Enríquez" und besteht größtenteils aus Gedichten.

Auch Panama wurde erfasst von den weitreichenden literarischen Bewegungen, die während der industriellen Revolution, der Vormoderne und der Moderne um die Welt gingen. Die Romantik eroberte Panama Ende des 18. Jahrhunderts im Sturm. Einige der besten romantischen Dichter Panamas, darunter Manuel María Ayala, Tomás Miró Ru-

 Von links oben im Uhrzeigersinn: Ricardo Miró; Tomás Martín Feuillet; Veronica Chambers; Dario Herrera

bini, José María Alemán, Gil Colunje und Tomás Martín Feuillet, schufen Werke, die von einer Beherrschung der spanischen Sprache und ihrer Feinheiten zeugen, die unvergesslich schön zu lesen sind. Die Gedichte haben teils auch einen gut lesbaren Hauch von panamaischem Patriotismus. Ricardo Miró ist vor allem bekannt für seine nationalistischen Dichtungen über Panama. Er verbrachte viele Jahre auf Reisen fern seiner Heimat und schwärmte in seinen Gedichten und Romanen von Panama. Eines seiner bekanntesten und berühmtesten Gedichte ist „Patria“ aus dem Jahr 1909.

Miró ist auch Autor zahlreicher Romane, darunter „María Flor” (1922) und „La Leyenda del Pacífico” (1919). Wie viele panamaische Schriftsteller seiner Zeit wurde auch Miró stark von der Unabhängigkeit Panamas 1821 beeinflusst.

Moderne und zeitgenössische Literatur

Panama trennte sich 1903 von Kolumbien, als gerade die Vorbeben des Ersten Weltkriegs spürbar wurden. Zu dieser Zeit gewann die literarische Bewegung der Moderne in ganz Lateinamerika an Kraft. Der allererste Schriftsteller des Modernismo im Land war Darío Herrera. Er starb 1914, im Jahr als der Erste Weltkrieg begann. León Antonio Soto, ein weiterer berühmter Dichter jener Zeit, wurde von der Polizei gefoltert und starb jung, während er für Panama kämpfte – nur ein Jahr vor der Unabhängigkeit.

Die literarische Avantgarde eroberte Panama 1930 im Sturm, und die Schriftsteller der Zeit begannen schnell, sich von der Modernisme-Bewegung zu distanzieren, als deren Beliebtheit sank. Traumähnliche Bilder, Metaphern und Symbolismus hielten Einzug in das Werk vieler panamaischer Schriftsteller und veränderten die literarische Landschaft. Die Avantgarde kam ziemlich plötzlich nach Panama als nahezu direkte Folge eines Europa-Besuches des Schriftstellers Rogelio Sinán von der Insel Taboga. Sinán war begeistert von der surrealistischen Bewegung in Paris. Zwei seiner bahnbrechenden surrealistischen Werke, „Incendio“ (1944) und „Semana Santa en la niebla“ (1945), sind charakteristische Beispiele für den starken Einfluss, den die Welt der Träume und des Übernatürlichen auf seine Werke hatte. Auf meisterliche Weise hat der Schriftsteller Mario Augusto Rodríguez das Wesen und die Einflüsse dieser einzigartigen Epoche erfasst und genutzt, um sie mit seinem eigenen Sinn für panamaischen Patriotismus und Nationalismus zu verbinden. Rodríguez war sowohl Journalist als auch Autor von Kurzgeschichten. 1957 veröffentlichte er eine Geschichte Panamas in Gedichten mit dem Titel „Canto de Amor para la Patria Novia“. Das Werk ist ein Muss für jeden Poesie-Liebhaber, der sich von der einzigartigen Schönheit Panamas inspirieren lassen möchte.

Auf internationaler Ebene wurde die panamaische Literaturgeschichte von Papst Franziskus bei seinem Besuch in Panama-Stadt anlässlich des Weltjugendtags 2019 auf wunderbare Weise gewürdigt. Er las ein direktes Zitat aus Ricardo Mirós „Patria“ vor: „Wenn sie dich sehen, mein Heimatland, könnten sie sagen, dass du nach Gottes Willen geformt wurdest, sodass unter der Sonne, die auf dich herabscheint, die ganze Menschheit in dir zusammenkommen kann.“

Das Spannendste an der panamaischen Literaturgeschichte ist zu beobachten, wie sie sich verändert und für die moderne Welt neu geformt hat. Eine neue Generation frischer, junger, zeitgenössischer Dichter:innen begann nach 1990 mit der Veröffentlichung ihrer Werke. Zu den Großen gehören Sofía Santim, geboren 1982, aus Panama-Stadt, und Javier Romero Hernández, geboren 1983 in La Chorrera. Die in Panama geborene, hochdekorierte amerikanische Autorin Veronica Chambers ist Schriftstellerin und Co-Autorin vieler erfolgreicher Bücher. Das ergreifende „Mama's Girl” ist ein besonders schön geschriebenes Buch, in dem sie sich auf ihre Wurzeln besinnt. Chambers ist außerdem Redakteurin für „Narrative Projects“ bei der New York Times und erhielt renommierte Auszeichnungen wie die Hodder Fellowship für aufstrebende Autoren und Autorinnen der Princeton University sowie die John S. Knight Journalism Fellowship der Stanford University.

Die perfekte Reisevorbereitung

Die literarische Entwicklung in Panama ist eine faszinierende Reise durch Kunst und Zeit. Am besten erlebt man den Charakter eines Landes durch dessen Poesie: Einen Gedichtband oder Kurzgeschichten eines großen einheimischen Schriftstellers zu lesen ist eine hervorragende Einstimmung auf dieses besondere und kreative Land.

PARADIES FÜR NACHHALTIGES REISEN

Panama ebnet den Weg in eine Zukunft des nachhaltigen Tourismus. Von Harmony Difo

PANAMA IST EINES von nur drei Ländern weltweit, die mehr Kohlenstoff binden, als sie ausstoßen, was es offiziell CO_2-negativ macht. Das Land ist zu etwa 65% mit üppigem Regenwald bedeckt, und es entwickelt sich schnell zu einem Hoffnungsträger für globale Umweltziele und Initiativen für nachhaltigen Tourismus. Die Einnahmen aus dem Tourismus sind in Lateinamerika sehr ungleich verteilt, indigene Gruppen leiden am meisten darunter. Mit 10 inspirierenden Pilotprojekten, die Natur und Tradition in den Fokus rücken, setzen der Staat und sein Tourismusminister ihr Konzept für nachhaltigen Tourismus und Gleichberechtigung um. Obwohl indigene Völker weniger als 5% der Weltbevölkerung ausmachen, schützen sie 80% der gesamten weltweiten Artenvielfalt. Panama möchte die Menschen schützen, die diese wertvollen Ressourcen bewahren.

Das bahnbrechende Panama Sustainable Tourism Model wurde von der Tourismusbehörde von Panama (ATP) ins Leben gerufen. Es soll sicherstellen, dass es der Tourismus den lokalen und indigenen Gemeinschaften erlaubt, das unschätzbare Ökosystem auch weiterhin zu schützen und wiederherzu-

Brüllaffe, Barro Colorado

stellen und die traditionellen Praktiken ausüben zu können, die sie zu Hütern des natürlichen Reichtums der Erde machen. Die Panama Alliance for Community Tourism (PACT) arbeitet mit der Bevölkerung vor Ort zusammen, um diese Vorhaben in konkrete Maßnahmen zu überführen.

Die erste Phase startete mit zehn Pilotgemeinden, die Panamas Vielfalt einschließlich indigener, afroamerikanischer und spanischstämmiger Bevölkerungsgruppen widerspiegeln. Die zehn Gemeinden sind La Pintada, Isla Cañas, Rio Caña, Mata Oscura, Achiote, Bonllik, Santa Fe, Jurutungo, Soloy und Bahía Honda. Das Team der PACT hat Wege zu Wasser und zu Land sowie verschiedene Aktivitäten ausgewählt, damit Reisende die einzigartigen Naturwunder der jeweiligen Region erkunden können. Zudem beteiligte sich die PACT am Projekt „100 km Wanderwege", das von der APT initiiert wurde und ein nationales Wegenetz umfassen soll, welches die örtlichen Gemeinschaften in die Entwicklung des Tourismus einbezieht.

PANAMA MÖCHTE DIE MENSCHEN SCHÜTZEN, DIE DIESE WERTVOLLEN RESSOURCEN BEWAHREN

Panama ist ein Vorreiter in Sachen Umweltschutz und geht mit gutem Beispiel voran, wenn es darum geht, Nachhaltigkeit weltweit voranzutreiben. Das Land wird dem Nachhaltigkeitsziel „30 x 30" voraussichtlich weit voraus sein – die Mitgliedsländer dieser globalen Koalition wollen 30 % der Ozeane und des Landes unseres Planeten bis 2030 als geschützt ausweisen. Dies ist die direkte Folge eines im Juni 2021 vom Präsidenten und dem Umweltminister Panamas unterzeichneten Gesetzes zum Schutz des Coiba-Rückens. Dadurch verdreifachte sich die Fläche des panamaischen Meeresschutzgebiets im Pazifik, und Panama wurde zu einem „Blue Leader", einer Nation, die mindestens 30 % ihrer Meere, Meeresbewohner und -ökosysteme aktiv schützt. Das vollständige Meeresschutzgebiet umfasst insgesamt über 67 000 km² und ist damit fast so groß wie Panama selbst!

Panama war daher stolzes Gastgeberland der 8. internationalen Konferenz „Unser Ozean", die im März 2023 in Panama-Stadt stattfand.

Wer Panamas beeindruckenden nachhaltigen Tourismus fördern will, kann dies auf verschiedene Arten tun. Ein guter Anfang ist ein Besuch des Smithsonian Tropical Research Institute in Panama-Stadt. Bereits seit 100 Jahren widmet sich Panama der wissenschaftlichen Erforschung der tropischen Regenwälder und Meeresökosysteme. Das Institut betreibt zwölf moderne Forschungseinrichtungen, darunter eine auf der Insel Barro Colorado. Der dortige Regenwald gilt als der am besten erforschte tropische Regenwald der Welt und ist ein empfehlenswerter Ausgangs- oder Endpunkt auf einer Nachhaltigkeitstour durch Panama. Besuche in indigenen Territorien und Dörfern wie Guna Yala und Emberá sowie Wanderungen und Tauchgänge, die von Einheimischen geführt werden, tragen dazu bei, dass die Einnahmen aus dem Tourismus direkt in die Gemeinden zurückfließen. Mit Spenden an Kirchen und Kathedralen vor Ort kann man in den meisten Fällen die am stärksten benachteiligten Bevölkerungsgruppen vor Ort direkt unterstützen.

…ehöriger der Emberá, Chagres National Park (S. 75)

Fronleichnamskostüm, La Villa de los Santos (S. 103)
BARNA TANKO/SHUTTERSTOCK ©

EIN ZEITLOSES FEST: LEIB & BLUT CHRISTI

Das einzigartige religiöse Fest ist eine typische panamaische Feier für die Ewigkeit. Von Harmony Difo

FALLS ES EIN Fest gibt, das Panamas Rolle als unverwechselbares und rares Juwel in der lateinamerikanischen Krone verkörpert, dann ist es wahrscheinlich Fronleichnam. Dieser frommen, bunten und zutiefst panamaischen Feier ist die Ehre zuteil geworden, in die Liste des immateriellen Kulturerbes der Menschheit der UNESCO aufgenommen zu werden – denn es gibt wirklich nichts Vergleichbares. Panama ist zu über 70 % katholisch und dieses Erbe findet Ausdruck in den religiösen Festen, doch dieses ist noch einmal etwas ganz Besonderes. Offiziell heißt Fronleichnam das „Hochfest des Leibes und Blutes Christi" und es feiert eben die wahrhaftige Präsenz dieser beiden sowie der Seele und der Göttlichkeit Christi im dargereichten Brot und Wein. Zwei Monate vorher ist in der Gründonnerstagsmesse der Karwoche in der Liturgie die Rede vom berühmten letzten Abendmahl, bei dem Jesus am Abend vor seiner Kreuzigung ein letztes Mal mit seinen Jüngern das Brot brach und Wein trank. Dieses Brot und dieser Wein sollten später als sein Körper und sein Blut, das er durch die Kreuzigung für die Welt vergoss, gefeiert werden – die Geschichte ist allgemein bekannt. Im Lukas-Evangelium heißt es zum Abendmahl: „Und er nahm das Brot, dankte und brach's und gab's ihnen und sprach: Das ist mein Leib, der für euch gegeben wird; das tut zu meinem Gedächtnis. Desgleichen auch den Kelch nach dem Mahl und sprach: Dieser Kelch ist der neue Bund in meinem Blut, das für euch vergossen wird!" (Lukas 22:19–20). Und in diesem Tag liegt der Ursprung des Fronleichnamsfests, das in Panama so fantasievoll und bunt gefeiert wird.

Neues Leben für eine uralte Tradition

Panama hebt dieses alte Fest auf eine völlig neue Stufe des künstlerischen Erfindungsgeists – mit großer Liebe zum ausgeklügelten Detail. Bei der einzigartigen panamaischen Art Fronleichnam zu feiern wird die katholische Tradition mit individuellen Festbestandteilen kombiniert: Mit speziellen Kostümen, lauter Musik, burleskem Tanz, Theaterdarbietungen und vor allem extrem bunten und dramatischen Masken, von denen jede eine ganz besondere Bedeutung hat. Am Tag vor dem Fest wird bei einer Musiktheateraufführung der uralte Kampf zwischen Gut und Böse dargestellt. Das „Gute" wird durch den Erzengel Michael repräsentiert, einen Heiligen und Engel, nach dem in ganz Panama zahlreiche Orte und Städte benannt sind. Das „Böse"

verkörpern der Teufel und sein Gefolge. In großen Masken, deren Herstellung Monate in Anspruch nimmt, wird dieser epische Kampf um die menschliche Seele nachgespielt. Zwar haben viele Orte in Panama ihre eigenen Fronleichnamstraditionen, doch die Orte auf der Península de Azuero bieten ein besonders tolles Spektakel mit zwei Arten von Maskentänzen. Es gibt Masken und aufwendige Kostüme für die *diablicos sucios* („schmutzigen kleinen Teufel") sowie für die *diablicos limpios* („sauberen kleinen Teufel"). Zusammen tanzen und singen sie die Geschichte des Kampfes zwischen Gut und Böse und tragen dabei die aufwendig aus Ton, Pappmaschee und bunter Farbe angefertigten Masken. Zuerst werden die Masken in Ton geformt, wobei jeder Maskenbauer eine einzigartige Form für jede *diablico-sucio*-Maske entwirft – das erfordert große Kunstfertigkeit und Detailgenauigkeit. Über die Tonform wird anschließend eine Schicht Pappmaschee gelegt. Sobald die Maske vollständig getrocknet ist, werden geschnitzte Zähne hinzugefügt; anschließend wird die Maske in kräftigen Farben wie Rot, Gelb, Pink, Türkis, Kobaltblau und leuchtendem Weiß bemalt. Die Teufelsmasken sind wuchtig und oft recht furchteinflößend, doch das verleiht der Veranstaltung noch mehr Spannung und Dramatik. Die „sauberen kleinen Teufel" tragen Weiß und manchmal schöne Engelsflügel aus Federn heimischer tropischer Vögel sowie wunderschöne Blumenkronen aus echten frischen Blumen, die eigens dafür gepflückt werden. Außerdem tragen sie bunte Taschentücher und Glocken, die läuten, wenn sie tanzen. Zum Tanz spielt oft auch ein kleines Orchester mit Flöte, Akkordeon und Triangel auf.

Der Tanz der *diablicos limpios* ist einzigartig und folgt stets denselben Tanzfiguren. Da gibt's den Großen Teufel, den Kapitän der Teufel, die Teufelin und natürlich den Helden, den Erzengel Michael. Der Tanz ist ein komplexer Kampf, bei dem die Teufel mit dem hl. Michael und seinen Engeln des Lichts um den Besitz der menschlichen Seelen kämpfen.

Die *diablicos sucios* tragen zusätzlich zu ihren großen furchtregenden Masken einen Kopfschmuck aus bunten Arafedern. Ihre Kostüme kombinieren dramatisch Schwarz und Rot; meist gehört dazu noch ein düsterer Umhang. Noch bedrohlicher wirken sie, wenn sie beim Tanzen mit Kastagnetten klappern, um den Klang der Teufelszähne nachzuahmen. Stampfgeräusche entstehen durch das Schlagen einer getrockneten Kuhblase, die einen hohlen Trommelklang erzeugt. Der Tanz beginnt auf der Straße und führt um die Kirche und den Platz; die *diablicos sucios* haben ihren dröhnenden Tanz teils schon über neun Stunden lang aufgeführt – somit ist er nicht nur ein unglaubliches Ritual, sondern auch eine athletische Leistung.

In den verschiedenen Teilen Panamas kommen zu Fronleichnam unterschiedliche Tänze zur Aufführung. Auf Colón heißen die Tänzer z. B. „Spiegelteufel" *(diablos espejos)* und haben oft große und kleine Spiegel dabei, um Licht einzufangen und zu reflektieren.

Dank dieser bunten und eindrucksvoll individuellen Art Fronleichnam zu feiern, unterscheiden sich die katholischen Traditionen Panamas deutlich von denen fast aller anderen lateinamerikanischen Länder. Musik, Tanz, klappernde Kastagnetten, rhythmisches Trommeln, bunte Masken und dramatische Kostüme bieten ein überwältigendes Fest für die Sinne. Über die Generationen sind diese herrlichen Traditionen am Leben erhalten worden und es wird weiter an ihrer Bewahrung gearbeitet. Zwar fällt das Fest in den Juni und somit in die panamaische „Regenzeit", doch dieses kulturell einzigartiges Spektakel sollte man sich möglichst nicht entgehen lassen.

REGISTER

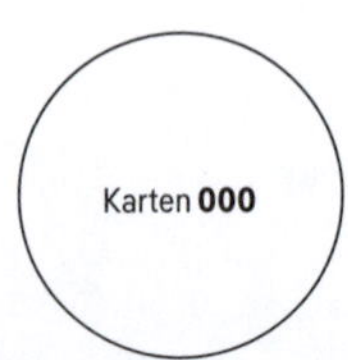
Karten **000**

HINTER DEN KULISSEN

Verantwortlicher Redakteur
Darren O'Connell

Produktion
Kathryn Rowan

Layout
Dermot Hegarty

Kartografie
Valentina Kremenchutskaya

Kartengrundlagen
© Lonely Planet
© OpenStreetMap
http://openstreetmap.org/copyright

Redaktionsassistenz
Melanie Dankel, Andrea Dobbin, Soo Hamilton, Clifton Wilkinson, Simon Williamson

Cover
Mazzy Prinsep

Dank an
Hannah Cartmel

„Die frenetische Begrüßung in Pijibasal (S. 212) galt leider nicht mir – sondern den Eimern mit Eis, die neben mir her fuhren.“

ALEX EGERTON

„Nachdem ich ausgiebig Kostprobe für Kostprobe an dem Gebräu geschnuppert und einen Schluck in meinem Mund herumgewirbelt habe, fand ich schließlich meinen Lieblingskaffee in Boquete (S. 140).“

RYAN VER BERKMOES

„Ich war vergnügten Delfinen noch nie so nah, wie in der treffend benannten Dolphin Bay (S. 178) in Bocas del Toro.“

ROSIE BELL

LINKS: CHRISTIAN WITTMANN/SHUTTERSTOCK ©, RECHTS: AUTUMN SKY PHOTOGRAPHY/SHUTTERSTOCK ©

ÜBER DIESES BUCH

Lonely Planet Global Limited
Digital Depot, Roe Lane (off Thomas Street)
Digital Hub
Dublin 8
D08 TCV4
Ireland

Verlag der deutschen Ausgabe:
MAIRDUMONT
Marco-Polo-Str. 1
73760 Ostfildern

www.lonelyplanet.de, www.mairdumont.com, lonelyplanet-online@mairdumont.com

Panama
2. deutsche Auflage April 2024, übersetzt von *Panama 10th edition*, Dezember 2023, Lonely Planet Global Limited

Deutsche Ausgabe © Lonely Planet Global Limited, April 2024

Fotos © wie angegeben 2023

Printed in China

Redaktion und Satz: Verlagsbüro Wais & Partner, Stuttgart – Meike Diekmann, Juliane Hansen, Julia Kant, Tanja Krichel, Max Maucher

Übersetzung: Anne Cappel, Sonja Hofmann, Gabriela Huber Martins, Gunter Mühl, Julie Rinkel-Bacher, Carina Wurzinger

MIX
Paper from responsible sources
FSC® C124385

Dieses Buch wurde auf FSC® zertifiziertem Papier gedruckt. FSC® ist ein internationales Zertifizierungssystem für nachhaltigere Waldwirtschaft. Das Holz für dieses Papier kommt aus Wäldern, die verantwortungsvoller bewirtschaftet werden.